U0529207

多民族地区义务教育均衡发展研究
——以云南省为例

林 云 ◎ 著

中国社会科学出版社

图书在版编目(CIP)数据

多民族地区义务教育均衡发展研究：以云南省为例 / 林云著 . —北京：中国社会科学出版社，2019.6

ISBN 978-7-5203-3787-8

Ⅰ.①多… Ⅱ.①林… Ⅲ.①民族地区-义务教育-发展-研究-中国 Ⅳ.①G522.3

中国版本图书馆CIP数据核字(2018)第283238号

出 版 人	赵剑英
责任编辑	任　明
责任校对	周　昊
责任印制	李寡寡
出　　版	中国社会科学出版社
社　　址	北京鼓楼西大街甲158号
邮　　编	100720
网　　址	http://www.csspw.cn
发 行 部	010-84083685
门 市 部	010-84029450
经　　销	新华书店及其他书店
印刷装订	北京君升印刷有限公司
版　　次	2019年6月第1版
印　　次	2019年6月第1次印刷
开　　本	710×1000　1/16
印　　张	18.25
插　　页	2
字　　数	297千字
定　　价	98.00元

凡购买中国社会科学出版社图书，如有质量问题请与本社营销中心联系调换
电话：010-84083683
版权所有　侵权必究

目 录

绪论 …………………………………………………………… (1)
  第一节　问题的提出 ………………………………………… (1)
  第二节　研究的目的与意义 ………………………………… (3)
    一　研究目的 …………………………………………… (3)
    二　研究意义 …………………………………………… (4)
  第三节　文献综述 …………………………………………… (5)
    一　国外研究 …………………………………………… (5)
    二　国内研究 …………………………………………… (10)
    三　研究述评 …………………………………………… (36)
  第四节　研究方法 …………………………………………… (39)
    一　文献法 ……………………………………………… (39)
    二　调查研究法 ………………………………………… (39)
    三　个案研究法 ………………………………………… (40)
    四　比较分析法 ………………………………………… (41)
  第五节　研究的逻辑思路与结构 …………………………… (41)

第一章　多民族地区义务教育均衡发展的内涵 ………………… (44)
  第一节　民族与多民族地区 ………………………………… (44)
    一　民族 ………………………………………………… (44)
    二　多民族地区 ………………………………………… (49)
  第二节　教育与义务教育 …………………………………… (53)
    一　教育 ………………………………………………… (53)
    二　义务教育 …………………………………………… (56)
  第三节　发展与均衡发展 …………………………………… (63)
    一　发展 ………………………………………………… (63)
    二　均衡发展 …………………………………………… (66)

第四节　多民族地区义务教育均衡发展 …………………… (68)
　　一　多民族地区义务教育均衡发展的内涵 ……………… (68)
　　二　多民族地区义务教育均衡发展的背景 ……………… (70)
　　三　多民族地区义务教育均衡发展的标准 ……………… (74)

第二章　多民族地区与非民族地区义务教育均衡发展的比较 ……… (80)
　第一节　多民族地区义务教育均衡发展测量指标与方法的
　　　　　选择 …………………………………………………… (80)
　　一　测量指标的选择 ……………………………………… (80)
　　二　测量方法的选择 ……………………………………… (82)
　　三　对比分析的地域与时间序列 ………………………… (83)
　第二节　多民族地区与非民族地区义务教育均衡发展的差距
　　　　　分析 …………………………………………………… (84)
　　一　教育资源配置的差距 ………………………………… (84)
　　二　教育质量的差距 ……………………………………… (122)

第三章　多民族地区各州市义务教育均衡发展的比较 …………… (125)
　第一节　教育入学机会差距不明显 ……………………………… (126)
　第二节　教育资源呈非均衡配置状态 …………………………… (127)
　　一　义务教育财力资源配置不均衡 ……………………… (128)
　　二　教师资源尚未实现优化配置 ………………………… (134)
　　三　城乡办学条件差距明显 ……………………………… (143)
　第三节　教育质量总体偏低，各州市间存在着一定的差距 …… (164)

第四章　多民族地区义务教育非均衡发展的原因分析 …………… (168)
　第一节　多民族地区经济发展滞后 ……………………………… (168)
　　一　义务教育与经济发展的关系 ………………………… (169)
　　二　经济基础薄弱导致多民族地区教育资源供给不足 … (170)
　　三　经济社会发展不平衡导致多民族地区内教育资源供给不
　　　　均衡 …………………………………………………… (176)
　第二节　义务教育投入主体重心偏低 …………………………… (180)
　　一　改革开放后多民族地区义务教育财政体制的变迁 … (180)
　　二　"以县为主"的义务教育财政体制导致多民族地区地方
　　　　高层政府投入责任弱化 ……………………………… (182)
　　三　"以县为主"财政体制导致多民族地区县域义务教育投入

不足 …………………………………………………………… (184)
　第三节　政府"经济人"行为选择的影响 ………………………… (186)
　　　一　政府追求利益最大化导致多民族地区义务教育资源非均衡
　　　　　配置 ………………………………………………………… (186)
　　　二　政府官员追求利益最大化导致多民族地区义务教育资源非
　　　　　公平配置 …………………………………………………… (188)
　第四节　多重制度逻辑的影响 …………………………………… (190)
　　　一　中央政府的制度逻辑 …………………………………… (190)
　　　二　地方政府的制度逻辑 …………………………………… (192)
　　　三　学校的制度逻辑 ………………………………………… (194)
　第五节　民族文化多样性的影响 ………………………………… (195)
　　　一　多民族地区民族文化的多样性 ………………………… (196)
　　　二　多民族地区民族文化对义务教育的需求差异 ………… (197)
　　　三　少数民族教育需求差异对义务教育的影响 …………… (199)
第五章　多民族国家义务教育均衡发展的经验借鉴 ……………… (202)
　第一节　美国的经验 ……………………………………………… (202)
　　　一　教育立法：少数族裔教育权利的保证 ………………… (204)
　　　二　财政资助：少数族裔获得均等教育机会与提高教育成就的
　　　　　保障 ………………………………………………………… (208)
　　　三　允许择校：少数族裔学生选择优质教育、实现学业成就
　　　　　提高的重要途径 …………………………………………… (213)
　　　四　多元文化教育：推进少数族裔获得教育过程的公平 …… (216)
　第二节　英国的经验 ……………………………………………… (219)
　　　一　实施少数民族学业成就拨款计划 ……………………… (222)
　　　二　实施"伦敦挑战计划"与"城市挑战计划" ……………… (223)
　　　三　注重师资配置均衡 ……………………………………… (227)
　　　四　逐步加强中央政府教育管理权限 ……………………… (229)
　第三节　澳大利亚的经验 ………………………………………… (230)
　　　一　注重民族教育政策法规建设 …………………………… (231)
　　　二　加大对民族教育资助的力度 …………………………… (232)
　　　三　注重教师的培养 ………………………………………… (233)
　第四节　美、英、澳三国的经验比较与启示 ……………………… (234)

  一　加强多民族地区义务教育均衡发展的政策法规建设 …… (234)
  二　加强高层级政府对少数民族地区义务教育的投入责任 …… (235)
  三　加强多元文化教育，保持民族文化的差异性 ………… (236)
  四　创设条件，保障学生更多的教育选择权 ……………… (237)

第六章　多民族地区义务教育均衡发展的路径选择 ………… (239)
 第一节　提高义务教育投入主体重心，增强高层政府投入
    责任 …………………………………………………… (239)
  一　实施"以中央政府为主"的投入体制 ………………… (240)
  二　完善义务教育转移支付制度 …………………………… (241)
 第二节　公平配置教育资源，实现义务教育服务均等化 ……… (242)
  一　均衡配置财力资源 ……………………………………… (242)
  二　均衡配置人力资源 ……………………………………… (243)
  三　均衡配置物力资源 ……………………………………… (248)
 第三节　加强制度建设，保障多民族地区学生的教育选择权 …… (249)
  一　注重义务教育制度的顶层设计 ………………………… (250)
  二　加强少数民族教育立法 ………………………………… (251)
  三　保障学生更多的教育选择权利 ………………………… (253)
  四　完善义务教育问责机制 ………………………………… (255)
 第四节　实施多元文化教育，满足少数民族学生的教育需求 …… (256)
  一　设计多元文化课程 ……………………………………… (256)
  二　培养多元文化教师 ……………………………………… (259)
  三　有效实施双语教育 ……………………………………… (260)

结语 ……………………………………………………………………… (263)

参考文献 ……………………………………………………………… (266)

后记 ……………………………………………………………………… (283)

绪 论

第一节 问题的提出

20世纪90年代以来，随着我国经济社会的不断发展和人们教育观念的不断更新，社会对教育公平这一现实问题也给予了前所未有的关注。与此相适应，一种新的教育思想——教育均衡发展日益成为人们关注的焦点，成为关乎国家教育发展战略的重大问题。早在2002年2月，教育部就在《关于加强基础教育办学管理若干问题的通知》中明确要求"积极推进义务教育阶段学校均衡发展"，这是中央政府教育主管部门首次提出"义务教育均衡发展"问题。2005年5月，教育部又颁布了《关于进一步推进义务教育均衡发展的若干意见》，更加明确地将推进义务教育均衡发展摆上了重要议事日程，要求各地把义务教育工作重心进一步落实到办好每一所学校和关注每一个孩子健康成长上来。

2006年6月，第十届全国人大常务委员会新修订的《中华人民共和国义务教育法》第六条规定："国务院和县级以上地方人民政府应当合理配置教育资源，促进义务教育均衡发展，改善薄弱学校的办学条件，并采取措施，保障农村地区、民族地区实施义务教育，保障家庭经济困难的和残疾的适龄儿童、少年接受义务教育。"这是我国首次以法律的形式提出"促进义务教育均衡发展"思想。2010年1月，教育部颁布《关于贯彻落实科学发展观进一步推进义务教育均衡发展的意见》又明确提出"到2020年实现区域内义务教育基本均衡"。同年7月30日，国务院正式颁布的《国家中长期教育改革和发展规划纲要（2010—2020）》则将推进义务教育均衡发展提升为义务教育战略性任务的高度，要求建立健全义务教育均衡发展保障机制，均衡配置教师、设备、图书、校舍等各项资源，切实缩小校际差距，加快缩小城乡差距，努力缩小区域差距，到2020年基本实现区域内义务教育均衡发展，并且要求义务教育均衡发展要率先在县域范围内进行。

2012年11月，党的十八大报告中又明确要求："均衡发展九年义务教育"，"大力促进教育公平，合理配置教育资源，重点向农村、边远、贫困、民族地区倾斜，支持特殊教育，提高家庭经济困难学生资助水平，积极推动农民工子女平等接受教育，让每个孩子都能成为有用之才"。2013年11月，党的十八届三中全会《关于全面深化改革若干重大问题的决定》再次强调，统筹城乡义务教育资源均衡配置。

由此可见，促进义务教育均衡发展，已成为党和国家确立的我国在新的历史时期教育发展的战略方针，充分体现了党和国家对促进义务教育均衡发展的高度重视。然而，由于区域经济的非均衡发展，尽管党和政府历来十分重视多民族地区的教育发展，在政策上不断向多民族地区倾斜，但东西部之间义务教育发展仍存在着相当大的差距，尤其是西部多民族地区与东部地区间义务教育非均衡发展态势持续扩大。当东部地区在着手实施"以促进学生全面发展"的义务教育优质均衡时，西部多民族地区依旧在以资源配置为主、保障学生入学机会的低位均衡中蹒跚前行；当东部地区某些学校已经配备牙科诊疗室时，西部一些多民族地区的孩子们却依旧坐在日晒雨淋的土坯教室里聆听着老师不厌其烦的讲解；当东部地区为孩子们就近入学创设各种便利条件时，西部多民族地区一些七八岁左右的孩子却要攀山越岭、步行几小时方能到达学校。凡此种种，西部地区尤其是多民族地区的义务教育远远落后于东部地区已是不争的事实。2013年，教育部正式启动在"北上广"缺席下对江苏、浙江、四川、湖北、湖南、新疆、西藏等22个省、自治区325个申报义务教育发展基本均衡县的县（市、区）督导评估认定工作，293个县（市、区）达到国家认定标准，成为首批义务教育发展基本均衡县（市、区）[①]。而在这293个义务教育发展基本均衡县（市、区）中，多民族地区只有广西壮族自治区的龙胜各族自治县、西藏自治区的2个县区、青海省海西蒙古族藏族自治州的3个区、宁夏回族自治区的3个县区、新疆维吾尔自治区的5个县区，共14个县区被认定，占总数的4.8%。截至2015年底，全国共有1302个县（市、区）通过国家义务

---

① 教育部《关于对2013年全国义务教育发展基本均衡县（市、区）名单进行公示的公告》，http://www.moe.gov.cn/publicfiles/business/htmlfiles/moe/s5744/201402/164093.html。

教育发展基本均衡评估认定，但多民族地区8个省区中也只有146个县区被认定，占总数的11.2%。换言之，多民族地区8个省区671个县区中还有78.3%的县区尚未达到义务教育发展基本均衡的标准。由此可见，多民族地区的义务教育已经成为国家义务教育均衡发展战略中的"困难户"，其均衡发展之路可谓任重而道远。

那么，在国家政策大力倾斜的背景下，为什么多民族地区义务教育的发展仍然如此艰难？其背后深层次的原因是什么？应当如何去解决这些问题？解决问题的关键在哪里？这些问题在现实中迫切需要得到解决，因为多民族地区义务教育是我国义务教育的重要组成部分，没有多民族地区义务教育的均衡发展，谈不上整个义务教育的均衡发展。本书试图在前人研究的基础上，从公共产品理论、公共选择理论、多重制度逻辑以及文化认同理论的视角出发，对上述问题，进行全面、深入的分析，并就如何促进多民族地区义务教育的均衡发展，让多民族地区所有适龄儿童都能享受到较好的教育提出若干对策建议。笔者希望通过这一研究，能够对我国多民族地区义务教育均衡发展的基本情况及其存在的问题有一个较为全面的认识，以期引起更多的政府部门、非政府组织、研究机构和社会其他相关部门对该问题的重视，并最终能采取相应有效的措施加以解决，从而使我国义务教育均衡发展真正得以实现。

第二节 研究的目的与意义

一 研究目的

义务教育是国家教育体系的基石，义务教育均衡发展则是国家教育发展的战略目标。时下，国内关于义务教育均衡发展的研究层出不穷，涉及方方面面。然而，对义务教育均衡发展战略目标中的"特困户"——多民族地区义务教育均衡发展而言，涉及的不多，且拘泥现象的表面，缺乏对其背后深层次原因的追根溯源及全面而系统的研究。为此，本研究目的主要为以下两个方面。一是分析多民族地区义务教育发展的真实现状。通过对比分析多民族地区与非民族地区义务教育均衡发展间的差距，呈现多民族地区义务教育在全国范围内的发展现状；进而以云南省为个案，进一步深入探寻多民族地区区域内义务教育发展的真实现状。二是从公共产品理论、公共选择理论、多重制度逻辑以及文化认同理论的视角分析影响多民族地区义务教育均衡发展的原因，并借鉴多民族发达国家推进少数民族义务教育均衡发展的经验，探索促进我国多民族地区义务教育均衡发展的路径。

二 研究意义

（一）理论意义

苌景州于1994年在《贵州社会科学》中发表《建立有利于义务教育均衡发展的资金保障体系》一文，从某种角度而言，它吹响了义务教育均衡发展研究的号角。[①] 随后，关于义务教育均衡发展的研究逐渐丰富与多样，许多方面可以说是日渐完善。如现有研究从经济学、教育学、哲学、法学、社会学等学科视角深入研究义务教育均衡发展的内涵；义务教育均衡发展类型研究也分别从发展空间与发展水平两个维度出发表现得多样纷呈；义务教育均衡发展的实践模式研究也自成体系。但是，在现有研究中，关于多民族地区这个独特区域内义务教育均衡发展的理论研究相对较少，也鲜有将多民族地区与非民族地区义务教育发展进行相对全面的对比分析。虽然，丁延庆的《中国民族地区与非民族自治区义务教育生均支出分析》一文涉及二者之间的对比分析，但是其分析对象仅限于2000年义务教育阶段的生均经费支出这一支点上。而本书将对多民族地区义务教育均衡发展进行相对全面而深入的研究，从民族与多民族、教育与义务教育、发展与均衡发展三者间的关系，厘定多民族地区义务教育均衡发展的内涵，并从公共产品理论、公共选择理论、多重制度逻辑、文化认同理论的视角，对多民族地区义务教育发展的现实问题进行理论的审视与思考，在一定程度上丰富与拓展了义务教育均衡发展的理论。

（二）现实意义

义务教育均衡发展是国家教育发展的战略目标，是实现教育公平、体现社会公平正义的主要领域。义务教育通过向儿童传授基础的科学文化知识，培养儿童获取知识、自我学习的能力，使儿童全面发展且具备

---

① 苌景州：《建立有利于义务教育均衡发展的资金保障体系》，《贵州社会科学》1994年第1期。

经济社会发展所需的基础性文明、基本的公民道德素质与素养等，并为其接受更高一级教育打下坚实基础。义务教育对经济社会的发展具有较强的促进作用，而多民族地区大都处于我国边疆地区，地理环境极其复杂多样，经济发展水平滞后。多民族地区义务教育均衡发展不仅对区域经济社会的发展具有较强的推进作用，也是国家实现义务教育均衡发展战略目标的重要组成部分。如果多民族地区义务教育发展一直徘徊在保障基本入学条件或是低位均衡发展之间，全国范围内义务教育均衡发展的战略目标显然难以实现。而本书将多民族地区与非民族地区义务教育均衡发展进行相对全面的比较分析，并且以云南省为个案，对多民族地区义务教育发展现状进行深入的分析，反映多民族地区义务教育均衡发展的真实情况与问题所在，进而探寻影响多民族地区义务教育发展的深层次原因，借鉴多民族国家推进少数民族义务教育均衡发展的经验，探寻多民族地区义务教育均衡发展的可行性路径，从而对推进多民族地区经济社会的发展以及实现全国义务教育均衡发展的战略目标具有重要的现实意义。

第三节　文献综述

一　国外研究

在国外的研究中，研究者们鲜有使用"多民族义务教育均衡发展"或是"少数民族义务教育均衡发展"这些概念。尽管他们在概念界定或是语句表达上与国内研究存有差异，但是在促进多民族义务教育均衡发展的理念、思想以及实践上则有异曲同工之效。美国是一个典型的多民族国家，为了保障少数族裔的均等教育机会，政府通过教育立法、补偿性教育财政资助、实施多元文化教育等措施来推进少数民族义务教育均衡发展；英国也同样以教育立法、加强中央政府教育管理权限，尤其注重师资的均衡配置，以保障少数民族均等的教育机会以及提高少数民族学生的学业成就；澳大利亚则注重通过加强州政府的教育资源均衡配置权来保障少数民族学生教育机会均等。归纳起来，国外研究者关于多民族义务教育均衡发展的研究，主要关注的是少数民族学生教育机会的均等与学生学业成就的提高。

(一) 保障均等的教育机会

自 1619 年德意志魏玛邦公布学校法令规定"父母应送 6—12 岁的子女入学，否则政府将强迫其履行义务"以来，许多国家纷纷颁布法令实施义务教育。义务教育已成为各国政府推进经济社会发展与提高国民素质的重要手段。

20 世纪 50—60 年代，随着义务教育的基本普及，"怎样使不同民族、不同家庭背景的儿童获得均等的教育机会"成为备受研究者们关注的话题。美国学者科尔曼（James S. Coleman）显然成为这一阶段具有代表性的人物。1964 年，在民权法案责成各州教育厅对美国种族、民族、宗教等群体间的均等教育机会评估的背景下，科尔曼开启了他的调查研究。他提出了五种关于教育不均等的定义，一是从社区为学校的投入差距来定义不均等；二是从学校学生的种族构成来定义不均等；三是从学区对学校投入而形成的软件来定义不均等；四是从学校教育对相同背景与能力的学生而产生的教育结果来定义不均等；五是从学校对不同背景与不同能力个体产生的教育结果来定义不均等。前三种定义是关于学校的投入，而后两者则是关于教育效果。科尔曼的研究则更为关注第四种定义。因为在他看来，如果机会均等意味着机会和效益均等的话，所有问题都迎刃而解，然而事实并非如此，第四种与第五种的定义间的矛盾恰恰说明了这一点。① 随后，他开始以白人、非裔、土著印第安人、墨西哥裔等 1、3、6、9、12 年级 60 余万名学生为主要研究对象，开展为期两年关于教育均等的调查研究，结果发现：除部分亚裔美国人外，少数民族学生的成绩都远低于白人学生，而且随着年龄的增长，差距越大；而学生的家庭背景对学生学业成就的影响远远大于学校对其的影响②。如黑人学校和白人学校之间的差距中，最重要的是学生教育背景上的差距，其次是教师素质上的差距，最不重要的是设备和课程的差距。因而，对黑人学生的学业成就而言，最重要的是学生背景，其次是教师素质，最后才是设备条件与课程。科尔曼的研究旨在呈现不同种族、民族、群体间教育机会均等的现状，定义教育均等的构成，指出了教育产出的均等不完全由资源投入的均等决定，而是

---

① 张人杰：《国外教育社会学基本文选》，华东师大出版社 1989 年版，第 183—191 页。

② James S. Coleman, *Equality of Educational Opportunity Study* (EEOS), Johns Hopkins University. 1966: pp. 3–12.

由这些资源对学业成就产生的效力决定。而这一结论也屡屡成为政府推卸其在促进多民族教育发展中不可或缺责任时冠冕堂皇的理由。

C. 詹克斯（Christopher Jencks）重新分析科尔曼的数据以后，发现优秀生与劣等生往往都在一个学校就读。他在其《不平等》一书中进而指出："我们不应该试图去抑制人们的竞争力，而应该改变竞争的规则，以减少胜利者的报酬和失败者的代价。不应该企图使任何个人在工作中都同样幸运，同样出色，而应该设计一种'保险'制度，减少一点幸运者的得益，并实行工资均衡政策以打碎事业成功与生活水准之间的联系。"① 因此，C. 詹克斯认为促进社会平等可依靠均衡和再分配的政策，而社会政策的目的是结果均等而不是机会均等。诚然，均衡与再分配的政策是调节社会不均等的有效手段，但单凭这一结果均等而忽略机会的均等，往往会导致社会分层的结构难以改变。换言之，穷人将世代沿袭其穷人的社会身份，社会层级间有效升迁的渠道也将会因此而堵塞。

瑞典著名学者托尔斯顿·胡森（Torsten Husen）在分析、评价科尔曼报告时，也提出自己对教育平等的理解与界定。在他看来，对学生个体而言，"平等"包含着三个方面的含义：首先，平等可以指个体的起点；其次，平等可以指中介性的阶段；最后，平等还可以指最后目标，或者这三方面的综合。简而言之，平等既是"起点平等、过程平等、结果平等"。胡森还就此做了进一步的阐释，所谓"平等"首先是每个人都应有不受任何歧视地在政府提供的公共教育中开始学习生涯的机会；其次应以考虑各种不同但都以平等为基础的、不分人种、民族和社会出身的方式来对待每一个人；最后教育政策的制定应使教育机会更加平等，进而使学生学业成就的机会更加平等。

此外，著名的经济学家米尔顿·费里德曼（Milton Friedman）认为，"如果大多数公民没有一个最低限度的文化和知识，也不广泛地接受一些共同的价值准则，稳定而民主的社会不可能存在"。在他看来，教育有着典型的"邻近影响"，政府则应当为其所规定的最低学校教育提供经费，政府可以票证的形式将经费发给家长们。家长们可以用票证到政府所批准的教育机构为孩子购买教育服务。费里德曼的教育券政策不仅可给予不同

---

① Christopher Jencks, *Inequality*, pp. 8-9.

家庭背景尤其是贫困与少数民族家庭的孩子享受到优质教育的机会，而且能使公立学校形成有效的竞争，从而实现教育质量的提高。但是20世纪60年代，美国南部各州企图通过使用教育凭证的择校以达到维护种族隔离，让弗里德曼的教育券政策背上了破坏种族融合的恶名。而到了70年代，随着磁石学校的出现，费里德曼的教育券政策又摇身一变成了促进种族融合的新举措。Levin和Befield则与费里德曼不同，他们认为学校教育的一个中心任务便是为所有的年轻人提供同样的教育经历，而实施基本的共同教育被视为任何一个民主国家必须达成的一个社会目标。因而，他们提出，即便是基于需求多样化考虑而建立起来的教育市场，也必须包含着一种能够保证所有学生拥有共同教育经历的机制，政府不仅需要对教育进行财政支持，更要对那些共同课程实施最小限度的管制。

显然，以上研究者的教育机会均等思想至今都散发着灿烂的光芒，为随后的相关研究提供了一定的理论基础，也是时下许多教育研究文献中出现较为频繁的引注经典。然而，他们的研究也有其特定历史背景与社会背景的局限，如科尔曼的研究最初是缘起于政府旨在推进种族、民族、不同宗教群体间的教育机会均等，但是其研究结果恰恰在一定程度上为政府淡化投入责任而提供了较为合理的说辞。

（二）提高学生的学业成就

20世纪80年代以来，随着科学技术的快速发展与国际竞争的日趋激烈，教育在推进经济社会发展中的作用也日益凸显。然而，教育发展也面临着重重危机，教育公平与教育效率是政府、社会以及研究者们无法避免的话题，提高少数民族学生的学业成就，促进义务教育均衡发展也备受研究者们关注。一些研究者认为少数民族学生的学业成就不高是因为在教育上存在着文化缺失与文化差异。持文化缺失观点的研究者认为，少数民族学生的语言是主流语言中"受制约的代码"，儿童的学习风格是其学业社会化的障碍之一，而这些儿童家庭机能的失调也是其学业成功的障碍。[①]持有文化差异观点的研究者，如斯利特（Sleeter）和格兰特（Grant）则认为，文化差异的教学法中要尽可能地确保文化的兼容性，为两种不同文

---

① Cordeiro, P. Reagan, T. &Martinez, L. (1994). Multiculturalism and TQE: Addressing Cultural Diversity in Schools, Thousand Oaks, CA: Corwin Press (Reprinted by permission of Corwin Press, Inc).

化搭建桥梁。①

奥格布（John U. Ogbu）强调，研究不同少数民族学生的学业成就应该把其家庭与社区、学校间的文化差异考虑进来。在奥格布看来，因为不同民族有着其不同的文化模式，那么他们看待与理解自己与社区、学校间的文化差异显然是不尽相同的，从而也就会影响他们的学业成就。另外，奥格布在其研究中还指出，少数民族对教育的信念同样会影响其学业成就。如果一个少数民族有通过教育能获得成功的信念，那么他们将会采取种种办法去战胜文化差异所带来的障碍。相反，如果他们认为教育对其自有文化具有剥夺性，无法为其未来的生活带来希望时，他们则会采取消极的方式来应对这种教育，从而影响其学业成就。② 因此，奥格布认为，要解决少数民族的教育问题，除了政府与学校积极参与之外，学生、家庭以及其相应的社区也要积极参与进来。而 Billingsley 与 Andrew 的研究则发现美国许多黑人家庭与孩子有着强烈受教育的愿望，也深知教育是改变其生活现状的有效手段，因而黑人学生的低学业成就则不能归因于缺乏成功的意愿，而是由于贫穷、歧视以及家庭的不完全参与所致。③ 此外，一些学者认为，从文化与社会阶层的视角来分析少数民族学生的学业成就，往往会因为过分关注家庭背景、社会阶层而忽略了其他影响少数民族学生学业成就的重要因素。如 Wiggan 强调，尽管少数民族学生的学业成就受其社会阶层、家庭收入的影响，但是在他看来，这只是影响学生学业成就的因素之一。而学校的教学质量、教师的素质以及学生可获得财政资助及物质资源将对学生的学业成就具有决定性影响。④

班克斯（James. A. Banks）提倡采用多元文化教育法来促进少数民族学生学业成就的提高。他在其《*Multicultural Education*：*Issues and Perspec-*

---

① Christine E. Sleeter, Carl A. Grant. *Making Choices for Multicultural Education*：*Five Approaches to Race*，*Class*，*and Gender*［M］. NY, Macamillan Publishing Company, 1994：p. 44.

② John U. Ogbu（1995）. *Community Forces and Minority Educational Strategies*：*A Comparative Study*［M］. Chapter2.

③ Billingsley, Andrew：The educational needs of black children：working papers on meeting the education needs of cultural mimortites.［J］. Education Commission of the states.

④ 转引 Patrice Juliet Pinder. Cultural, Ethnic Differences and Educational Achievement of African Heritage Students：Towards Employing a Culturally Sensitive Curriculum in K - 12 Classrooms：A Literature Review, 2008.

tives》一书中开门见山地指出："多元教育至少有三个含义：一种观念或是概念，一项教育改革运动，一种过程。"① 在班克斯看来，不论性别、不论社会阶层归属、不论民族或是种族归属，所有的学生都应当平等地享有学校教育的权利。少数民族学生学业成就在低年级时与主流民族没有太多区别，但是随着年级的增高，二者间的差距便逐渐拉大。为此，班克斯倡导实施多元文化教育法，其主要目标则是提高所有学生的学业成就。他从教学内容、知识建构、减少偏见、体现平等的教育以及富有活力的校园文化和社会结构等方面阐释了他的多元教育理论。② 同时，他还提出了一整套改革学校环境的多元教育实践的指导方针。班克斯的多元教育理论对推进多民族教育的发展起到了不可忽略的作用，时下依旧有许多国家依然以其为理论指导来推进多民族教育的改革与发展。当然，提倡多元教育并对此有深入研究的还有 Donna M. Gollnick、Phillip C. Chinn③ 等学者。

综上所述，虽然国外的研究没有使用"多民族义务教育均衡发展"之类的词语或者概念，但是其研究目的旨在为促进少数民族义务教育的机会均等，提高少数民族学生的学业成就，进而促进多民族间教育的均衡发展，有许多地方非常值得本书借鉴。

二 国内研究

（一）义务教育均衡发展研究

在改革开放初期，中国区域经济发展尽管存在差距与不平衡，但不太突出。随着"效率优先导向的区域非均衡发展战略"的实施，区域间经济发展差距日益扩大，区域间与区域内的教育发展差距也随之不断扩大，人们的目光开始转向教育发展的不平衡，教育均衡发展尤其是义务教育均衡发展成为学术界研究的焦点与热点。

在此，笔者仅以在中国全文期刊网（CNKI）的文献检索结果加以说明。在"篇名"中以"教育均衡"为关键词并要求精确匹配进行文献高

---

① James. A. Banks, Cherry A.. Mcgee Banks. Multicultural Education: issues and Perspectives [M]. The eighth edition. p. 3.
② James. A. Banks. An Introduction to Multicultural Education [M]. the fifth Edition.
③ Donna M. Gollnick, Phillip C. Chinn. Multicultural Education in a Pluralistic Society [M]. Pearson; 9 edition (February 16, 2012)

级检索，自 1994 年 1 月到 2016 年 5 月，共有 7253 篇文献。在这些文献中，关于"基础教育均衡"发展的有 509 篇，有关"义务教育均衡"发展的 3198 篇。而仔细分析这些文献后，发现研究者们无论是以"教育均衡"或是"基础教育均衡"为题，研究的侧重点大都落在"义务教育均衡发展"上，这主要是因为基础教育本身就包括义务教育，而义务教育公共产品的特性决定其必须均衡发展。义务教育均衡发展研究又主要可包括以下几个方面：内涵研究、类别研究、监测机制以及实践研究等。

1. 义务教育均衡发展的内涵

任何一项研究，研究者必须熟知和界定其核心概念。而不同的研究者，由于其学科、专业背景不同，研究方向不同，以及研究目的不同，对同一概念会有不同的界定。对教育均衡发展，研究者们根据其研究的目的，从经济学、教育学、哲学、法学、社会学的视角进行了不同界定。

(1) 经济学视角：公平配置教育资源

在经济学中，均衡是被广泛应用的重要概念，它最一般的意义是指经济活动中有关变量在一定条件的相互作用下所达到的一种相对静止状态。在经济活动中，假定完全竞争市场上的供给与需求双方在某一价格上供给量与需求量达到相等，这就实现了供求均衡。而要实现供求均衡，就必须对经济活动中各种资源（包括人力、物力、财力）进行有效与合理分配。正如厉以宁所说："在资源供给有限的条件下，需要研究的是如何有效地把经济中的各种资源分配于各种不同的用途，以便用这些资源生产出更多为社会所需要的产品和劳务。只有做到人尽其才、物尽其用、地尽其利，才能被认为做到了资源的合理配置。"① 可见，相对于人们的需求而言，资源总是表现出相对的稀缺性，只有合理配置资源才能实现各种资源应有的价值与效用，从而减少资源的浪费，实现效益最大化。

教育活动中，同样存在投入与产出、供给与需求的问题。范先佐指出："教育领域的'投入—产出'活动，在社会化生产中要按比例来进行，其最终目标也是要使得教育供给与需求保持均衡；满足教育需求的教

---

① 厉以宁：《非均衡的中国经济》，中国大百科全书出版社 2009 年版，第 3 页。

育供给或是教育供给满足了教育需求，就形成了教育供给和教育需求的均衡。"① 面对教育资源的稀缺性，就必然存在教育资源合理与有效配置的问题。由于义务教育具有公共产品属性，范先佐进一步强调指出，义务教育均衡发展的基本要求是在教育机构和教育群体之间，公平地配置教育资源，达到教育供给与教育需求的相对均衡。② 这为义务教育资源公平配置提供了理论依据。

翟博认为，教育均衡是经济均衡的发展和移植，是人们相对于目前现实存在的教育需求与供给不均衡而提出的教育发展的美好理想，是教育资源配置的均衡。③ 而教育均衡实质上是指在教育公平思想和教育平等原则的支配下，教育机构、受教育者在教育活动中有平等待遇的理想和确保其实际操作的教育政策和法律制度；其目标是教育需求与教育供给的相对均衡，教育资源配置的均衡是教育均衡的基础和前提。④ 翟博在随后的研究中进一步强调从教育资源的配置看，教育的"硬件"设施包括生均教育经费投入、校舍、教学实验仪器设备等的配置均衡，教育的"软件"包括教师、学校内部管理等的配置均衡；从教育的目标看，学生在德智体美劳等方面均衡发展、全面发展；从教育的功能看，教育所培养的劳动力在总量和结构上与经济、社会的发展需求达到相对的均衡。⑤

柳海民、周霖等持有跟翟博相同的观点。他们强调，义务教育均衡发展实质上是义务教育资源的均衡配置，即由政府主导的社会各方积极参与教育资源（师资、生源、物力、财力、教育结构、教育环境等）相对公平、合理的分配方式，以资源配置均衡搭建竞争平台，通过公平竞争引致发展中的不平衡，进而凭借微调达到相对平衡，之后再以相对平衡的基础开始新一轮竞争。⑥ 丁金泉则将教育均衡发展界定为：一定区域的受教育

---

① 范先佐：《教育经济学新编》，人民教育出版社2010年版，第173页。
② 范先佐：《义务教育均衡发展与农村教育难点问题的破解》，《华中师范大学学报》2013年第3期。
③ 翟博：《教育均衡论：中国基础教育均衡发展实证分析》，人民教育出版社2008年版，第50页。
④ 同上书，第114页。
⑤ 翟博：《教育均衡发展：理论、指标及测算方法》，《教育研究》2006年第3期。
⑥ 柳海民、周霖：《义务教育均衡发展的理论与对策研究》，东北师范大学出版社2007年版，第9页。

群体在教育资源获得和教育效果输出上的均衡状态，并通过生均教育经费指标（具体包括生均经费、生均公用经费、预算内生均经费、预算内生均公用经费等四个指标）考察义务教育均衡发展状况。汪明也强调义务教育均衡发展有着丰富的内涵，它包含着区域间、区域内、群体间的均衡发展，而所以这些均衡的最终目标依然是要合理配置教育资源，办好每一所学校，教好每一个学生。[①]

从经济学的视角来分析义务教育均衡发展，为我们的研究确立了义务教育均衡发展首先是资源的合理与公平配置的理论依据。只有教育资源实现了均衡配置，教育才有可能均衡发展，但同时也会导致因过分地关注资源的均等配置而忽略对教育质量的关注，会出现以偏概全的倾向。

（2）教育学的视角：促进人的全面发展

教育是培养人的社会活动，其根本目的是促进人的全面发展。许多学者认为，从教育学的角度来分析义务教育均衡发展，应更多地关注人的全面发展。

杨启亮指出，以资源配置为核心的"兜底"均衡主要解释的是培养人的"物"的均衡，而义务教育均衡发展更应关注人的全面发展，应以优质均衡发展为主调，而优质均衡发展中的"优质"包含着两种均衡：一种是面向全体学生的均衡，另一种是促进学生全面发展的均衡。[②] 持有相同观点的还有杨小薇、冯建军、王一军等。方展画认为"均"和"衡"是两类指向，"均"是现象，"衡"是本质；"均"是形式，"衡"是内容；"均"是手段，"衡"是目的。因此，他强调必须重"衡"而不是重"均"。而教育均衡发展的本质不是学校设施的"均等"，而是教育内涵结构的"均衡"，学校教育的内涵性变革才是教育均衡发展的核心价值。[③] 李宜江、朱家存同样提出，义务教育均衡发展是学生全面个性化发展，是在教育资源与学生全面个性化发展之间寻找一个最佳的匹配点，将教育发展重心由保障学生平等享受教育资源转向

---

① 汪明：《基础教育均衡发展与对策》，《光明日报》2002年7月25日。

② 杨启亮：《底线均衡：义务教育优质均衡发展的解释》，《教育理论与实践》2010年第1期。

③ 方展画：《教育均衡发展首重学校内涵提升》，《中国教育报》2011年第2期。

学生全面个性化发展。① 而王彦明则从更微观的角度对教育均衡的内涵进行了分析。他提出了教学正义的概念，即教学实施过程中的正义表现，其内涵应该针对人的发展，"人的价值和人的尊严"。具体而言，教学主体在教学过程中对教学参与机会、教学资源配置、教学方法选择、教学评价等方面所采取的合理性行为，是对学生人格的平等尊重、对学生生命价值的平等关怀和学生基本权利的平等保护，并在此基础上引导学生精神品格健全、积极地成长。教学正义保证了资源、权利分配的公正性，也为人的全面均衡发展提供了可能。②

从教育学的视角来分析义务教育均衡发展内涵，体现了"以人为本"的理论，使我们的研究更为关注教育的本质，从而体现义务教育均衡发展的最终目的是实现人的发展。

（3）哲学的视角：实现事物各要素间的协调发展

从哲学的视角而言，均衡强调的是事物或事物内部各要素之间的协调与统一，正如《辞海》对"均衡"所解释的那样，是矛盾暂时的、相对的统一。教育均衡发展也是教育各要素间矛盾体的暂时的、相对的统一。教育均衡发展是呈"不均衡—均衡—不均衡"这样一个螺旋体不断地向上发展，它始终是一个相对的、动态的过程，其最终目的是实现义务教育中各要素间的协调与统一。

田芬、朱永新指出，由于基础教育系统内部各部分、各要素之间形成协调、适应、有序的关系，从而使整个教育系统处于一种稳定、功能优化的发展状态。而基础教育均衡发展是由非均衡态向均衡态转化的过程，基础教育系统的各部分、各要素之间逐步建立并保持协调、有序、相互促进的关系，从而实现基础教育整体功能优化发展。③ 袁振国认为，"均衡总是相对的，不均衡是绝对的"，和谐发展的教育既是保证所有人受教育的权利，促进受教育者的全面发展，又能够满足社会发展对教育的需求，同时在教育系统内既能保持不同层次、不同教育之间的衔接和分工，又能保

---

① 李宜江、朱家存：《均衡发展义务教育的理论内涵及实践意蕴》，《教育研究》2013年第6期。
② 王彦明：《教学正义：义务教育均衡发展内蕴价值》，《中国教育学刊》2011年第9期。
③ 田芬、朱永新：《关于基础教育均衡发展的哲学思考》，《苏州大学学报》2004年第2期。

持不同教育发挥各自优势和特色的空间。① 瞿瑛则强调教育均衡发展与社会和谐是点与面的关系，教育均衡发展是点，社会和谐是面。社会和谐是社会全面的和谐，教育均衡发展是社会和谐的重要内容和根本标志，教育均衡发展决定了社会的和谐程度。教育均衡发展与社会和谐由此及彼，非此无彼②。持有相同观点的还有周峰③、温丽萍④等。

从哲学的视角来分析义务教育均衡发展内涵，使我们更加清晰地认识到，义务教育均衡发展的动态性、相对性，也是一项长期而艰巨的任务，而非一蹴而就；均衡发展也非盲目地对各种教育因素的均等分配，而是各种因素之间有序、协调地发展。

(4) 法学的视角：保障平等的受教育权利

《义务教育法》规定所有适龄儿童、少年都有接受义务教育的权利，义务教育是国家必须予以保障的公益性事业。因而，从法学的视角来分析义务教育均衡发展显得尤为必要。

顾明远先生认为，"教育均衡发展是教育平等的问题，说到底还是一个人权问题，现在世界各国都在强调这个问题。人的权利就包括受教育权、发展权"⑤。朱家存也强调均衡发展的实质是维护平等。而基础教育均衡发展的根本宗旨在于扩充教育资源的总量，提高基础教育的整体发展水平，从而为所有就学儿童、少年提供平等而高质量的教育条件。⑥ 于建福则更为明确地从法学的角度来界定教育均衡发展并做了更为详细的阐述。他认为，教育均衡发展是指通过法律法规确保给公民或未来公民以同等的受教育的权利和义务，通过政策制定与调整及资源调配而提供相对均等的教育机会和条件，以客观公正的态度和科学有效的方法实现教育效果和成功机会的相对均衡。简而言之，教育均衡首先是确保人人都有受教育

---

① 袁振国：《教育均衡发展：构建和谐社会的基础》，《教育发展研究》2005年第2期。
② 瞿瑛：《义务教育均衡发展政策问题研究：教育公平的视角》，浙江大学出版社2010年版，第59—60页。
③ 周峰：《试论基础教育均衡发展的若干问题》，《教育研究》2002年第8期。
④ 温丽萍：《教育均衡与教育发展之间的悖论：对教育均衡问题的一种解读》，《教育发展研究》2011年第23期。
⑤ 顾明远：《教育均衡发展是教育平等的问题，是人权问题》，《人民教育》2002年第4期。
⑥ 朱家存：《教育均衡发展政策研究》，中国社会科学出版社2003年版，第164页。

的权利和义务；其次是提供相对平等的接受教育的机会和条件；最后给予学生教育相对均等的成功机会和教育效果。① 姚继军、张新平也强调教育均衡发展是尽可能为每一位受教育者提供相对均等的教育机会和教育条件，使其平等的受教育权利得到充分的保障。② 持有相似观点的还有肖远军③、戴亦明④、吴开俊⑤等人。

从法学的视角分析义务教育均衡发展，充分体现了教育均衡发展与教育公平、教育平等间密不可分的关系，从而提醒我们，义务教育均衡发展不仅要保障人人享有平等的受教育权，而且更应保障人人都有相对均等的教育成功机会。

（5）社会学的视角：实现合理的社会分层

社会分层通常指社会成员、社会群体因社会资源占有不同而产生的层次或差异现象，尤其是指建立在法律、法规基础之上的制度化的社会差异体系⑥。它是任何一个社会普遍存在的现象。从社会学的视角来看，教育资源的均衡占有是社会合理分层的前提。而个人占有教育资源的不一样，会导致不同的社会分层。在张东娇看来，义务教育均衡发展的绝对标准是必须保障所有适龄儿童都能接受义务教育，并逐步使其享有充分、良好的义务教育公共资源；而社会资本在一定程度上是义务教育均衡发展的障碍。⑦ 曾晓东则提出随着城市化和社会阶层分化加剧，教育必须承担起促进社会融合和减轻社会分层加剧带来的不利影响的任务⑧。程红艳以中部某省会城市某中心城区为个案，揭示了区域内校际差异与社会分层间内在联系，区域内学校的非均衡化发展，体现了社会阶层分化所造

---

① 于建福：《教育均衡发展：一种有待普遍确立的教育理念》，《教育研究》2002年第2期。

② 姚继军、张新平：《新中国教育均衡发展的测度》，《华东师范大学学报》（教育科学版）2010年第6期。

③ 肖远军：《基础教育均衡发展的政策构想》，《教育理论与实践》2003年第5期。

④ 戴亦明：《论教育法制与区域义务教育的均衡发展》，《教育评论》2003年第6期。

⑤ 吴开俊、黄家泉：《教育均衡发展：理想和现实的抉择》，《西北师范大学学报》2003年第4期。

⑥ 李强：《社会分层十讲》，社会科学文献出版社2013年版，第1页。

⑦ 张东娇：《义务教育均衡发展的社会资本障碍及其政府治理》，《北京师范大学学报》（社会科学版）2008年第2期。

⑧ 曾晓东：《社会变迁背景下的教育问题》，《教育研究与实验》2008年第3期。

成的不同阶层受教育机会不均等的差距①。杨莉、王传毅以社会学家格拉塞和斯特劳斯的扎根理论为基础，以 A 市教育发展的利益相关者为研究对象，分析城市义务教育均衡发展与社会分层之间的关系，其研究结果显示，地市城区义务教育发展不均衡是与社会分层以及利益群体联盟密切联系的。②

从社会学的视角来分析义务教育均衡发展，使我们充分认识到社会资本、家庭背景等是影响义务教育均衡发展的重要因素，更为深刻地了解到义务教育均衡发展与社会结构变迁间的关系，均衡的教育资源配置是促进社会良性变迁的基础，也是实现社会公正的途径。

2. 义务教育均衡发展研究的不同切入点

自 20 世纪 90 年代开始关注教育发展不平衡以来，人们从不同切入点对义务教育均衡发展进行了全方位研究，大致经历了从最初以教育资源配置均衡为主的均衡发展转向以提升教育质量与促进人的全面发展为核心的优质均衡发展。期间，理论研究不断深入、实践研究也相应跟进，研究的内容日益丰富。在义务教育均衡发展的研究过程中，以研究者关注均衡发展的空间来区分，可以分为区域间义务教育均衡发展研究、省域义务教育均衡发展研究、县域义务教育均衡发展研究、校际间义务教育均衡发展研究。

（1）区域间义务教育均衡发展研究

区域间义务教育均衡发展研究通常是按我国行政区域划分的省区间以及区域经济发展水平所划分的东部、中部、西部间的义务教育均衡发展为主要研究对象。魏后凯、杨大利采用相关分析、回归分析等方法对中国区域间教育差异进行了经济学实证分析。③ 沈百福、俞诗秋则对中国教育投资的省际差异进行了相关研究。④ 杜育红、王善迈在曾满超主编的《教育政策的经济分析》一书中以行政省区为单位对中国义务教育差异从时间与空间上进行了实证分析，而杜育红在其专著《教育发展不平衡研

---

① 程艳红：《区域内学校非均衡发展与社会阶层分化》，《教育研究与实验》2008 年第 3 期。

② 杨莉、王传毅：《社会分层、利益群体联盟与地市城区义务教育发展之不均衡》，《湖北社会科学》2010 年第 10 期。

③ 魏后凯、杨大利：《地方分权与中国地区教育差异》，《中国社会科学》1997 年第 1 期。

④ 沈百福、俞诗秋：《中国省级地方教育投资的区域比较研究》，《教育与经济》1994 年第 4 期。

究》中对此又进行了深入研究，并从新古典主义、新制度主义、发展经济学三个方面对义务教育发展不平衡的原因进行理论阐述并提出了缩小差距的政策建议。杜育红对义务教育发展不平衡实证研究中的方法采用、变量的选择以及其理论阐述的视角无疑非常值得本研究借鉴与学习。翟博[①]、瞿瑛[②]、张敏[③]、梁文艳[④]等通过选取不同的变量与方法对区域间义务教育均衡现状进行分析，并探寻原因，提出解决问题的相应对策。另外，由于东西部教育差距的扩大，也有一些研究是专门针对西部或中部义务教育均衡发展的。如阮成武针对中部地区农村义务教育均衡发展的政策路径进行了探讨[⑤]，杨军则针对西北少数民族地区基础教育均衡发展进行了相关研究[⑥]。

(2) 省域义务教育均衡发展研究

省域义务教育均衡发展研究是以行政省区内的义务教育均衡发展为主要研究对象，通常是针对省域内的地区之间、城乡之间、校际之间的义务教育现状进行分析，找出影响区域内义务教育均衡发展的因素，并提出对策。如张旺、郭喜永对吉林省40个县市的义务教育各项指标进行了标准差与差异系数分析，并提出促进省域义务教育均衡发展的策略。[⑦] 粟玉香则对北京市所辖16个区的财政资源均衡配置进行了实证分析。[⑧] 孙素英采用德尔菲法对35位专家就区域内义务教育发展的影响因素进行了实证研究，得出影响区域义务教育均衡发展的关键因素是教育经费、教育者和

[①] 翟博：《教育均衡论：中国基础教育均衡发展实证分析》，人民教育出版社2008年版，第118页。

[②] 瞿瑛：《义务教育均衡发展政策问题研究：教育公平的视角》，浙江大学出版社2010年版，第112页。

[③] 张敏：《我国义务教育区域均衡问题研究》，《中国人力资源开发》2012年第8期。

[④] 梁文艳：《省际间义务教育不均衡问题的实证研究》，《教育科学》2008年第4期。

[⑤] 阮成武：《中部地区农村义务教育均衡发展的政策路径》，《中国教育学刊》2013年第12期。

[⑥] 杨军：《西北少数民族基础教育均衡发展研究》，《西北师范大学》2005年。

[⑦] 张旺、郭喜永：《省域义务教育均衡发展研究：基于吉林省40个县市义务教育发展的比较研究》，《东北师范大学》（哲学社会科学版）2011年第6期。

[⑧] 粟玉香：《区域内义务教育财政均衡配置状况及政策选择》，《华中师范大学学报》（人文社会科学版）2010年第1期。

教育政策。① 薛二勇同样采用德尔菲法对义务教育资源配置均衡发展体系、义务教育质量均衡体系以及义务教育发展指标交叉进行了实证分析，最后得出的结论是区域内义务教育均衡发展指标体系包括义务教育资源配置均衡指标、义务教育质量均衡发展指标，并对两个指标体系进行相应的构建。② 姚继军以江苏省为例也构建了省域义务教育优质均衡发展量化测度指标体系。③ 而刘宝生④、董泽芳⑤、张放平⑥等则从推进省域义务教育均衡的政策与制度方面进行了相关研究。

(3) 县域义务教育均衡发展研究

县域义务教育均衡发展研究基本承袭了省域义务教育均衡发展研究的模式，只是在研究空间上由行政省区一级缩小到以行政"县"这一级。肖军虎将县域义务教育均衡发展界定为"在一县（区）域内，根据当地经济社会发展思路，因地制宜、实事求是地调整义务教育发展思路，实现义务教育城乡之间、学校之间在办学条件、师资力量和教学质量上的相对均衡，促进区域内义务教育均衡、协调、优质发展，确保各受教育群体在受教育权利、条件以及成功机会等方面达到相对平等"⑦。2012年教育部颁布了县域义务教育均衡发展督导评估暂行办法。同时，许多学者也针对县域义务教育均衡发展资源配置⑧、县际差距⑨、

---

① 孙素英：《区域义务教育均衡发展影响因素》，《中国教育学刊》2012年第6期。

② 薛二勇：《区域内义务教育均衡发展指标体系的构建》，《北京师范大学学报》（社会科学版）2013年第4期。

③ 姚继军：《省域义务教育优质均衡发展量化测度指标体系的构建——以江苏省为例》，《教育发展研究》2012年第22期。

④ 刘宝生：《推进省域义务教育均衡发展的思考与建议》，《教育科学》2008年第1期。

⑤ 董泽芳、杨海松等：《区域内义务教育均衡发展的阻碍因素分析》，《教育研究与实验》2010年第5期。

⑥ 张放平：《区域内义务教育均衡发展的制度瓶颈及其破解》，《中国教育学刊》2011年第11期。

⑦ 肖军虎：《我国县域义务教育均衡发展指标体系的构建》，《教育理论与实践》2011年第9期。

⑧ 杨公安：《县域义务教育资源配置低效率问题研究》，博士学位论文，西南大学，2012年。

⑨ 蒋鸣和：《中国义务教育发展县际差距的估计》，《教育指标与政策分析国际研讨会论文》1999年第6期。

影响因素①（李慧勤、刘虹）、指标体系和标准（于发友、赵慧玲、赵承福②，董世华③）、城乡差异（杨晓霞④）、师资政策（杨挺、马永军⑤）以及政策指向⑥与发展路径选择⑦等方面进行了相关研究。

(4) 校际义务教育均衡发展研究

校际义务教育均衡发展研究通常以同一区域内不同学校间的义务教育均衡发展现状为研究对象，是教育均衡发展研究中的基本单位。现有文献中，关于校际义务教育均衡发展研究的文献较前三者而言相对较少，主要是通过对薄弱学校建设的研究来实现校际均衡。在杨启亮看来，薄弱学校虽然是义务教育均衡发展中的弱势群体，但应该更为客观地对其评价，给予其责任担当的教育品格应有的尊重而不是怜悯与施舍。⑧姚永强、范先佐则根据经济学的内生发展理论指出薄弱学校建设的根本之道更多地在于内生发展。⑨郭清杨针对农村薄弱学校的特征及其形成原因分析，提出相应的建设路径。⑩而在有限的以校际均衡为主题的文献中，研究者们基本是通过对某一地区学校间义务教育资源的配置现状分析来探讨校际义务教育均衡发展。如粟玉香通过对北京市256所学校的生均教育经费、公用经

---

① 李慧勤、刘虹：《县域间义务教育均衡发展的影响因素及对策思考》，《教育研究》2012年第6期。

② 于发友、赵慧玲、赵承福：《县域义务教育均衡发展的指标体系和标准建构》，《教育研究》2011年第4期。

③ 董世华：《我国县域义务教育均衡发展监测指标体系的建构》，《教育发展研究》2011年第9期。

④ 杨晓霞：《城乡差异：县域内义务教育均衡发展的现实困境》，《教育与经济》2012年第4期。

⑤ 杨挺、马永军：《县域义务教育师资均衡配置中的政府责任》，《中国教育学刊》2011年第3期。

⑥ 张茉：《县域义务教育均衡发展政策指向及战略选择》，《中国教育学刊》2013年第11期。

⑦ 刘光余：《论我国县域义务教育均衡发展的取向、范式与路径》，《教育理论与实践》2011年第9期。

⑧ 杨启亮：《薄弱学校：义务教育发展中的弱势群体》，《教育发展研究》2010年第15—16期。

⑨ 姚永强、范先佐：《内生发展：薄弱学校改造路径选择》，《中国教育学刊》2013年第4期。

⑩ 郭清扬：《义务教育均衡发展与农村薄弱学校建设》，《华中师范大学学报》（人文社会科学版）2013年第1期。

费、生均固定资产总值、生均专用设备值的差异分析,探讨了财政资源在校际间的配置现状,并指出要建立区域内校际间财政均衡指数、完善地方政府教育预算过程的学校参与以及科学选择均衡校际间财政增量与存量的策略①。与粟玉香采用相同研究范式的还有王莉红②、苏娜、黄葳③、李秉中④等。王善迈、董俊燕、赵佳则本着资源配置均等原则、财政中立原则、弱势补偿原则、数据可得性原则构建了校际均衡发展评价指标体系,指标体系包括入学规则均衡指标、资源配置均衡指标和学校教育产出均衡指标。这样可有效地监控和评价县级政府对教育均衡发展努力程度⑤。综上,可见校际义务教育均衡发展研究更多地倾向于硬件均衡,相对比较忽略教育过程中软件的均衡,如校际间的师资均衡配置等,这恰恰是决定校际均衡发展的最有力保障。

而从均衡发展水平来分,翟博曾将教育均衡发展分为四个阶段:低水平均衡阶段、初级均衡阶段、高级均衡阶段、高位均衡阶段,每个阶段都有其相应的目标与要求⑥。通过梳理文献,我们发现亦可根据义务教育均衡发展的水平,将二十年来的义务教育均衡发展研究分为以资源配置为核心的初级均衡与以"教育质量与人的全面发展"为核心的高位均衡或优质均衡。在国家实施两基攻坚战期间,义务教育均衡发展研究基本是处在以资源配置为核心的初级均衡研究。而随着我国两基攻坚计划接近尾声时,学界的研究开始转向"以教育质量与人的全面发展"为核心的高位均衡或者优质均衡。

---

① 粟玉香:《关注校际间差异,推进义务教育财政均衡》,《上海教育科研》2009年第10期。
② 王莉红:《农村义务教育资源校际均衡配置研究》,《财政研究》2008年第2期。
③ 苏娜、黄葳:《区域义务教育校际均衡发展现状与改进》,《教育发展研究》2010年第2期。
④ 李秉中:《西部地区义务教育阶段校际均衡发展的制度建设》,《教育研究》2005年第5期。
⑤ 王善迈、董俊燕、赵佳音:《义务教育县域内校际均衡发展评价指标体系》,《教育研究》2013年第2期。
⑥ 翟博:《树立科学的教育均衡发展观》,《教育研究》2008年第1期。

杨小微①、杨启亮②③④、冯建军⑤⑥、王一军⑦、史根林⑧等学者是优质均衡发展研究的代表。从这些研究者的研究背景出发，我们会发现他们基本是生活在中国经济发展最先进的东部省份——上海与江苏。显然，在教育发展水平接近发达国家的东部省份开展优质均衡发展有其先天条件。但我们不能因此就判断优质均衡只是东部地区的专属物。姚永强、范先佐提出义务教育均衡发展方式必须从以资源配置为中心、依赖政府力量驱动、强调同质发展的均衡发展方式，转变为以质量提升为中心、依赖学校自我发展驱动、注重多元发展的均衡发展方式。⑨ 这些理论的提出使笔者认识到教育均衡发展不应有如此明显的界限，我们不能在资源配置达到基本均衡时，再来研究教育质量，而应始终把教育质量贯穿到每个发展阶段，离开了质量，任何均衡都是空中楼阁。

此外，也有学者从更微观的角度认为义务教育均衡发展应体现在生源均衡、质量均衡、结果均衡和评价均衡上。⑩ 但笔者认为，生源不存在均衡，也实现不了均衡。尽管我们强调义务教育要就近入学，但其前提是政府在同一区域内学校的硬件与软件的配置基本相当，而这些学校也能为儿童、少年提供相对均衡的教育。离开了这个前提，我们一味地强调就近入学，显然是不公平的，也是有悖于义务教育中保障每个儿童、少年享受均等教育的权利。因此，笔者认为在微观层面包括生源均衡是有失公平，也是不科学的。

---

① 杨小微：《以"多样优质均衡"回应"高端需求"：我国东部地区义务教育促进社会公平的新思路与新实践》，《基础教育》2013 年第 4 期。

② 杨启亮：《底线均衡：义务教育优质均衡发展的解释》，《教育理论与实践》2010 年第 1 期。

③ 杨启亮：《转向"兜底"：义务教育优质均衡发展的重心》，《教育研究》2011 年第 4 期。

④ 杨启亮：《基础教育发展中的另一种均衡》，《教育研究与实验》2012 年第 2 期。

⑤ 冯建军：《优质均衡：义务教育均衡发展的新目标》，《教育发展研究》2011 年第 6 期。

⑥ 冯建军：《义务教育优质均衡发展的理论研究》，《全球教育展望》2013 年第 1 期。

⑦ 王一军：《优质均衡发展：义务教育现代化的质量范型》，《教育发展研究》2012 年第 2 期。

⑧ 史根林、邱白丽：《支点和着力点的选择——对县域义务教育优质均衡发展评估指标设计的思考》，《教育理论与实践》2013 年第 4 期。

⑨ 姚永强、范先佐：《论义务教育均衡发展方式的转变》，《教育研究》2013 年第 2 期。

⑩ 翟博：《基础教育均衡发展理论与实践》，教育科学出版社 2013 年版，第 13 页。

3. 义务教育均衡发展指标体系的选择

义务教育若要实现均衡发展，必须有一套评价均衡发展程度的指标体系；只有监测指标体系的确立，才有评判的尺度与调控教育过程、改变教育观念及行为的依据。通览现有文献后，发现研究者通常是基于其对均衡发展的内涵理解，确立指标选择思路与原则，然后决定从哪些方面选取指标并如何运用这些指标来评价均衡发展。

（1）指标选择的思路与原则

研究者们基于其对教育公平或均衡发展内涵的不同理解，确立的指标选择思路或原则也不尽相同。褚宏启、高莉认为义务教育均衡发展应遵循平等原则、差异原则、补偿原则；为此，他们强调义务教育均衡发展评估指标与标准的设计思路，首先要建立全面的指标体系基本框架，增加义务教育发展的过程指标，完善结果指标；指标体系既要体现义务教育在城乡、区域、校际三个层面的共性，又要明确三个层面的个性与侧重点；另外，还应制定义务教育均衡发展不同阶段的标准，确立"初步均衡"与"基本均衡"的标准[①]。杨小微则从总量与差异相互参照的视角，强调义务教育均衡指标体系中总量指标应与社会进步、学习型社会建设相适应，尤为要关注差异指标，设立递进性的质量范型目标体系[②]。

另外一些学者认为指标体系的确立应遵循一定的原则。于发友等强调要按照优先超前、协调统筹、资源均享、政府为主、重在普及、质量第一等六个原则来确立监测义务教育均衡发展的指标体系[③]。而冯建军则针对质量均衡提出应遵循导向性、完整性、统一性、多样性、增值性等五个原则[④]。

尽管不同研究者基于其对教育均衡发展的内涵理解提出不同的指标设计思路与原则，但是他们的共性是要求在义务教育均衡发展监测指标体系

---

① 褚宏启、高莉：《义务教育均衡发展评估指标与标准的制订》，《教育发展研究》2010年第6期。

② 杨小微：《公平取向下义务教育发展的评价指标探究》，《华中师范大学学报》（人文社会科学版）2013年第7期。

③ 于发友、赵慧玲、赵承：《县域义务教育均衡发展的指标体系和标准建构》，《教育研究》2010年第4期。

④ 冯建军：《义务教育质量均衡内涵、特征及指标体系的建构》，《教育发展研究》2011年第18期。

中既要体现全局性,同时又要兼顾差异性。

(2) 指标选择

在义务教育均衡发展的指标选择上,基本有以下两种取向:全面评价的指标选择与单一指标选择。

首先,全面评价的指标选择。大部分研究基本采取全面评价的指标选择。以全面评价为取向的指标选择注重指标选择的完整性与统一性,力求对均衡发展的全过程进行评价,通常从教育的起点、过程、结果三个维度入手,建构涵盖整个教育过程的软件与硬件的多级指标体系。在现有文献中,翟博构建的教育均衡发展指数体系比较具有代表性。他的指标体系中含有教育机会、资源配置、教育质量以及教育成就4个子领域,下面又分为25个一级指标、45个二级指标[1]。王善迈2008年从经济学视角,构建了以受教育者的权利和受教育机会、公共教育资源配置、教育质量为一级指标的全面评价指标体系,以基础教育均衡发展为监测对象[2];2013年,他根据教育资源配置均等、财政中立、弱势补偿、数据的可得性原则,建构了以入学机会、资源配置、教育质量为子领域、下设相应一级与二级指标的县域校际义务教育均衡发展体系[3]。薛二勇则通过采用德尔菲法构建了以教育资源配置与教育质量为核心的指标体系,下设5个一级指标、33个二级指标。在他的体系中关于教学软件的指标比之前两位研究者较多[4]。冯建军从教育质量出发,构建了以教育输入质量、教育过程质量、教育结果质量为一级指标的义务教育优质均衡发展的指标体系[5]。在他的指标体系中更为关注软件指标,如办学理念、发展规划、办学目标,在教育结果质量指标中,他强调从静态结果与增值结果来设置指标。比较而言,他的指标体系虽然操作性难度大,但是增值结果的介入使得指标更为

---

[1] 翟博:《教育均衡发展:理论、指标及测算方法》,《教育研究》2006年第3期。

[2] 王善迈:《教育公平的分析框架与评价指标》,《北京师范大学学报》(社会科学版) 2008年第3期。

[3] 王善迈、董俊燕、赵佳音:《义务教育县域内校际均衡发展评价指标体系》,《教育研究》2013年第2期。

[4] 薛二勇:《区域内义务教育均衡发展指标体系的构建》,《北京师范大学学报》(社会科学版) 2013年第4期。

[5] 冯建军:《义务教育质量均衡内涵/特征及指标体系的建构》,《教育发展研究》2011年第18期。

客观。当然，以全面评价为取向的指标体系的研究者，还有史根林①、杨小微②、朱家存③、于发友④、姚继军⑤、董世华⑥等，只是一些研究者是针对省域义务教育均衡发展，一些则是针对县域义务教育均衡。

其次，单一指标选择。所谓单一指标选择往往是通过选取生均教育经费为指标对义务教育均衡发展进行相关研究与评价。杜育红在《教育发展不平衡研究》中指出"由于教育质量方面往往难于准确地直接测量，用生均教育经费来间接测量是比较可行的替代方法"。他认为，生均教育经费这一指标之所以能间接地反映教育质量，是基于下面两个假定：一是各地学生的质量不存在显著差异；二是教育质量在很大程度上取决于教学设备与教师水平，而教学设备的好坏与教师水平的高低基本上取决于教育经费的水平，较多的教育经费可购买较好的教学设备，也可以吸引较高水平的教师，从而也会带来较高水平的教育教学质量。杨东平、周金燕⑦构建了包含小学生生均经费城乡差异、小学生均经费地区差异、初中生生均经费城乡差异、初中生生均地区差异的指标体系，旨在对教育公平问题突出的方面进行评价。杨晓霞、刘晖⑧在进一步分析生均经费单一指标的可行性与有效性后，建议对这一指标进行相应修正，强调在生均经费指标中要保持统计口径的一致性、引入地区价格差异因素、考虑通货膨胀因素的影响，同时与社会对义务教育均衡发展的满意度相结合。

---

① 史根林、邱白丽：《支点和着力点的选择：对县域义务教育优质均衡发展评估指标设计的思考》，《教育理论与实践》2013年第4期。

② 杨小微：《公平取向下义务教育发展的评价指标探究》，《华中师范大学学报》（人文社会科学版）2013年第7期。

③ 朱家存、阮成武、刘宝根：《区域义务教育均衡发展监测指标体系研究》，《教育研究》2010年第11期。

④ 于发友、赵慧玲、赵承福：《县域义务教育均衡发展的指标体系和标准建构》，《教育研究》2011年第4期。

⑤ 姚继军：《省域义务教育优质均衡发展量化测度指标体系的构建》，《教育发展研究》2012年第22期。

⑥ 董世华：《我国县域义务教育均衡发展监测指标体系的建构》，《教育发展研究》2011年第9期。

⑦ 杨东平、周金燕：《我国教育公平评价指标初探》，《教育研究》2003年第11期。

⑧ 杨晓霞、刘晖：《生均教育经费：义务教育均衡发展核心指标及其修正》，《教育发展研究》2013年第2期。

单一指标选择比较简洁，易于操作。但由于指标的单一性会导致以偏概全的倾向，同时也会导致评价结果的简单，不能全面反映教育过程中的多维问题。

综上，无论是全面评价综合指标的选择，还是以生均教育费为单一评价指标的选择都或多或少地存在问题。全面评价指标会存在指标的交叉与重叠，如薛二勇构建的指标中，二级指标中的生均教育教学设备值、生均信息技术设备值就存在交叉与重复性。多媒体设备既可计算到教育教学设备值也可统计到生均信息技术设备值。而单一指标又会导致评价的非全面性。因此，怎样有效地选择一套既能涵盖教育过程的问题，信息又不重复交叉，而且还具有可操作性的指标体系值得我们深入研究。

4. 义务教育均衡发展的实践研究

随着义务教育均衡发展的理论研究不断深入，义务教育均衡发展的实践研究也在如火如荼地开展。大致有以下几类典型的实践模式：名校集团模式、学区管理模式、结对帮扶模式、委托管理模式。

（1）名校集团模式。

名校集团模式最初在杭州予以实践。它以名校为龙头，通过合并薄弱学校、建设新校、参与民办学校等方式进行，形成名校为核心的教育集团，实现资源共享、管理统一。[①] 虽然名校集团模式大大增加了优质教育资源的增值，但也会导致教育同质化的问题突出和优质公共教育资源私营化。

（2）学区管理模式。

学区管理模式基本是区或县一级教育行政部门根据区域内学校的地理位置与层次，通过整合教育资源，由多个学校联合形成新的教育单位或是教育联合体，形成学区。有些学者也将此界定为教育组团。[②] 但从实际情况来看，二者是异曲同工，只是称谓不同而已。广东越秀[③]与

[①] 孙德芳：《试析名校集团化促进义务教育均衡发展：基于杭州名校集团化的分析》，《中国教育学刊》2011年第9期。

[②] 万华：《教育组团：促进义务教育均衡发展的新思路》，《教育研究与实验》2007年第5期。

[③] 蔡定基、周慧：《学区管理内涵与实践》，《中国教育学刊》2010年第6期。

河北承德①的学区管理模式具有代表性。学区管理有助于教育资源的共享、师资的有效流动、薄弱学校的快速转变，但由于学区财权的缺失会导致管理低效。

（3）结对帮扶模式。

结对帮扶模式是以先进带动后进、优势提携劣势的一种优质学校帮助扶持相对薄弱学校的形式和手段，可以是一对一，也可以是多对一，还可以是多对多结对。一般的做法是相对优质的学校与薄弱学校之间形成一对一的帮扶模式。成都②、石家庄③在推进义务教育均衡发展过程采用这种模式取得了较为良好的效果。但结对帮扶模式要得到有效实施，政府及教育主管部门应给予相应的政策与财政支持，否则只会是流于形式的"结对"，难以真正实现"帮扶"之责。

（4）委托管理模式。

委托管理模式是由教育主管部门出资购买专业化服务，委托优质学校或教育中介机构管理相对薄弱的中小学，激活管、办、评分离并联动的机制，扩大优质资源的辐射效应，并使被托管学校迅速提升办学水平和教学效果④。上海是实施委托管理模式的典型。该模式较为显著的特征是契约管理、团队协作、第三方监管。由于托管周期相对较短，可能会影响到托管者的帮扶投入，评价标准设计也较难以把握，但第三方监管是非常值得借鉴的。

推进义务教育均衡发展的各种实践模式无疑是各有所长，亦各有所短。虽然理论是用于指导实践，但是理论也往往是源于实践。因此，义务教育均衡发展的实践研究无疑会给本研究提供新的视角。

（二）多民族地区义务教育均衡发展研究

在现有的文献中，鲜有以多民族地区义务教育均衡发展为主题的，但是多民族地区义务教育均衡发展研究亦可从少量少数民族义务教育发展的

---

① 李胜利、王运锋等：《我省城乡义务教育均衡发展问题的现状与对策》，《河北教育》2008年第11期。

② 庞祯敬、谭媛媛、林双：《成都模式：统筹区域基础教育均衡发展的有益探索》，《上海教育科研》2013年第10期。

③ 董志伟、付景华等：《实现城乡教育的零差距：石家庄市桥西区推进义务教育均衡发展纪实》，《河北教育》2008年第2期。

④ 罗阳佳：《托管一年间，城市改变农村》，《上海教育》2008年第4A期。

相关文献中窥其一斑,主要体现在现状研究、对策研究、比较研究三个方面。

1. 多民族地区义务教育均衡发展现状研究

费孝通先生曾将我国民族实体格局概述为"中华民族的多元一体格局"。① 而在我国多元一体的民族格局中,少数民族大都以"大杂居、小聚居"的形式,居住在地广人稀、经济发展相对较为落后的区域。先天的地理条件和后天的经济条件成为制约多民族地区义务教育均衡发展的两大主要因素。一些研究者着手开展了多民族地区义务教育现状的研究,以期为探寻解决问题的对策提供事实依据。

(1) 多民族地区义务教育的普及

民族地区义务教育普及的相关文献大部分发表于2001年以前。随着国家"两基"攻坚战的实施,义务教育于2011年在全国得以普及,而对民族地区义务教育普及的文献综述显然有益于我们了解多民族地区义务教育发展的历史渊源。

自1986年《义务教育法》颁布实施以来,大部分少数民族地区由于地理环境恶劣、经济落后导致其教育水平低下,普及义务教育步履艰难。覃光恒于1989年以广西一个苗、回、彝、侗、松佬、毛南等多民族杂居的行政县——田阳县为个案,进行了实地调研,发现在义务教育普及的过程中,存在着严重的经费投入不足、学生入学率低、辍学率高、教师经济待遇低、普及义务教育的政府责任欠缺等突出问题。② 杨文志则对广西百色另外一个多民族杂居的隆林县进行了深入调查,发现多民族地区义务教育现状令人担忧,如教育发展不平衡、落后的经济与民族风俗制约着义务教育的发展、教育的知识结构与经济发展需求相脱节;于是,他较早地提出在不发达民族地区应实施免费义务教育。③

曲恒昌曾指出"女童教育发展的不平衡性是判断一个国家义务教育

---

① 费孝通:《中国文化的重建》,华东师范大学出版社2014年版,第30页。
② 覃光恒:《民族地区和少数民族要实行义务教育:田阳县推行义务教育的调查》,《广西民族研究》1989年第3期。
③ 杨文志:《从隆林民族教育现状看如何在少数民族地区实施义务教育》,《广西民族研究》1990年第3期。

和总体教育水平的重要尺度"①。王璐、王振岭等通过对民族地区女童教育研究延伸到民族地区义务教育的普及研究。王璐的研究反映了民族地区由于传统观念、家庭经济条件等原因导致女童入学率低辍学率高，并提出诸如"对女童教育实行一些优惠政策，适量办好女子学校和女子班，办学形式应力求多样化"等措施。② 王振岭则通过对民族地区近2000名7—15岁男女儿童的受教育状况及影响教育的家庭、社会、学校环境做了抽样调查和定量分析，提出试验假设，开展了为期三年的试验研究，有针对性地提出了解决女童就学难的主要措施。③

王嘉毅、吕国光等力图走出民族地区"大量增加投入—改善办学条件—提高入学率—推进基础教育发展"的常规研究模式，探索以改善教学软件与提高教学质量为主的研究模式。他们以甘肃省积石山保安族、东乡族、撒拉族自治县穰藏乡甘藏沟小学为实验对象，进行为期近五年的教育实验，并取得较好的效果。实践证明在有限教育资源的现状下，积极改善教学软件也能实现推进义务教育的普及步伐。④ 另外，还有一些学者针对普及义务教育存在的问题并提出相应的对策，如熊明安⑤、余海波⑥、任一明⑦等。

总之，以上研究使我们认识到民族地区义务教育发展的艰巨性。因此，我们的研究应注意形成时间上的纵向对比，应进一步分析民族地区义务教育得到基本普及后，曾经阻碍普及的问题是否得到根本的改善或是改

---

① 曲恒昌：《亚洲发展中国家普及义务教育的头号难题：农村女童教育》，《比较教育研究》1997年第3期。

② 王璐：《普及义务教育中的女童与少数民族儿童教育》，《比较教育研究》1994年第3期。

③ 王振岭：《青海少数民族女童教育与民族地区义务教育》，《民族教育研究》2000年第4期。

④ 王嘉毅、吕国光、白芸：《加快少数民族贫困地区普及义务教育步伐的研究与实验》，《西北师范大学学报》（社会科学版）2001年第5期。

⑤ 熊明安：《西南民族地区普及九年制义务教育几个实际问题的探讨：从云南省楚雄彝族自治州普及九年制义务教育谈起》，《西南师范大学学报》（哲学社会科学版）1998年第4期。

⑥ 余海波：《少数民族地区在普及义务教育进程中所面临的问题及对策》，《民族教育研究》1997年第3期。

⑦ 任一明：《论普及义务教育在西部民族地区的巩固与深化：从贵州民族地区普及义务教育谈起》，《贵州民族教育研究》2001年第1期。

变。而王嘉毅等的教育实验则提醒我们：多民族杂居地区在教育资源条件受限的情况下，是否可探寻以内涵均衡发展为主的发展方式。

（2）多民族地区义务教育的现状

随着民族地区义务教育的逐步普及，那么普及过程中所遇到的问题是不是已经得到极大的改善与很好地解决呢？我们从以下学者的研究中可窥一斑。

一是义务教育发展差距明显。王孔敬通过对重庆市多民族地区与非民族地区之间，以及民族地区内资源配置及教学质量的比较研究中发现民族地区的义务教育发展无论是区域内还是区域间都存在着非均衡。① 蔡茂华将西部少数民族聚居地区与东部非民族聚居地区进行比较，指出二者之间存在着教育失衡现象，某些民族地区的小学数量接近于东部省份的学校数，但二者间在绝对意义和相对意义上有着明显的差距，因为前者有许多教学点、马背学校、帐篷学校等。② 杨军通过比较西北五个少数民族地区义务教育发展水平在全国义务教育发展中所处的位置，以及将其与东部地区进行比较研究，发现西北民族地区的义务教育发展水平与东部地区的义务教育发展水平存在明显差距。③

二是普九达标存在失实。满忠坤通过对四川与贵州一些民族地区的调研发现，民族地区义务教育普及在数量与质量上都存在虚假达标现象。以贵州省黎平县某中学为例，该校注册学生有978人，而实际在校人数为666人，而且每年的辍学率比较高。而四川凉山的某些学校为了完成上级下达的"控辍保学"任务，在接受教育评估和督导检查时，出现不惜花钱"买学生"或是"借学生"的现象。就学生学业成绩而言，存在"只要人头"不顾质量的不良倾向。④

三是教育资金短缺。教育资金短缺已成了少数民族地区义务教育发展过程中较为突出的问题。尽管各级政府为解决这一问题尽了最大的努力，

---

① 王孔敬：《重庆民族地区推进义务教育均衡发展的现状：战略与意义研究》，《贵州民族研究》2010年第4期。
② 蔡茂华：《西部少数民族教育的区域失衡与发展策略》，《教育发展研究》2005年第4期。
③ 杨军：《西北少数民族地区基础教育均衡发展研究》，西北师范大学，2005年。
④ 满忠坤：《民族地区义务教育发展中存在的问题及对策分析：基于四川、贵州的教育调查》，《教育发展研究》2013年第15—16期。

但是由于种种原因，它依旧是多民族地区无法避开的现实。入学难、就学难、师资不足、教学设备落后、学生住宿条件差等皆可归因于教育资金的短缺。徐玲等选择了西北两个少数民族地区，从教育经费投入入手，进行实地调研并发现：尽管西部民族地区义务教育经费总量呈上升趋势，但是经费总量还是不能满足当地学校的有效发展，基本处于低水平"保运转"的状态，而且中小学校普遍存在负债现象①。贺新宇则指出，由于投入总量、结构、投资体制等方面的原因，导致民族地区义务教育经费长期短缺，从而出现拖欠教师工资、公用经费缺乏、硬件建设滞后、校舍改扩建资金缺口较大等诸多问题。②丁延庆利用全国教育财政基层报表数据，对民族自治地区与非民族自治地区的教育支出进行比较研究，结果显示：民族自治地区义务教育阶段的生均教育支出要低于非民族地区；民族自治地区较非民族地区而言，更依赖于预算内收入。③此外，一些学者通过对民族地区的学生资助问题研究来反映教育资金的不足，④还有一些学者通过对义务财政支出⑤、保障机制⑥等方面的研究发现民族地区教育资金短缺的问题。

四是师资状况堪忧。师资不足在贫困民族地区显得尤为突出，成为制约多民族地区义务教育均衡发展的瓶颈。目前研究发现，多民族地区的师资数量不足与质量堪忧尤为严重。白文飞在内蒙古东乌旗、青海海晏县、广西西林县的调研中发现：教师数量政策性超编与学科结构缺编矛盾突出、优秀教师流失严重导致教师队伍不稳定、学历合格与能力不合格相矛盾导致教师整体素质不高。⑦段敏芳在湖北某少数民族县的调研中发现教

---

① 徐玲、付长生、陈健鹏等：《西部民族地区农村义务教育经费运行状况调查报告》，《民族教育研究》2008 年第 5 期。

② 贺新宇：《民族地区义务教育经费投入的相关问题》，《财经科学》2007 年第 10 期。

③ 丁延庆：《中国民族自治地区与非民族自治地区生均教育经费支出分析》，《北京教育评论》2008 年第 1 期。

④ 金东海、王爱兰、路宏：《民族地区义务教育阶段贫困学生就学资助问题研究》，《教育与经济》2011 年第 2 期。

⑤ 王世忠：《民族地区义务教育财政支出状况评析》，《中南民族大学学报》（人文社会科学版）2013 年第 1 期。

⑥ 刘璐、王世忠：《民族地区义务教育经费保障机制实施状况研究》，《贵州民族研究》2014 年第 1 期。

⑦ 白文飞：《西部民族地区农村义务教育状况研究》，《中国社会科学院研究生院学报》2008 年第 5 期。

师队伍年龄老化并且结构不合理。如某镇在编教师242人，30岁以下教师仅4人，初中教师平均年龄41岁，小学教师平均年龄47岁。① 而师资数量不足、师资质量不高与教师的生存条件不无关系。满忠坤的调研发现，民族地区教师工资低、生活条件艰苦、社会认可度低。此外，多民族地区双语师资匮乏也是制约其义务教育均衡发展的一个很重要的原因。万明钢、刘海健在其关于双语教育体系建构的研究中指出，我国现有合格双语师资严重不足。② 而袁善来在桂西南地区的调研也恰恰证明了这一观点：桂南民族地区由于双语师资的流出、退休、青黄不接的现实，导致民族语辅助教学越来越难以实现，甚至原有的双语课程不得不停开。③

五是传统民族文化与义务教育不协调。多民族地区因其传统文化的多样性，从而对义务教育的需求也是多样的。然而，以"升学型"为主的义务教育办学方式与民族地区教育需求间存在着不协调的地方。刘茜对四川省阿坝地区以羌族为主的茂县（含羌、藏、回、汉四个民族）实地调研发现，"升学型"为主的单一办学模式在一定程度上制约了民族地区义务教育质量的提高。④ 另外，一些民族因传统文化观念与义务教育存有差异，从而导致该地区的义务教育入学率相对较低。杨芳在甘肃一个民族地区调研发现，该地区由于信仰伊斯兰教，部分家长仍旧愿意让孩子接受清真寺内的经堂教育，而学经的满拉均能得到吃住学全免的待遇，显然能吸引很多聪颖的孩子放弃义务教育而选择经堂教育。⑤ 云南迪庆州、西双版纳州都存在类似的情况，只是这些地区表现的是藏传佛教、南传佛教与义务教育的矛盾罢了。陈荟在西双版纳傣族自治州的调研发现，傣族有男童到一定年龄必须到寺庙当和尚的风俗，导致许多学龄儿童宁愿到寺里当和

---

① 段敏芳：《加大少数民族地区义务教育扶持力度：湖北省某少数民族自治县义务教育调查报告》，《教育与经济》2006年第1期。
② 万明钢、刘海健：《论我国少数民族双语教育：从政策法规体系建构到教育教学模式变革》，《教育研究》2012年第8期。
③ 袁善来：《论桂西南小学推行双语教学的必要性》，《民族教育研究》2014年第2期。
④ 刘茜：《关于西部民族地区九年制义务教育办学模式的思考：从茂县羌族义务教育办学现状看西部民族教育改革》，《西南师范大学学报》（人文社会科学版）2002年第1期。
⑤ 杨芳：《西北少数民族地区义务教育阶段学生资助现状研究》，《西北成人教育学报》2013年第9期。

尚，也不愿到学校读书，南传佛教与义务教育之间的对立冲突较为明显。①

2. 多民族地区义务教育均衡发展的对策研究

现有研究的思路大都为：实地调查—发现问题—分析原因—提出对策。为了促进多民族地区义务教育发展，研究者们纷纷献计献策，提出了许多解决问题的相应对策。

一是加大义务教育投入。大部分研究者认为，教育经费的短缺是制约多民族地区义务教育发展首要的因素，因而解决这一问题的主要途径是加大教育投入，并在投入主体、投入方式、财政保障体制等方面提出了相应的对策。张学敏、贺能坤提出的建议具有代表性，他们强调首先要建立"以中央财政为主"的投入体制，明确中央、省市、民族自治县三级政府对义务教育投入的责任和分摊比例（中央占50%，省市占30%，民族自治县占20%），使中央财政投入成为民族地区义务教育的绝对财源。其次，通过完善法律机制拓宽多渠道教育经费筹措途径，充分吸纳社会资源、民族地区个人闲置资金投资到义务教育中。最后，在民族地区实施"义务教育券"，以实现专款专用达到有限教育经费的最好使用效益。②罗织颂在分析广西民族地区的教育投入与产出间的关系后，强调在注重加大教育投入的前提下，更应注重教育资金使用的有效性，要实现由外部"输血"机制转变为启动内部的"造血"机制。③

二是加强师资队伍建设。吴明海建议民族地区首先应采取颇具吸引力的经济政策，鼓励教师在偏远、高寒、贫困地区任教；同时保障民族地区教师的合法权益，以及给予教师子女升学或就业一定优惠政策。其次，在民族地区教师专业发展方面，亦要因材施教，因课、因时、因地制宜。最后是逐步完善民族地区教师业绩评价、职称职务评聘制度。④王森则建议实施国家义务教育公务员制度，改革教师编制管理，加强师资培训，建立

---

① 陈荟：《西双版纳傣族寺庙教育与学校教育共生研究》，西南大学，2009年。
② 张学敏、贺能坤：《边境民族地区义务教育经费投入调查报告》，《教育与经济》2005年第4期。
③ 厉以宁：《教育经济学研究》，上海人民出版社1998年版，第393—394页。
④ 吴明海：《向民族地区乡村教师致敬》，《光明日报》2011年9月8日。

有效的师资流动机制，完善教师补偿机制，实施边远高寒地区特殊津贴等措施。① 万明钢强调在双语师资培养上应该打破由民族学校培养的单一模式，高水平师范大学同样应积极参与双语师资的培养、培训工作，而且应强化培养双语教师的多元文化视野与能力。②

三是促进义务教育与民族文化协调发展。白文飞强调要结合民族地区特色，加大《义务教育法》的宣传力度，依法治教。同时，他建议政府应建立一套"控辍保学"的有效机制，应根据民族地区的差异性而制定相应的考核标准。③ 满忠坤则建议要正确对待民族地区义务教育发展中的民族文化问题，既要防止过分夸大民族文化在教育中的作用，也要重视民族文化的独特性；失学、辍学等问题则不能简单归为教育经费投入不足或是教育观念落后，而是教育主体价值取向的行为选择，因此义务教育发展要关注民族地区民族需求的价值取向。④ 白童在其研究中强调政府要正确引导和协调，在尊重宗教信仰的前提下，找出共同点，选择对双方都有利的方式，使民族教育和宗教信仰形成教育合力，为教育的发展、民族的发展服务。⑤

四是完善义务教育办学模式。较多的研究者们强调，义务教育的办学模式应遵循民族地区经济发展与民族成员生活需求相一致的原则，而采取多种办学模式。刘茜的观点比较典型，她认为首先应打破以"升学型"为主的单一办学模式，根据民族地区特点因地制宜地建立多样化办学模式，形成普教与职教相结合的 3+X 或是初中阶段分流的 2+1 教学模式；在教学方式与课程设计上，她强调要由逐步将职教渗透到普教中，这样既可满足"升学有望"学生的需求，也可以兼顾"升学无望"

---

① 王淼：《民族地区农村教师流动特点、成因与对策研究》，《民族教育研究》2014年第2期。

② 万明钢、刘海健：《论我国少数民族双语教育：从政策法规体系建构到教育教学模式变革》，《教育研究》2012年第8期。

③ 白文飞：《西部民族地区农村义务教育状况研究》，《中国社会科学院研究生院学报》2008年第5期。

④ 满忠坤：《民族地区义务教育发展中存在的问题及对策分析》，《教育发展研究》2013年第15—16期。

⑤ 白童：《西部贫困地区少数民族义务教育存在的问题及对策》，《教育探索》2005年第12期。

学生的生存技能。① 高庆蓬与杨颖秀建议根据民族地区特点采取灵活多样的办学模式，如在女童就学难的地区，可开办女子学校、女童班等。② 刘启艳则建议应在国家颁定的课程中合理加入本地区民族文化方面的内容，如在语文、历史、音乐等课程内容中融入民族传统文化中合理的、具有民族特点的内容。③ 在处理民族宗教传统与义务教育间矛盾方面，云南勐海县做了一些探索。该县从20世纪80年代便开始探索将民族宗教文化与义务教育有机结合的办学模式，在学校开设了和尚班，探寻有效缓解宗教信仰与义务教育相冲突的途径。④

3. 别国经验的比较借鉴

比较研究是我们"汲取他人之长，为己所用"的方法之一。在多民族地区义务教育均衡发展的研究中，一些研究者通过对美国、澳大利亚、英国等国的经验介绍，结合我国实际，提出了一些可资借鉴的经验。

万明钢通过介绍美国对少数民族实施"补偿教育"以及英国在少数民族地区设立"教育优先区"的做法，提出在我国民族地区应实行"积极差别待遇"的原则，建立由政府为投资主体、管理主体、评价主体的"教育优先区"。⑤ 陈立鹏则通过对美国少数民族教育政策、澳大利亚土著民族教育机会均等政策的梳理与研究，指出我国在少数民族教育中应不断完善法制，尽早制定《少数民族教育法》，立法中既要重点规定国家对民族教育的扶持、帮助措施，又要强调教育标准的统一性。⑥ 姜峰通过对澳大利亚少数民族教育政策尤其是《土著民族教育（目标援助）法案》的

---

① 刘茜：《关于西部民族地区九年制义务教育办学模式的思考：从茂县羌族义务教育办学现状看西部民族教育改革》，《西南师范大学学报》（人文社会科学版）2002年第1期。

② 高庆蓬、杨颖秀：《西部少数民族地区义务教育的差距分析与对策思考》，《中国教育学刊》2006年第9期。

③ 刘启艳：《当代国外多元文化教育对我国民族地区教育的启示》，《贵州民族研究》2001年第2期。

④ 熊胜祥、傅志上、孙云霞：《浅谈南传佛教与民族地区义务教育》，《中国宗教》2009年第12期。

⑤ 万明钢：《"积极差别待遇"与"教育优先区"的理论构想：西部少数民族贫困地区教育发展途径探索》，《教育研究》2002年第5期。

⑥ 陈立鹏：《对美国少数民族教育立法的初步研究》，《贵州民族教育研究》2004年第1期；陈立鹏、张婧慧：《澳大利亚土著民族教育机会均等政策研究》，《比较教育研究》2010年第10期。

介绍与分析，提出我国民族教育要遵循多元文化的教育思路，不断修正民族教育政策，以保障少数民族公平、平等的接受教育的权利。① 王璐、傅坤昆则通过对英国民族教育教育机会均等政策的梳理与分析，指出英国主要是通过提高教育质量来实现教育均衡发展。②

总而言之，比较研究主要是通过对多民族国家的少数民族教育政策或法案为主要研究对象，为我们推进民族地区少数民族义务教育均衡发展提供了可借鉴的方法与经验。但在这些方法与经验的借鉴过程中，我们应有选择地汲取精华，为我所用。

三 研究述评

综合上述国内外的研究不难看出，不少研究者、研究机构及相关部门已经对多民族地区义务教育发展做了大量的研究。国外的研究主要通过保障少数民族义务教育的机会均等与提高少数民族学生的学业成就，从而促使多民族间义务教育的均衡发展，其间有许多地方非常值得本研究借鉴。首先，国外研究给本研究提供了新的研究视角。如在提高少数民族学生学业成就的研究中，国外的研究者们更多地关注文化因素、社会分层、家庭背景、家长的参与度、学校因素以及学生学习意愿等方面，这与国内研究的关注点还是很有些出入的，尤其是文化因素与家庭参与方面的研究，国内关注的相对较少。而在多民族义务教育均衡发展中，文化差异以及家长的参与度是影响多民族义务教育均衡发展非常关键的因素，但是国内现有的研究往往较为忽略这些方面。其次，国外研究在方法选用上也是非常值得本研究借鉴与学习。国外的一些研究在研究方法上采取定量与定性相结合的混合式研究方法，通常以数据说话，数据与理论相得益彰。

国内关于义务教育均衡发展的研究也日渐丰富与深入。不少研究者、研究机构及相关部门已经对多民族地区义务教育发展做了一定的研究，对多民族地区义务教育发展现状、存在的问题及原因进行了较为深入的分析

---

① 姜峰、刘丽莉：《澳大利亚促进民族地区教育均衡发展政策研究》，《民族教育研究》2009年第5期。

② 王璐、傅坤昆：《以质量促均衡：英国少数民族教育机会均等政策研究》，《比较教育研究》2012年第10期。

和讨论，得出了不少相关的研究结论，也提出了很多很好的建议。这些结论和建议，不仅有助于社会对多民族地区义务教育均衡发展的现状有一个更清醒的认识，也为我们的研究提供了理论参考和实践指导。

但是，国内关于多民族地区这个独特地理区域的义务教育均衡发展的研究，虽然不少学者做了许多的有益探索，其间不少研究成果为推动民族地区义务发展提供了坚实的理论基础与智力支撑。然而，国内的这些研究在取得很大进展和成果的同时，也存在着一定的不足，主要表现在以下几个方面。

第一，缺乏系统性与全面性。现有关于多民族地区义务教育的文献中涉及均衡发展的相对较少，大多是针对某一问题陈述现状、提出对策，较少探究其原因所在。即使部分研究探究了一些现象问题背后的原因，但也大都停留在就事论事的层面，鲜有触及其深层次的原因。而关于云南省这个典型多民族地区的现有研究中，鲜有突出民族地区与非民族地区、民族地区间的差异。如潘玉君的研究中只是体现了全省各州市的义务教育发展现状及预测未来一定年限内的发展趋势；李劲松的研究虽然对26个边境地区民族的义务教育均衡现状进行了分析，但也没有形成较为系统的横向与纵向比较。可见，多民族地区义务教育均衡发展的相关研究或多或少地存在着一定的不足。而多民族地区义务教育发展事关国家教育发展战略目标的实现，系统、全面、深入地研究与探讨多民族地区义务教育均衡发展显得尤为迫切与必要。

第二，研究的视角主要以教育学为主。多民族地区义务教育的发展与当地的经济、政治、文化等社会各领域的发展有着密切的关联，其相关研究自然不仅涉及教育学单一学科，而是涉及多学科的综合性研究主题。在民族地区，义务教育发展尤其与民族文化有着千丝万缕的联系。不同民族的宗教信仰对义务教育的发展有着深刻的影响。如云南的傣族大都信仰南传佛教，傣族儿童到一定年龄则需到寺庙当和尚，而义务教育则要求适龄儿童必须接受学校教育；西北一些民族地区的回族信仰伊斯兰教，一些家长宁愿送孩子去清真寺接受经堂教育，也不选择孩子接受免费的义务教育。有些民族传统文化中有提倡早婚的习俗，致使部分孩子在义务教育阶段早早辍学，进入为人母为人父的家庭生活。凡此种种，可见民族文化与义务教育间有着一定的对立与冲突。然而，现有的研究并没有更多地从文化的视角对这些现象有更深入地关注。

第三，研究方法相对单一。教育活动是人类的实践活动，是一种既包含着客观事实又蕴含着人文价值与意义的社会活动；它既需自然科学的精确，也需人文科学的推演。正如瑞典著名教育学家胡森指出教育研究可有两种范式："一是模仿自然科学，强调适合于用数学工具来分析的经验的、可定量化的研究，研究的目的在于确定因果关系，并作出解释。另一种范式是从人文科学推演而来的，所注重的是整体和定性的方法。"多民族地区义务教育研究也自然离不开这两种研究范式。但是，现有以人文推演为主的思辨研究范式在文献总量中占了主导地位，其间理论思辨又占了思辨研究的主流。而在这些文献中，一些日常描述文献在资料的堆积与罗列中，仅局限于"摆功"或是"诉难"，并没有更深层次地去解释与探讨义务教育在多民族地区这个特殊社会区域中的发展规律及其本质差异性，进而也就缺乏深层次的理论总结或衍生。换言之，部分相关文献并没有真正体现思辨研究的内在逻辑结构。在实证研究范式中，广义上可包含量的研究与质的研究，它包括了数学统计、调查研究、田野调查、实验法等具体方法。但现有研究主要以调查研究为主导，部分文献在调查研究过程中，也存在着研究过程不规范，数据分析方法简单，难以揭示民族地区义务教育的深层次规律与原因。由此可见，现有研究虽然基本采取思辨与实证两种基本的研究范式，但是各自范式在具体研究方法选择上存在着明显的单一性。马克斯·韦伯曾经强调"社会研究应坚持价值中立和价值关联的统一"①，其内涵也指向了在社会学研究中要坚持自然科学研究方法和人文社会科学研究方法的统合运用。多民族地区义务教育均衡发展是一项多学科交融的研究主题，它不仅有与价值相关联的部分，也有与事实相关联的部分，因而任何单一的研究方法，都难以揭示其间深层的规律与动因。尤其在当下现代科学研究方法不断涌现的年代，多民族地区义务教育研究更应重视研究方法的多元化，需以"解决实践问题"为目标导向，在思辨研究与实证研究两种范式的指导下，将具体的研究方法科学且有效地结合运用，使"定性"为"定量"提供更为明确的方向，"定量"为"定性"更为科学合理而创设条件。

---

① 参见程岭、王嘉毅《教育研究方法的内在逻辑》，《教育研究》2013年第10期。

第四节 研究方法

学术研究是公开、系统而又严谨的探究，科学研究必须使用科学的方法。而方法是从已知领域过渡到未知领域的一座桥梁。① 面对多民族地区义务教育均衡发展这一课题，为了实现这次充满新奇而又未知的探究之旅，本书将拟采用以下几种研究方法。

一 文献法

文献法在科学研究中尤其是社会科学研究中使用较为普遍的一种方法。正如一位哲人所言：若要使自己看到更远，就必须站在别人的肩膀上。而文献法正是帮助我们找到"别人肩膀"的有效方法，通过文献法，我们可以了解与熟悉前人研究的闪光点与需要补充或修正的地方。本书将采用文献法来收集国内外多民族地区义务教育发展的相关研究，从而全面了解多民族地区义务教育均衡发展的现有研究成果，获取已有研究的相关数据，掌握国家关于多民族地区义务教育发展的相关政策。

二 调查研究法

调查研究法是科学研究中获取真实数据、了解事件真相所必须采用的方法之一。为了解多民族地区义务教育发展的真实现状，笔者主要采用了问卷、访谈调查。

（一）问卷调查

为了有效了解多民族地区义务教育发展的真实现状，本书选择典型多民族地区——云南省义务教育阶段的中小学校长、教师为问卷调查对象。因为，校长与教师不仅是义务教育实施过程中的核心力量，也是教育资源使用感受最为真切的群体，通过对他们的问卷调查能真实地反映出目前多民族地区义务教育资源的配置情况。2016 年 6 月至 9 月，本书以随机抽样的方式，在云南省昆明市寻甸县、文山州广南县、迪庆州香格里拉县、楚雄州双柏县、昭通市巧家县、德宏州芒市、怒江州泸水县、大理州永平县、红河州金平县、西双版纳州勐海县等 10 个县区共发放调查问卷 1000

---

① 刘献君：《教育研究方法高级讲座》，华中科技大学出版社 2010 年版，第 1 页。

份，回收 936 份，其中有效问卷 901 份。问卷调查主要用于了解校长、教师对其所在学校及所在地区教育资源的配置情况，获取部分定量分析数据。

（二）访谈调查

在问卷调查中，被调查对象会存在不回答或是随意回答部分问题的现象。而访谈法通过开放式问题的设计，与被调查对象进行坦诚而深入的探讨，从而挖掘更深层次的问题，同问卷调查可互为补充与印证。笔者于 2015 年 4 月前往昆明市西山区、寻甸县、大理州巍山县的教育局及中小学进行实地走访调查，共走访 10 所中小学（其中 3 所普通初中、4 所完全小学、教学点 3 个）。它们分别是：昆明市工人新村小学，寻甸县河口完小、小街小学、栽开回民小学、多姑完小以及金所镇初级中学，大理州巍山县文华中学，永建镇的永济中学、惠光小学、永安小学羊虎头教学点，访谈人数达 26 人。2015 年 9 月前往迪庆州香格里拉县教育局、德钦县第二小学进行实地调研访谈，访谈人数为 9 人。2016 年 3 月前往云南省教育厅教育发展规划处、财务处、教育督导室与相关负责人员进行访谈。2016 年 7 月前往文山州广南县教育局、莲城镇中学、珠街镇中学、白马小学、者太乡九年一贯制学校、布维完小进行实地调研访谈，访谈人数近 30 人。2016 年 9 月前往西双版纳州勐海县布朗山小学及章朗村进行实地调研访谈。通过实地走访，获取了大量真实的一手材料，其中包括多民族地区地方教育行政管理人员、中小学校长、教师等对义务教育资源配置、均衡发展、教育质量以及民族文化与义务教育间关系的真实看法。本书中未标注出处的数据与材料均来自上述访谈调查。

三 个案研究法

个案研究是针对典型个人、群体以及社会案例进行深入而缜密的分析，找出问题，探寻解决途径的研究方法。个案研究往往具有个案的典型性、问题的普遍性、结果的描述性、过程的跟踪性、分析的科学性等五个基本特征[①]。一个好的个案研究能凸显研究问题的普遍性，也能为解决问题提供翔实的证据。正如巴泽尔（Yoram Barzel）所说的："一个精心寻找的案例往往提供了比任何一种理论模型都丰富得多的内容。"本书以云

---

① 徐冰鸥：《中小学教师怎样进行课题研究》，《教育理论与实践》2008 年第 5 期。

南省义务教育发展情况为多民族地区义务教育发展的典型案例，深入而细致地反映多民族地区义务教育发展的现状，为探寻多民族地区义务教育均衡发展的影响因素及路径提供翔实的证据；与此同时，也收集调研过程中所发现的典型个案，将之与调研、统计数据分析相印证。

四 比较分析法

比较分析法是科学研究中"了解他人之长，查找自己之短"的方法之一。本书通过对多民族地区与非民族地区之间、多民族地区内部的义务教育均衡发展的比较分析，来展现多民族地区义务教育发展的现状。此外，本书通过分析国外一些多民族地区国家推进义务教育均衡发展经验，采取"汲人所长，补己之短"方式获取可借鉴的经验。

马歇尔（C. Marshall）和罗斯曼（G. B. Rossman）曾经强调科学研究"应根据过程中的问题的特点和资料的需要，灵活采用不同的研究方法或同时采用多种方法进行研究，从而使他们取长补短，较好地达到研究的目的"[①]。因此本书将针对研究过程中的不同问题，灵活采用相关研究方法，实现定性研究与定量研究的有效结合。

第五节 研究的逻辑思路与结构

2006 年，国家以立法形式确立义务教育均衡发展为国家教育发展的战略目标。为了推进全国范围内的义务教育均衡发展，国家政策与财政支持不断向西部地区倾斜。在这一背景之下，处于西部的多民族地区与非民族地区间义务教育发展差距是缩小了，还是继续扩大？多民族地区区域内义务教育是否以均衡的态势发展？如果呈非均衡态势发展，那么又是哪些因素所致？又该探寻什么样的路径来推进其均衡发展呢？带着这些疑问，本书基本思路：首先通过查阅文献以及调查研究获取多民族地区义务教育发展的相关数据，选择分析数据的方法，科学分析统计数据，厘清多民族地区义务教育发展态势。然后，根据数据分析结果，从公共产品理论、公共选择理论、多重制度逻辑以及文化认同的角度探寻现象背后的原因，进而通过对多民族发展国家义务教育均衡发展的经验比较，提出促进多民族

---

① 王宝玺：《复杂科学视角下的教育科学研究方法》，《外国中小学教育》2002 年第 2 期。

地区义务教育均衡发展的对策。具体而言，本书的结构如下。

绪论部分，主要确立研究问题。从研究问题的缘起出发，深入分析国内外相关问题的研究现状，明确研究的目的与意义，厘定研究方法，确定研究的逻辑思路与结构。

第一章为多民族地区义务教育均衡发展的内涵辨析。本章通过厘定民族与多民族地区、教育与义务教育、发展与均衡发展三者之间的内涵关系，清晰界定多民族地区义务教育均衡发展概念。多民族地区义务教育均衡发展内涵特征为公平配置教育资源、保障均等的教育机会、促进儿童全面发展，而其均衡发展的标准也包括教育资源配置的均衡、教育机会的均等、教育质量的均衡三个维度。

第二章对比分析多民族地区与非民族地区义务教育均衡发展的差距。分析结果显示：多民族地区与东部地区无论是在教育资源配置还是教育质量方面都存在着较大的差距；与中部地区相比，多民族地区在教育资源配置上的有些指标中略微优于中部地区，但教育质量除内蒙古外的其他多民族地区都不具备比较优势且落后于中部地区；而且多民族地区间两极分化日益明显，多民族地区间义务教育呈非均衡发展态势。

第三章以云南省为个案分析多民族地区区域内各州市义务教育均衡发展的差距。通过对云南省16个州市在义务教育入学机会、教育资源配置、教育质量三个核心指标以及县域义务教育学校达标率进行比较分析，发现多民族地区区域内义务教育呈非均衡发展态势，主要体现在地区差异、城乡差异以及校际间的差异。

第四章探析多民族地区义务教育非均衡发展的原因。多民族地区义务教育非均衡发展的原因是多维的，它受制于多民族地区薄弱的经济基础所带来财政有限的供给能力，也因"以县为主"的教育投入体制，使得事权与财权不对等而带来的义务教育财力供给严重不足，还因多重制度逻辑下，中央政府、地方政府、学校三者的各种制度逻辑所导致一些相关教育政策的执行困难。此外，多民族地区民族文化多样性所带来教育的需求差异，也在一定程度上影响着多民族地区义务教育均衡发展。

第五章主要介绍了美国、英国、澳大利亚三个典型多民族国家推进少数民族义务教育均衡发展的经验。三个国家都注重以教育立法、补偿性财政资助、实施多元文化教育来保障少数民族均等的教育机会以及提高少数民族学生学业成就。他山之石也启示着我国在推进多民族地区义务教育均衡发展的过程中,应加强高层政府对义务教育的投入责任、加强多民族地区的教育立法使得多民族地区义务教育发展有法可依,同时应创设机会保障更多的教育选择权利,并积极实施多元文化教育。

第六章为推进多民族地区义务教育均衡发展探寻可行性路径。基于多民族地区地方政府薄弱的财政供给能力,要实现多民族地区义务教育均衡发展,则要实施"以中央政府为主"的义务教育投入体制,增强高层政府义务教育投入责任;从财力、人力、物力三个方面均衡配置教育资源,实现义务教育服务均等化;完善义务教育相关制度,减少制度执行困境;实施多元文化教育,满足多民族地区民族文化多样性的教育需求,从而实现多民族地区义务教育均衡发展。

第一章 多民族地区义务教育均衡发展的内涵

我国是一个拥有56个民族的泱泱大国,"大杂居、小聚居"是我国少数民族地区的典型特征,多个民族交融杂居已是我国少数民族生活居住的常态。而要实现国家范围内的义务教育均衡发展,多民族地区内的义务教育均衡发展自然不可或缺。换言之,义务教育均衡发展离不开多民族地区义务教育均衡发展,没有多民族地区的义务教育均衡发展,则难以实现国家范围内的义务教育均衡发展。那么,多民族地区义务教育均衡发展拥有什么样的经济、政策背景?其基本内涵是什么?本章将主要通过厘定民族与多民族地区、教育与义务教育、发展与均衡发展的概念,进而分析多民族地区义务教育均衡发展的内涵、背景及标准。

第一节 民族与多民族地区

一 民族

民族是在历史发展、社会变迁中逐渐形成与发展的。美国人类学家摩尔根(Williams G. Morgan)在其经典著作《古代社会》中曾指出"民族"是"在一个共同领域内联合诸部落而形成一个氏族社会的集团,如阿提卡的四个雅典人部落和斯巴达的三个多利安人部落。这种联合是比联盟更为高级的一个步骤。在联盟的情况下,各个部落仍分别占据自己的领域"[①]。在摩尔根看来,民族是按氏族、胞族、部落、部落联盟这样的序列演进而来,而且有自己的领域,是部落联盟之上"联合"或者"合并"

---

① 转引自易建平《部落联盟还是民族:对摩尔根和恩格斯有关论述的再思考》,《历史研究》2003年第142—159期。

的社会组织。

马克思在精读摩尔根的《古代社会》之后,还专门著有《摩尔根〈古代社会〉一书摘要》一书,并提出语言、地域条件是民族的必备条件。而恩格斯在《家庭、私有制和国家起源》一书中,也提到民族在地域、经济方面的特征。斯大林则更是明确定义"民族"为:民族是人们在历史上形成的一个有共同语言、共同地域、共同经济生活以及表现在共同文化上的共同心理素质的稳定的共同体;斯大林同时强调以上几个特征只要缺少其一,民族就不成其为民族。① 虽然有些学者对斯大林"四个特征"缺一不可持有异议,但他对"民族"的定义已成为马克思主义关于民族的经典定义。

英国著名史学家埃里克·霍布斯鲍姆(Eric Hobsbawm)在《民族与民族主义》一书中指出:依据语言学的发现,"民族"最初的意义是指血统来源:nasissance(出生、起源)、extraction(出身)和rang(身份、地位)等,都是同义字。② 通过对"民族"一词的词源学分析,埃里克·霍布斯鲍姆认为具有现代意义上的民族更多的是它在政治上所彰显的意义,而且民族的概念不是一成不变的,而是随着时代的变迁有着不同的标准与门槛原则。

英国伦敦大学政治学教授厄纳斯特·盖尔纳(Ernest Gellner)在追问"民族究竟是什么"时,认为应该从以下两个定义来进行分析:(1)当且只有两个人共享同一文化,而文化又意味着一种思想、符号、联系体系以及行为和交流方式,则他们同属一个民族。(2)当且只当两个人相互承认对方属于同一个民族,则他们同属一个民族。换言之,民族创造了人;民族是人的信念、忠诚和团结的产物。如果某一类别的人(比如某个特定领土上的居民,操某种特定语言的人),根据共同的成员资格而坚定地承认相互之间的权利和义务的时候,他们便成为一个民族。③ 而英国著名民族与民族主义问题研究者安东尼·D. 史密斯(Anthony D. Smith)认为,民族是与领土有关,拥有名称的人类共同体,它拥有共同的神话和祖

---

① 王希恩:《马克思、恩格斯、列宁、斯大林论民族》,中国社会科学出版社2013年版,第2页。
② [英]埃里克·霍布斯鲍姆:《民族与民族主义》,上海人民出版社2000年版,第18页。
③ [英]厄纳斯特·盖尔纳:《民族与民族主义》,中央编译出版社2002年版,第7—9页。

先,共享记忆并有某种或更多的共享文化,且至少在精英中有某种程度的团结。①

在我国,梁启超较早对具有现代意义上的民族的内涵进行了深入阐述。他曾说:"民族者,民俗沿革所生之结果也。"进而指出民族最重要之特质有八:(1)其始也同居于一地(非同居不能同族也,后此则或同一民族而分居各地或异族而杂处一地);(2)其始也同一血统(久之则吸纳他族,互相同化,则不同血统而同一民族者有之);(3)同其肢体形状;(4)同其语言;(5)同其文字;(6)同其宗教;(7)同其风俗;(8)同其生计。有此八者,则不识不知之间,自与他族日益阂隔,造成一特别之团体固有之性质,以传诸子孙,是之谓民族。②从梁启超的定义中可见,共同的文字、共同的血统、共同的语言、共同的宗教信仰、共同的风俗、共同的经济生活以及相同的肢体形状是构成民族的基本要素。但他强调共同的血统及相同的肢体形状等生理遗传特质,显然是混淆了民族与种族间的区别。尽管民族与种族有着许多的渊源,但二者还是有本质上的区别,前者更多地侧重于人类以"族"而居的文化共同体,后者则更多侧重于人类以"族"而居的生物学差异。

而我国当代著名的民族学研究者杨堃将民族定义为:民族是人们在历史上形成的一个有共同名称、共同语言、共同地域、共同经济生活和共同民族意识、民族情感的稳定的人们共同体。③在杨堃看来,民族在漫长的人类历史之河中经历了氏族、部落、部族、资产阶级民族和社会主义民族五个阶段。无论民族怎么变迁,民族情感与民族意识是一个民族立身之本,而其他几个民族的构成要素会随着社会的变迁而逐渐削弱,甚至消失。

综上所述,不同的学者依据自己所处时代的特质及历史的考证对"民族"有着不同的理解与诠释,虽然各自的界定与理解不全然相同,但可以看出他们分别从以下两个层面对民族的内涵与定义进行阐释。

第一,民族国家层面的民族共同体。在这一层面上,民族更多的是与

---

① 埃里克·霍布斯鲍姆:《民族与民族主义》,上海人民出版社2000年版,第36页。
② 梁启超:《饮冰室合集》第5集,中华书局1989年版,第71—72页。
③ 杨堃:《论民族概念和民族分类的几个问题》,《中国社会科学》1984年第1期。

国家、主权密切相连的概念，与英文中"nation"的含义比较吻合，主要体现现代民族在政治上的意义。正如马克斯·韦伯所说"在明显、模棱两可的'民族'一词背后，都有一个共同的目标，它清晰地根植于政治领域"①。具体而言，如中华民族、法兰西民族、德意志民族等。就中华民族而言，是由56个民族交融发展形成的自觉民族，它是费孝通先生所言"中华民族多元一体格局"中的"一体"。

第二，构成民族国家的民族共同体。在这一层面上，民族在历史渊源、语言、文化、风俗习惯以及心理认同方面具有共同的特征，与英文中的"ethnic group"的含义相贴切。美国《韦氏英文词典》对"ethnic group"的解释为：具体表现在风俗习惯、特征、语言和共同历史等方面的共同文化遗产的居民群体。在我国，如汉族、苗族、侗族、布依族、傣族、哈尼族等56个民族属于这一层面的民族共同体，它们是民族，是"中华民族多元一体"中的"多元"。

正如费孝通先生所言"中华民族所包括的五十多个民族单位是多元，中华民族是一体，它们虽则都称民族，但层次不同"②。而本书中的"民族"即指第二个层面上的"民族"，它们是构成中华民族的民族共同体。随着我国历史与社会的发展，在华夏大地上，民族与民族之间经过千百年来的相互往来、相互交融、相互发展，长此以来形成以下特点。

(一) 幅员辽阔，民族众多

"幅员辽阔，民族众多"是我国现有民族地区的显著特点。在我国，东到太平洋西岸岛屿，西至帕米尔高原，北接漠河以北区域，南抵曾母暗沙岛的广袤疆域是我国各民族的生存空间。在历史长卷中，各民族人民的辛勤耕耘在这片锦绣山河上画上了各自的足印。时至今日，我国已有汉族、回族、蒙古族、满族、藏族、维吾尔族等56个民族；而56个民族中，汉族是主体民族，其他55个民族为少数民族。我国民族具体分布如图1-1所示。

---

① Max Weber. *The Nation*, in *From Max Weber: Essay in Sociology*, trans. and ed. By H. H. Gerth and C. Wright-Mills, London: Routledge & Kegan Paul, 1948, p.179.

② 费孝通：《中华民族的多元一体格局》，《北京大学学报》（哲学社会科学版）1989年第4期。

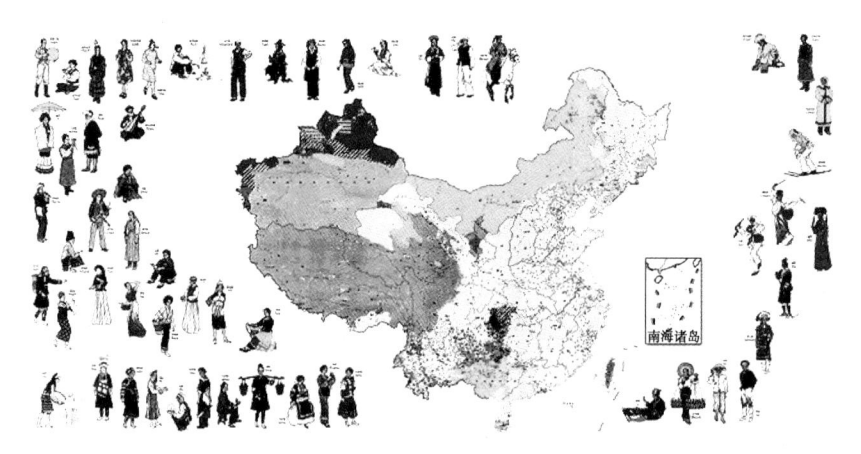

图 1-1　56 个民族分布

从各民族所拥有的人口数而言，56 个民族中，汉族人口最多。据 2010 年全国第六次人口普查统计结果显示，全国总人口为 1370536875 人。大陆 31 个省、自治区、直辖市人口中，汉族人口为 1225932641 人，占 91.51%。各少数民族人口为 113792211 人，占 8.49%。同 2000 年第五次全国人口普查相比，汉族人口增加 66537177 人，增长 5.74%；各少数民族人口增加 7362627 人，增长 6.92%。[①] 少数民族人口增长速度稍快于汉族。

（二）大杂居，小聚居

随着千百年来各民族间的相互交融发展，我国民族形成了"大杂居，小聚居"的特点。从全国范围而言，少数民族人口主要集中在西南、西北和东北各省、自治区，汉族人口主要集中在东部、南部地区。内蒙古、新疆、西藏、广西、宁夏 5 个自治区和全国 30 个自治州、120 个自治县（旗）、1200 多个民族乡是少数民族聚居的地方。但在这些地区又都杂居着不少汉族，其比例也相当高。如在内蒙古、广西、宁夏三个自治区中，汉族人口都超过了少数民族人口，在新疆，汉族人口占 40%。同样，在各汉族地区也杂居着许多少数民族[②]。近些年来，少数民族杂、散居人口增长快，多个民族交错杂居的县市也越来越多。

---

① 《2010 年第六次全国人口普查主要数据公报》（第 1 号）http：//www.stats.gov.cn/tjsj/tjgb/rkpcgb/qgrkpcgb/201104/t20110428_30327.html。

② 中国民族概况．http：//politics.peop.com.cn．

二 多民族地区

"大杂居、小聚居"已经是我国民族地理分布的主要特点,而民族地区往往是指以少数民族为主世代聚集生活的地方。随着民族间的交流、联结、交融,民族地区已经不是只有一个民族聚集生活。费孝通先生在20世纪进行民族识别工作中发现:在任何民族聚居区都有其他民族杂居在内,甚至在人数上其他民族也不一定是少数。当前我国所有的省和民族自治区没有一个不是包括若干民族的居民,在县市一级大约有70%也是这样。[①] 由此可见,我国民族地区一定意义上是多个民族交融而居的地区,即多民族地区。这也从2010年第六次人口普查结果得以证实(见表1-1)。

表1-1 第六次人口普查少数民族人口及分布一览

地区	少数民族人口(人)	少数民族人口比例(%)	主要聚居民族
全国	111966349	8.40	56个民族
北京	801214	4.09	汉族、满族、回族
天津	331417	2.56	汉族、满族、回族
河北	2992877	4.17	汉族、蒙古族、回族、满族
山西	93647	0.26	汉族、回族、满族、蒙古族
内蒙古	5055626	20.46	汉族、蒙古族、满族、鄂伦春族、达斡尔族、鄂温克族
辽宁	6643149	15.19	汉族、蒙古族、回族、朝鲜族、满族、锡伯族
吉林	2185705	7.96	汉族、蒙古族、回族、朝鲜族、满族、锡伯族
黑龙江	1374810	3.59	汉族、蒙古族、回族、朝鲜族、满族、鄂伦春族、赫哲族、柯尔克孜族、达斡尔族、鄂温克族
上海	276163	1.20	汉族、土家族、苗族
江苏	384926	0.49	汉族、蒙古族、回族
浙江	1214697	2.23	汉族、畲族、土家族
安徽	395642	0.66	汉族、回族

[①] 费孝通:《费孝通民族研究文集新编》,中央民族大学出版社2006年版,第337页。

续表

地区	少数民族人口（人）	少数民族人口比例（%）	主要聚居民族
福建	796855	2.16	汉族、畲族、高山族
江西	152310	0.34	汉族、畲族、回族
山东	725889	0.76	汉族、回族、
河南	1121585	1.92	汉族、蒙古族、回族
湖北	2468535	4.31	汉族、苗族、土家族
湖南	6551409	9.97	汉族、维吾尔族、苗族、侗族、瑶族、土家族
广东	2067321	1.98	汉族、苗族、壮族、瑶族
广西	17107665	37.17	汉族、苗族、彝族、壮族、侗族、瑶族、水族、京族、仫佬族、毛南族、仡佬族
海南	1425418	16.44	汉族、黎族
重庆	1937109	6.72	汉族、土家族、苗族
四川	4907804	6.10	汉族、藏族、苗族、彝族、瑶族、白族、羌族、傈僳族、土家族、纳西族
贵州	12404400	35.70	汉族、苗族、彝族、壮族、布依族、侗族、瑶族、水族、仡佬族
云南	15349186	33.39	汉族、蒙古族、回族、藏族、苗族、彝族、壮族、瑶族、白族、傣族、哈尼族、傈僳族、佤族、拉祜族、纳西族、景颇族、独龙族、基诺族、布朗族、仡佬族、阿昌族、普米族、怒族、德昂族
西藏	2756902	91.83	藏族、汉族、门巴族、珞巴族
陕西	189636	0.51	汉族、回族、
甘肃	2410446	9.42	汉族、蒙古族、回族、藏族、哈萨克族、东乡族、保安族、裕固族、土族、撒拉族
青海	2643202	46.96	蒙古族、回族、藏族、土族、撒拉族、汉族
宁夏	2214983	35.15	汉族、回族
新疆	12985821	59.52	蒙古族、回族、维吾尔族、哈萨克族、东乡族、塔塔尔族、柯尔克孜族、达斡尔族、锡伯族、塔吉克族、乌孜别克族、俄罗斯族、汉族

从表1-1可见，多个民族主要聚集在我国传统意义上的民族八省区：内蒙古、广西、贵州、云南、西藏、青海、宁夏、新疆。它具有以下基本特征。

（一）多个民族聚集生活

埃里克·霍布斯鲍姆认为"民族国家是由多民族所组成，这在欧洲各地世界各个角落都一样。各民族往往在同一领土上杂居，若想强将他们依族裔差别分隔开来，显然是不切实际的想法"。[1] 可见，民族与民族之间往往都是在一个地域中相互交融杂居。从远古时代开始，中华各民族间的"你去我来""你来我往"，形成了"你中有我""我中有你"的格局，多个民族交错聚居生活已成为多民族地区显著特点之一。如贵州是一个多民族共居的地区，其中世居民族有汉族、苗族、布依族、侗族、土家族、彝族、仡佬族、水族等18个民族；西藏也是一个以藏族为主的多民族地区，除了藏族之外，还有汉族、珞巴族、门巴族等；具有"少数民族王国"之称的云南则更加凸显多个民族聚集居住的特征，除汉族外，人口在6000以上的民族有25个，民族自治地区的土地面积占全省面积的70.2%。

（二）多元文化共存

钱穆先生认为"民族创造了文化，但民族亦由文化而融成"[2]。文化是一个民族的核心，是一个民族赖以生存的根，也是一个民族有别于他族的本质所在。每个民族的文化有其独有特质与精髓内核，同时不同民族文化间也会存有一定的文化冲突。在漫长的历史发展中，民族文化的形成都基于一定的物质要素、生活方式以及社会形态。不同民族生活在共同的地域之内，遵循着一些相同的社会元素，这是多元民族共存的空间与社会因素。在这一前提下，各民族之间相互沟通、相互交往、互取彼长，从而形成一定的文化融合。因而，在多民族地区，多元民族文化正是以文化融合与文化冲突两种方式交融共存。

（三）地理环境复杂

我国疆域辽阔，东北群山环抱，东南海域环绕，西南高山耸立，西北广漠萦绕。地形复杂，西高东低，呈阶梯状分布，第一、第二阶梯海拔高度基本在1000米以上。多民族地区主要分布在第一阶梯与第二阶梯。如藏族、珞巴族等主要居住在有"世界屋脊"之称的青藏高原，海拔高达4000多米，雪山连绵，气候寒冷；彝族、哈尼族、傣族、苗族、布依族

---

[1] 埃里克·霍布斯鲍姆：《民族与民族主义》，上海人民出版社2000年版，第36页。
[2] 钱穆：《民族与文化》，九州出版社2012年版，第3页。

等聚居的云贵高原，崇山峻岭，地形崎岖，气候多变；蒙古族、达斡尔族等族聚居的蒙古高原，千里戈壁，风沙广布，寒冬漫长，夏昼酷热。可见，多民族地区大都处于山川阻隔、交通不便的边疆地区，地理环境极其复杂多样。

（四）经济发展不均衡

多民族地区大都地域宽广。各民族聚居的自然条件、民族文化、社会基础以及一些自治制度都存有一定的差异，从而使各民族聚居地区的经济呈非均衡方式发展。2015年，民族八省区的经济虽然较之前都有较为快速的增长，但彼此之间也存有一定的差异。如内蒙古在8个省区内无论是生产总值还是人均GDP都位居首位，而其他几个省区经济发展相对较为落后。具体如图1-2所示。

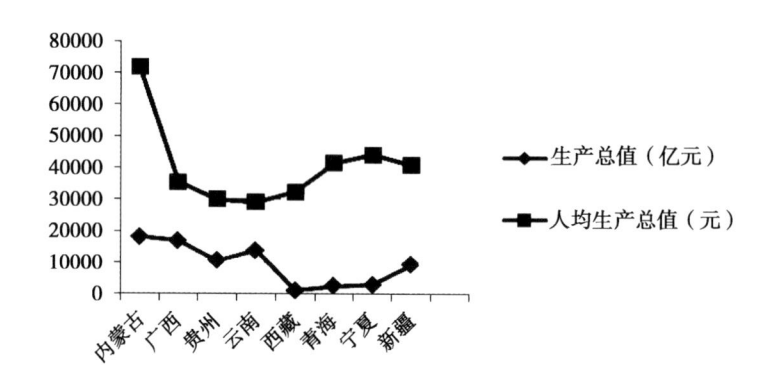

图1-2 2015年民族8个省区生产总值与人均生产总值

资料来源：《2015年中国统计年鉴》。

而多民族区域内各州市的经济发展也存在着非均衡现象。就云南而言，2015年生产总值（GDP）达到13717.88亿元，全省人均GDP为29100.91元，低于全国平均水平，从各地级市来看，昆明、曲靖和玉溪GDP总量领先，分别为3970.00亿元、1630.30亿元和1245.70亿元；从人均GDP来看，昆明、玉溪和迪庆州位列前三，昆明市人均GDP为59915.48元，玉溪市人均GDP为52985.96元，迪庆州人均GDP为39582.31元。昭通市人均GDP最低，为13165.03元，具体如图1-3。

从图1-3可见，多民族地区各民族聚居地区的经济发展存在一定差距，而这一现象在其他多民族地区也基本相同。

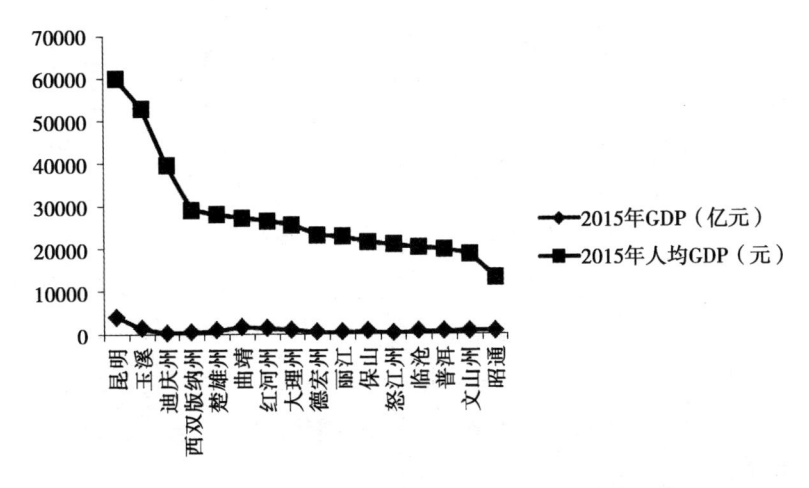

图 1-3　2015 年云南各州市生产总值与人均生产总值

资料来源：《2015 年云南省统计年鉴》。

第二节　教育与义务教育

一　教育

从古至今，教育与人类、民族的发展相伴相随。在我国先秦时期，人们往往以"教"来论述"教育"。如《荀子·修身》中道"以善先人者谓之教"，《礼记·学记》中说"教也者，长善而救其失者也"。而最早将"教""育"相连而用的是孟子，《孟子·尽心上》中则道"得天下英才而教育之，三乐也"。在西方，"教育"一词，英文为"Education"，法文为"éducation"，德文为"Erziehung"，均由拉丁语"Educare"而来，拉丁文"E"为"出"，"ducare"则有"引"之义。①

那么，究竟何为教育？在漫长的历史长河中，随着时代的变迁，教育的含义也随之而变化。"什么是教育"，一直都是各个时代的思想家、哲学家以及教育家都在积极探寻的问题。

孔子曰"大学之道，在明德，在亲民，在止于至善"，"有教无类"；东汉许慎在其所著《说文解字》中道"教，上所施，下所效也"，"育，

---

① 罗廷光：《教育概论》，世界书局 1933 年版，第 2 页。

养子使作善也"；蔡元培在其《教育独立议》中说："教育是要帮助被教育的人给他能发展自己的能力，完成他的人格，于人类文化上能尽一分子的责任；不是把被教育的人造成一种特别器具，给抱有其他种目的人去应用。"① 陶行知则在其《师范生的第一变——变个孙悟空》一文中说道："教育是什么？教人变！教人变好的是好教育。教人变坏的是坏教育。活教育教人变活。不教人变、教人不变的不是教育。"②

康德认为"教育是一门艺术：只有通过世世代代的实践，才能够变得完美。每一代人，只要具备了上一代人的知识，就更加能够促成一种教育，它将发挥人的各种天赋，分清应有的轻重缓急，同时结合这些天赋的指归，由此推动人类完成自身的命运"③。雅斯贝尔斯指出"所谓教育，不过是人对人的主体间灵肉交流活动（尤其是老一代对年青一代），包括知识内容的传授、生命内涵的领悟、意志行为的规范，并通过文化传递功能，将文化遗产教给年青一代，使他们自由地生成，并启迪其自由天性；全部教育的关键在于选择完美的教育内容和尽可能使学生之'思'不误入歧路，而是导向事物的本源；教育是人的灵魂的教育，而非理智知识和认识的堆集"④。而在杜威看来，"教育是生活的需要，教育是社会的职能，教育即指导，教育即生长"⑤。

可见，教育是一个历史范畴。无论是远古的蒙昧时代，还是高速发展的工业和信息时代，思想家、哲学家及教育家依据自己所处时代的特征对"教育"的表述各有千秋，有着其时代的深深烙印，但是这些不同的表述蕴含了以下相同的含义。

第一，教育使人向善。"善"在《汉语大词典》中的释义中有"善，吉也"，吉祥与美好之意；还有"善人，善行"，即完好行为、完好事务、完好的人；而其哲学定义则指具体事物的运动、行为和存在对社会和绝大多数人的完好圆满生存发展，具有正面意义和正价值。儒家学派崇尚"性善说"，人天生具有恻隐、羞恶、是非之心。教育则是恢复人的这些

---

① 高平叔：《蔡元培教育论著选》，人民教育出版社1991年版，第377页。
② 曹先捷：《陶行知全集第二卷》，湖南教育出版社1985年版，第237页。
③ 杨自伍：《教育：让人成为人》，北京大学出版社2010年版，第6页。
④ 雅斯贝尔斯：《什么是教育》，生活·读书·新知三联书店1991年版，第3—4页。
⑤ ［美］约翰·杜威：《民主与教育》，人民教育出版社2001年版，第6—62页。

先天本性，以达到"尽心、知性、知天"。道家则信奉"性恶说"，正如荀子所言"目好色，耳好声，口好味，心好利，骨体肤理好愉逸"，"人之性恶，其善伪者也"，而教育则能使人改恶从善。① 无论是性善说，还是性恶说，都强调教育的最终目的是使人向善，使人朝向"完好"发展。

第二，教育使人完善发展。幼兽早期就具备良好的生存能力与适应环境的能力。如小马驹，刚刚出生不到十分钟，便能四肢直立而行；稍过几天，便能跑能跳。但是，马驹终其一生也仅能成就为一匹良马。而丰满的人性，向来都不是简单的生物学基因编程所决定。虽然当人还处于嗷嗷待哺的婴儿期时，其各项行为能力发展相对缓慢。如婴儿差不多要一年左右的时间，才能蹒跚而步；但正是由于人类"幼体延续"的未成熟状态，为人的发展储备了能力与潜力。如杜威所说"未成熟状态就是有生长的可能性，是生长的首要条件，是确实存在的势力——即发展能力"②。教育正是通过知识的传授、技能的传习、文化的传承等，使人的未成熟状态日趋成熟，使人完善发展，从而主动适应社会及自然环境，直至创造社会。

第三，教育使人完善发展成为社会人。所谓社会人是具有自然与社会双重属性的完整意义上的人。而社会性是人的本质属性，是人类有别于其他动物的根本属性。人适应社会、自然环境，进而改造自然环境、创造社会的能力，并非与生俱有，而是通过后天人与人间的交流与交往而习得。如果人离开了人与人之间的交往，人则只具有其自然生物属性，而丧失其社会属性。如印度狼孩，由于长期缺乏与人的沟通与交流，不仅失去了人的生物属性，更不用说具有人的社会属性。而人与人之间交流与交往往往蕴含着教育，正如雅斯贝尔斯所言，"教育不过是人对人的主体间灵肉交流活动"。教育是驱逐愚昧，塑造人格，让人成为人，成为一个社会人的过程。

由此可见，教育是一种培养人的社会活动，是在人与人之间的交往中，传递知识、教授技能、传承文化、塑造人格，使人完善发展成为社会人的一个过程。人是教育的出发点，也是教育的支点，教育的根本目的是有效地促进人的发展。古往今来，教育与人类社会的发展息息相关，教育

---

① 黄济：《教育哲学通论》，山西教育出版社2011年版，第37页。
② [美] 约翰·杜威：《民主与教育》，人民教育出版社2001年版，第49页。

是人类社会发展的活源泉。尤其是在当下日新月异的知识经济时代，教育对推动人类社会发展的作用尤为凸显，教育为经济社会的发展培养其所需人才，是经济增长的源泉，是社会文化传承的纽带。教育是一个民族的根本，是一个民族生命力的表现，也是民族精神的源头活水。

二 义务教育

（一）义务教育发展的历史

教育是培养人的社会活动，向往均等的教育机会也是千百年来人们亘古不变的追求。在我国，当"学在官府"独占鳌头之时，孔子便提出"有教无类"的思想。在他看来，教育应是不论贵贱、贫富、贤愚，人人可享有的权利。为此，孔子创办私塾、诲人不倦，从而便有"弟子三千""贤人七十有二"之说。在西方，有着"西方哲学之父"美誉的苏格拉底则倡导以教育来培养公民的美德，而教育需由国家来管理。柏拉图则进一步将其思想推而广之，主张取消当时盛极一时的私人办学体制，建立国立学校教育体制，由国家负责公民子女的养育与教育，女子也可接受与男子平等的教育，开启了西方男女平等教育观的先河。梭伦则提出"父亲送子女入学义务"之主张[①]。义务教育思想初显萌芽，但由于当时历史条件下政治、经济等因素的限制，这些美好的愿望虽并未能如期实现，却对后世义务教育的提出与发展产生了深远的影响。

16世纪德国前天主教神职人员马丁·路德从宗教改革的立场出发，强调平等的宗教信仰权应同样反映在教育方面，接受教育应是每个儿童天赋的平等权利，全国儿童不分性别和等级，一律入学受教。他以《圣经》为依据，认为在上帝眼中，使人世承受沉重负担和应受严厉惩罚的公开罪行，莫过于忽视子女的教育了，因而宣称家长送子女入学读书是不可推卸的义务和责任，否则国家将采取强迫手段。为此，他还曾建议新教会与地方当局接管学校教育，在全国城乡创办公立学校，为平民子女提供免费的初等教育[②]。而捷克著名的教育家夸美纽斯认为，"凡是生而为人的人都

---

① 邵宗杰、桑新民：《义务教育的理论与实践探索》，浙江教育出版社1993年版，第3—4页。
② 田正平、肖郎：《世界之理想：中国近代义务教育研究》，浙江教育出版社2000年版，第42—34页。

有受教育的权利",普及义务教育是其教育思想上极为重要的内容。他进而强调"人人应该受到一种周全的教育,并且应该在学校里面受到","不仅有钱有势的人的子女应该进学校,而且一切城镇乡村的男女儿童,不分富贵贫贱,同样应该进学校"①。在马丁·路德与夸美纽斯的普及义务教育思想的启迪下,国家对教育普及的愿望也日益强烈。

1619 年,德国魏玛公国依据教育家拉特凯(J. W. Ratke)的主张,率先颁布法令,规定 6—12 岁的男女儿童必须到学校学习。如果其父母违背此法令,不履行送子女上学之义务,地方政府可借政权之手强迫其履行,同时还给予相应的惩罚。此法令从此拉开了义务教育由国家法律规定适龄儿童接受强制性国民教育的序幕。尽管随后的近两个世纪里,义务教育在德国及欧洲的推行并非一帆风顺,但义务教育思想的种子已经在欧洲大地开始发芽。随着资本主义经济的兴起、工业革命的推进,进入 19 世纪后,德国加快了义务教育发展的步伐,1805 年萨克森公布了初等义务教育法,义务教育年限也改为 8 年,直至 1888 年德国实现了初等义务教育普及。而 19 世纪中叶,完成了工业革命的英国为了巩固其大不列颠"日不落"帝国的竞争优势,也开始关注初等教育,并于 1870 年颁布《初等教育法》,实施 5—12 岁儿童的强制教育。1881 年、1882 年,法国先后颁布两个《费里法案》,规定对 6—13 岁儿童实施免费的初等义务教育,为近百年法国国民教育的发展奠定了坚实基础。19 世纪初,新大陆美国在独立战争胜利、南北战争结束后,在北部地区也率先开始了工业革命,经济与政治的发展迫切需要教育与之协调发展,公立学校的建立、义务教育的实施已成为时代的需求。1852 年,马萨诸塞州率先通过义务教育法案,此后各州相继颁布法案实施义务教育。由此可见,在工业革命时代,随着生产力的发展,传统的手工及作坊生产为机器及大工厂生产所取代,而机器生产的科技化、规模化对劳动力提出更高的技能与知识要求,劳动力只有通过接受教育与培训才能适应这一需求,因而社会发展对教育的需求随之日益高涨,普及义务教育成为当时经济社会发展的必然选择。

20 世纪初期,随着西方经济的快速发展及其对人才的需求,为公民提供义务教育已成为政府之责,义务教育得到快速发展。如美国在 1870 年仅有 16000 名中学毕业生;而到 1916 年已经增加到 259000 名,近 50

---

① 夸美纽斯:《大教学论》,人民教育出版社 1984 年版,第 52—55 页。

年的时间里，增加了近 15 倍。同一时期内，5—17 岁入学的在人口总数中所占的比例，从 57% 增到了 75%[①]。义务教育的发展为美国经济发展所起的作用也日渐显现，1860 年尚为世界第四位的工业生产国，到 1894 年跃升世界首位。[②] 美国早期公立学校运动领导人贺拉斯·曼（Horace Mann）认为，普及教育乃是人们的各种条件的"伟大平衡力"是"社会及其运转的平衡轮"和"意外财富的创造者"[③]。第二次世界大战后，日本及德国经济的迅速恢复、美国经济的快速增长，与这些国家高度重视义务教育的普及不无关系。据美国 1976 年 3 月的统计，美国 25 岁以上的人口平均受教育年数为 12.4 年，其中 25—29 岁的人口平均受教育年数为 12.9 年。[④] 可见，美国义务教育普及的年限已达高中阶段。正是由于义务教育的普及，为美国的高等教育打下坚实的基础，为美国经济的快速增长提供了源头活水。而这也为经济欠发达的发展中国家提供了新的借鉴方向——投资教育，为国民提供均等教育机会，提高公民的素质。

中国最早提到"义务教育"问题是在 20 世纪初。当时正值西方主要资本主义国家已经实施义务教育，而清朝则在此时提出废科举、兴学堂、建立新的教育制度。清政府在 1903 年颁布的《奏定初等小学堂章程》中曾写明："外国通例，初等小学堂，全国人民均应入学，名为强迫教育；除废疾、有事故外，不入学者罪其家长。"张百熙、荣庆、张之洞在所拟定的《奏定学堂章程：学务纲要》中也写道："初等小学堂为养正始基，各国均任为义务教育。东西各国政令凡小儿及就学之年而不入小学者，罪其父母。名为强迫教育。盖深知立国之本全在于此。"但当时只有这种认识，并未仿效外国加以施行。正式提出试办义务教育是在 1911 年（清宣统三年），当年的 7 月 15 日至 8 月 12 日，学部派人在北京主持召集中央教育会议。在会议决议案之一《试办义务教育章程》中明确规定：小学四年为义务教育，并提出试办义务教育的办法。但未及实行，清政府就被推翻了。中华民国成立后，南京临时政府教育部在《壬子癸丑学制》中又再次规定：小学四年毕业为义务教育。这是中国政府法令中明确规定的

---

① 滕大春、吴式颖：《外国教育史》，人民教育出版社 1989 年版，第 510 页。
② 同上书，第 479 页。
③ 舒尔茨：《教育的经济价值》，吉林人民出版社 1982 年版，第 29 页。
④ 人民教育出版社：《六国教育概况》，人民教育出版社 1979 年版，第 22 页。

义务教育开端。1947年公布的《宪法》也规定：6岁至12岁之学龄儿童，一律属基本义务教育，免纳学费。尽管旧中国历届政府的教育行政部门，为实施义务教育也曾召开一系列会议，发布各种有关的条例、计划、方案，但在积贫积弱的半殖民地半封建社会，这些条例、计划和方案很难落到实处，义务教育普及进展极其缓慢，收效甚微，1949年学龄儿童入学率只有20%左右。新中国成立以后，普及义务教育得到了党和政府的高度重视。1986年4月12日第六届全国人民代表大会第四次会议通过、2006年6月29日第十届全国人民代表大会常务委员会第二十二次会议新修订的《中华人民共和国义务教育法》明确规定："凡具有中华人民共和国国籍的适龄儿童、少年，不分性别、民族、种族、家庭财产状况、宗教信仰等，依法享有平等接受义务教育的权利，并履行接受义务教育的义务。"[①] 2010年，我国实现全面基本普及九年义务教育，其人口覆盖率超过98%。

纵观义务教育的发展历史，虽然各国实施义务教育的标准、年限不一，但是其间依旧不乏相同之处：

第一，立法为保证。法律通常是国家的产物，是统治者为了实现其统治国家的目的，由国家强制力保证实施，对全体社会成员具有普遍约束力的一种社会规范。回顾义务教育的发展历史，义务教育之所以能成为各国教育的千秋基业，正是有赖于法律的保驾护航。如义务教育诞生的标志是德国魏玛公国的教育法令，它以立法的形式规定了义务教育的实施对象、家长之义务及国家之责任。在英国，社会主义空想家罗伯特·欧文不仅提出普及义务教育的思想，而且也在纽兰纳克办过"新学园"以实践义务教育，但是由于没有全国性的立法为保障，其义务教育实验并没有得到普及，直至1870年《初等教育法》的颁布实施，义务教育才开始在英国逐步普及。诸如此类的法律如美国1852年的《马萨诸塞州教育法案》、法国1881年与1882年的两个《费里法案》、德国1872年的《普通教育法》等。20世纪，各国为了进一步改革义务教育也颁布了相应的法律，如日本1947年的《教育基本法》、美国1958年的《国防教育法》、苏联1973年的《国民教育立法纲要》等。可见，正是由于有这些法律的颁布与实

---

① 范先佐、付卫东：《城乡教育一体化与教育制度创新》，《2011年农村教育国际学术研讨会论文集》2011年9月。

施,才使得义务教育在这些国家能有效推进并快速发展。倘若没有相应的法律为保证,义务教育亦犹如空中楼宇般虚无缥缈。

第二,国家财力作保障。所谓义务教育中的"义务",不仅包括父母有送子女入学之"义务",更包含国家为公民提供教育之"义务"。从各国义务教育发展历史来看,国家提供义务教育,尤其是免费义务教育,国家的财政支持是其根本保障。如1870年的英国《初等教育法》规定可用地方税举办公立初等学校,有任何学区的公立学校贷款不足,而这个缺额若没有按照要求予以补充,就要在该学区设立一个学校董事会并补足这个缺额。① 另外,如德国在二战后的短短十几年,初等教育在战争废墟上迅速恢复与发展,到20世纪60年代,三、四年级的10岁儿童入学率达99%,六、七年级的13岁儿童入学率达98%,九或十年级16岁儿童的入学率达93.1%。而1950—1961年,德国用于普及义务教育的经费从16亿多马克增加到65.8亿多马克,增加了3倍之多。② 德国初等教育之所能如此快速普及与其国家财政鼎力支持不无关系。可见,义务教育的普及与国家财政支持息息相关,二者之间的关系犹如鱼与水之间的关系,鱼离开了水难以存活,义务教育离开了国家财力保障,亦难以普及与发展。

第三,因地制宜为原则。在义务教育的发展历史中,我们不难发现,义务教育并非千篇一律地按照固定模式加以实施。每个国家基本以其国家意志、经济需求、社会需求等因素为依据因地制宜地灵活实施。首先,从义务教育实施的年限来看,各国不一。较早实施义务教育的西方国家中,德国魏玛公国教育法令规定6—12岁儿童须到校接受教育,英国《初等教育法》规定5—12岁的儿童须强制接受教育,法国《费里法案》规定6—13岁儿童需强制入学,美国马萨诸塞教育法令规定8—14岁儿童应接受义务教育。随着经济社会发展的需求,各国义务教育年限也随之而变化。如美国如今义务教育年限已经达到12年,有些州将幼儿教育也纳入义务教育之列,免费义务教育达到13年。其次,从义务教育财政体制来看,各国也因各自的财政体制不同而采取不同的保障模式。如美国根据其联邦政治体制采取较为分散的义务教育财政体制,由联邦政府、州及地方政府共同负担义务教育经费,但是州与地方承担主要财政责任,现在联

---

① E.P.克伯雷:《外国教育史》,华中师范大学出版社1991年版,第596页。
② 成有信:《九国普及义务教育》,人民教育出版社1985年版,第209—211页。

邦、州、地方学区三级政府初等和中等教育公共经费的负担比例分别为8%、48%、44%。① 而法国则是财权集中在中央，相应也采取相对集中的义务教育财政保障体制。如中央财政承担了全国义务教育教师工资，市镇与省两级地方政府负责小学和初中校舍建设与行政经费。由此可见，义务教育发展必须坚持因地制宜的原则。

（二）义务教育的内涵

美国《教育百科全书》将义务教育界定为一种公共教育，它至少包含三个必要的前提：第一，为了向所有人提供免费的公共教育，法律有权向每个公民征税，即使是那些没有子女或其子女已入私立学校的公民也有义务纳税；第二，法律有权要求父母或法律监护人送其子女或被监护人入学校接受一种基础教育；第三，免费的公共教育必须是世俗的教育。日本《世界教育事典》将义务教育解释为，"是指一国使其国民负有接受一定教育的义务，它也构成了学校教育制度的基础"②。

在我国，义务教育概念的正式使用应是清末《奏定初等小学堂章程》，其载明"初等小学堂为养正始基，各国均任为国家之义务教育"，"凡小儿及就学之年，而不入小学者，罪其父母，名为强迫教育"③。《第一次中国教育年鉴》同样指出义务教育一词源于英语"compulsory education"翻译而得，实为强迫教育；"义务"二字谓人民对国家有使其及学龄子女受国民教育之义务；国家对人民有使其人民在学龄其间受国民教育之义务。④ 而《教育大辞典》则将义务教育解释为根据国家法律规定对适龄儿童实施一定年限的普及的、强迫的、免费的学校教育。2006年重新修订的《义务教育法》总则中明确将义务教育定义为"国家统一实施的所有适龄儿童、少年必须接受的教育，是国家必须予以保障的公益性事业，实施义务教育，不收学费、杂费"。由此可见，义务教育是由国家立法为保证、国家财政为保障，面向所有适龄儿童的国民公共教育；其间适龄儿童无性别、民族、种族、家庭条件、宗教信仰等差异，学龄儿童有获

---

① 高如峰：《中国农村义务教育财政体制研究》，人民教育出版社2005年版，第41页。

② 田正平、肖郎：《世界之理想：中国近代义务教育研究》，浙江教育出版社2000年版，第4页。

③ 同上书，第5页。

④ 教育部：《第一次中国教育年鉴》，开明书店1934年版，第811页。

得均等国民教育之权利与接受国民教育之义务，家长有护送适龄子女到学校学习的公民义务，国家则有为其提供均等教育机会的义务。具体而言，义务教育具有以下几个基本特征。

1. 均等性

正如夸美纽斯所言，"凡是生而为人的人都有接受教育的权利"，接受均等的教育是每一个社会公民应享有的基本权利。而义务教育正是面向一切人的教育，从其发轫之时，便以此思想为指导。义务教育面向的是所有适龄儿童，不论其家庭出身贵贱贫富，不管其智商贤愚高低，也不分其性别男女，更不管其民族与种族归属。凡是适龄儿童都可均等地享受国家为其提供的教育机会。而国家则有义务为所有适龄儿童创设条件均等的校舍，完好相当的教学设施，以及提供教学水平均衡的师资。对于家长及监护人而言，有责任与义务为其子女及被监护人提供均等的入学机会，不能因其对子女的偏好，而孰轻孰重，其所有子女与被监护人都享有均等的入学机会与权利。

2. 强制性

义务教育是以立法来保证其有效实施，而法律的最大效用则是对全体社会成员具有较强的行为约束力，具有强制性。各国的义务教育法对国家、政府、社会、学校、教师、家长及监护人等都有相应的规定与要求，凡是不履行其相应责任及义务者，都将受到法律应有的惩罚。如我国《义务教育法》明确规定，凡是违反相关规定者，都将承担相应的法律责任。家长不送适龄子女入学者，政府教育部门应对其批评教育，责令限期改正；学校违反国家规定收取费用者，学校主管人员及责任人依法给予处分；国家有关部门或是地方政府不履行义务教育经费保障之责者，直接责任人及其主管人员都将依法给予行政处分。

3. 免费性

免费性是义务教育的重要特征之一。从义务教育的发展历史可见，义务教育开始之初，并未实施免费教育，历经两个世纪，义务教育的普及一直颇为缓慢。就德国而言，它是义务教育的发起国，魏玛公国1619年便开始实施义务教育，但直到19世纪，免费义务教育在德国才真正得以实施。19世纪下半叶以后，西方许多国家相继推行免费义务教育，从而促使义务教育得以迅速发展。我国1986年颁布的《义务教育法》尽管规定："对接受义务教育的学生免收学费。"但是，在相当长时间内，我国实行的是"免收学费、收取杂费"的义务教育政策，杂费一直是义务教育经费的重要来源，从而导致义务教育在普及中存在诸多问题。2006年国家新修订的《义务教育法》明确规定"实施义务教育，不收学费、杂费"，随后国家逐步在全国城乡中小学实施免除学杂费制度，将免费义务教育由理想变为了现实。这是我国义务教育发展中具有里程碑意义的重要决策，它使义务教育回归到本来面目，并在很大程度上减轻了弱势家庭的义务教育负担，为义务教育的均衡发展奠定了良好的基础。

4. 基础性

义务教育在国家教育体系中处于基础教育阶段，如果把一国教育比作为一座金字塔，义务教育则处于金字塔的底部，是整个国家教育体系的基石。美国著名的经济学家费里德曼认为，"如果大多数公民没有一个最低限度的文化和知识，也不广泛地接受一些共同的价值准则，稳定而民主的社会不可能存在"①。在费里德曼看来，基础教育具有较强的"邻近影响"。而义务教育阶段正是不仅要教授儿童基础的文化科学知识，使儿童掌握基本的读、写、算等基本技能；培养儿童自我获取知识、自我学习的能力，懂得学习的基本技能；更是致力于培养儿童的基础性文明、基本的公民道德素养以及健康的体魄。可见，义务教育不仅肩负着为儿童未来发展奠定良好基础之责任，更肩负着提高国民基本素质与素养的重任。

第三节 发展与均衡发展

一 发展

大到国家，小到个人，"发展"是人们所期盼的美好愿景。一个国家没有发展，将面临其国力的日渐削弱；一个民族没有发展，将面临民族的逐渐消亡；一个生命个体没有发展，将面临生命体征的逐步消失。因而，国家层面在追求国力的增强与国家的发展，社会层面在倡导社会的稳定与和谐发展，个人层面在追求个体的全面发展。那么，何为发展？

从生物学的视角而言，发展是生物个体自身结构间及与其自身结构相异的行为者间的相互作用的结果，是一个由未成熟到成熟的渐进成长过

---

① 费里德曼：《资本主义与自由》，商务印书馆2011年版，第93页。

程。就人而言，起始于一个细小的胚胎，通过母体的孕育，逐渐形成人的大脑、四肢、五官等，直至成为一个完整的生命个体。然后历经婴儿期、幼儿期、少年期、青年期，直至身体的各项机能得以完全发育、心智得以健全成长的成年人。这是一个生命的发展过程，是生命个体与外界环境不断适应的过程，也是生命个体由小到大、由依赖到独立、由未成熟到成熟的过程。

从哲学的角度而言，发展是指事物或社会具有前进与上升性质的运动与变化。人类社会的前行并非整齐划一，有时如蜗牛般缓慢爬行，有时又如风驰电掣般突进。人类社会从衣不蔽体、食不果腹、寄居于山洞的原始社会，经过几千年的演进，成为拥有现代科技能翱翔太空、传说中的"嫦娥奔月"已成现实的现代社会。这就是一个发展的过程，虽然这一过程中充满了荆棘、坎坷与曲折，但它是一个由原始走向高级、由简陋走向繁华、由蒙昧走向发达的前进过程，是一个具有上升性质的变化过程。

从经济学的视角而言，发展作为一种经济社会现象，其实质是指社会基础由旧的结构向新的结构发生本质变化的过程。20世纪50年代，随着二战的结束，世界格局的两极分化，经济复苏成为各国追逐的目标，因而"经济增长"成为"发展"的代名词。著名经济学家刘易斯在其经典著作《经济增长理论》中强调发展即"总人口人均产出的增长"。但是，这剂为发展中国家专门开的药方，并没有给发展中国家带来普遍的福祉，相反社会贫富分化日益严重，腐败滋生、动荡不安，出现了经济学家们所言的"无发展的增长"现象。为了改变这一现象，许多经济学家对发展的内涵提出新的观点。如美国发展经济学家托达罗认为发展是整个经济和社会体制持续走向"更美好"或是"更人道"的多维过程，而这一过程中含有"生存、自尊、自由"三个缺一不可的核心价值。[①] 法国经济学家费郎索瓦·佩鲁（François Perroux）在其《新发展观》一书中，提出"整体的、综合的、内生的"发展理念，其间"整体的"发展强调关注人类整体的各个方面，不单单是经济指标的增长；"内生的"发展是国家内部力量和资源及其合理开发与利用；"综合的"发展是"一定量地域的一体化或是各个部门、地域和社会阶层间得以加强的内聚力"。[②] 综合的、可持续的

[①] 托达罗：《经济发展与第三世界》，中国经济出版社1992年版，第50页。
[②] 费郎索瓦·佩鲁：《新发展观》，华夏出版社1987年版，第2—3页。

发展观由此而成为各国所倡导的新发展观。

诚然,"发展"是一个多维概念,是一个可从多学科视角加以解读的概念。但无论是从哲学的视角,还是从经济学的视角来分析,发展有以下相同的特征。

(一) 发展是事物内部诸要素间相互协调的过程

事物是由一定要素构成的,各个要素彼此之间是相互联系与相互作用的;而事物要素间的直接或是间接的相互作用使得事物发生变化。如果这种变化是朝着上升性质的变化,那么它就是发展。从社会的角度而言,社会是由一定的经济、人口、教育、科学、文化等要素构成。社会的发展是由其要素间的合力而成,并非某个单一要素作用的结果。正如费德里克·马约尔(Federico Mayor)所言:"发展应该被看成是复杂的多元化的,经济的、社会的、科学的、文化的……它必须是一个综合的特点。"① 同理,教育发展也并非是某几个教育部门或是教育机构共同努力的结果,而是基于相关的经济、人口、环境、文化、制度等各个要素间的相互影响、相互作用。只有这些要素相互之间协调发展、形成一种合力,方才推动教育的发展。

(二) 发展是正向变化过程的集合

虽然事物要素间的相互作用、相互影响是发展的必要条件,但并不是充分条件。只有当要素间的相互作用、相互影响的结果使事物产生具有上升性质、新质的变化时,才能称其为发展。换言之,发展是一个正向的变化过程,是由低级到高级、由野蛮到文明、由蒙昧到发达等的变化过程。发展是这些变化过程的集合。恰如黑格尔所认为的那样:发展过程是由此及彼的一个永恒过程,今天与明天不一样,一切都流动不息,因此首要的事不再是将事物的存在看成既成的东西,而是在与前后的关系中将其看成消失于现象的努力挣脱而出的东西。这样所得出的发展不是渐渐以某些坚固稳定的形态出现,而是一些过程交替变换的集合体。②

(三) 发展的目的是扩展自由

自由是指行为个体享有行为选择的可行能力,能过有价值生活的实质

---

① 费德里克·马约尔:《不要等到明天》,社会科学文献出版社1993年版,第29页。
② 亨利希·库诺:《马克思的历史、社会和国家学说》,上海译文出版社2006年版,第215页。

自由。① 在人的成长过程中，从待哺婴儿到成年男女，人体机能与心理的日益发展，使人逐渐脱离对父母的依赖，日渐独立并享有更多的行为选择能力；在人类社会的发展过程中，人们"日出而作，日落而息"，躬耕于田野间，但依旧出现"四海无闲田，农夫犹饿死"的境况，而随着人类社会的进步，科学技术的发展，人们从繁重生产工具的桎梏中逐渐解放出来，从而使人们享有更多的选择方式与自由。可见，因为有发展，人类才会享有相应的自由，追求自由的扩展一直是发展的首要目标。正如诺贝尔奖获得者印度经济学家阿马蒂亚·森（Amartya Sen）所言，"发展可以看作是扩展人们享有的真实自由的一个过程"。

二　均衡发展

（一）均衡

"均衡"从词义本身来看，是指平衡。《辞海》中对均衡的解释是"均衡即平衡"。②《汉语大词典》中，均衡：犹平衡。《素问·五常政大论》："升明之纪，正阳而治，德旋周普，五化均衡。"就是取了平衡之意。③ 而在现代汉语中，"均衡"通常释义为"平衡"，即指事物发展过程中的稳定性与有序性。

随着社会的发展，"均衡"已成为一个通俗词语，广泛地运用到多个领域，并有着不同的含义。美学意义上的均衡是指布局上的等量不等形的平衡，包含色、声、线的对称、均衡组合；均衡是构图的基础，其主要作用是使画面具有稳定性，但均衡依旧不是平均，而是一种符合逻辑的比例关系。物理学意义上的均衡是指物体受到来自两个不同方向的外力作用时，当这两个外力的大小恰好相等而方向相反时，物体处于相对静止的状态，而这种状态即指均衡。如从手中滑落的弹子跳棋，在地面上滚动后达到一个静止点便是物理学的均衡。经济学意义的均衡往往指市场在价格"这只看不见的手"的调整下，商品的价格与数量正好和该商品的供给与需求达到平衡，换言之，市场中商品的生产者所愿意提供的价格与数量跟消费者所愿意买的商品数量与价格相吻合，市场中

---

① 阿马蒂亚·森：《以自由看待发展》，中国人民大学出版社2013年版，第3页。
② 《辞海》，上海辞书出版社2009年版，第1209页。
③ 《汉语大词典》，汉语大词典出版社1988年版，第1061页。

生产者都能如愿出售完其生产的商品,消费者也没有人因没买到所需商品而扫兴而归;放在供需曲线图上,供给曲线与需求曲线的相交点为均衡点。但这只是市场中的一种理想状态,是相对的,会随着市场的发展而不断变化。

综上,笔者认为,均衡是描述事物的一种发展状态,即事物发展中内部各要素间相对稳定、协调、平衡的状态。但均衡不是绝对的,而是相对的,它通常是处于一种由均衡到非均衡,然后再从非均衡到均衡的螺旋式变化过程,而且这一过程中蕴含着公平与合理,而非盲目的均等。

(二) 均衡发展

从上文对发展与均衡内涵的分析与界定,我们可以得出这样的结论:均衡发展是发展主体要素间相互协调、相互平衡作用的动态过程;它通过合理配置发展主体要素,从而使这些要素形成合力的一个协调发展过程,也是为人们提供均等机会去拓展其享有实质自由的过程。在这一过程中,发展是目的,均衡是促进发展的手段。均衡发展具有以下特征。

第一,要素配置的公平性。事物的发展往往都是基于其内部要素相互作用的结果。各个发展主体要素是发展能成为可能的必要条件,只有当发展主体要素得以均衡与合理配置,使它们间的平衡得以保持时,均衡发展才能成为现实,否则仅是空中楼宇罢了。正如蛋糕的成功制作,首先基于面粉、白糖、牛奶等的合理配置,倘若离开这一合理配置,随性而为之,最后的结果往往不是味道可口、奶香袭人的蛋糕,而是毫无看相且难以下咽的蛋饼。当然,均衡配置发展的主体要素,既不是盲目地平均分配,也不是固定按既有比例机械地配置,而是依据发展的需要,合理配置所需要素。

第二,发展的全面性。追求公平是人类亘古不变的理想,社会公平意味着人人享有均等的机会,有机会才能有发展,有发展才能有自由。而均衡发展是各发展主体都得以发展,而不是某个单一主体的发展。只有所有的发展主体都得以发展,才能称其为"均衡发展",它是以公平为导向的变化过程。正如"均""衡"二字的字义一样,"公平、公正"是它们相同含义。因而,均衡发展则是一种全面的发展。

第四节　多民族地区义务教育均衡发展

一　多民族地区义务教育均衡发展的内涵

义务教育均衡发展是一个多维概念，虽然从不同的学科视角，义务教育均衡发展的侧重点有所不同，但是它们共同的目标则是保障儿童享有基本均等的受教育权利和接受大致不差上下的教育。从上文民族与多民族、教育与义务教育、发展与均衡发展的内涵辨析可以得出，多民族地区义务教育均衡发展是基于区域内公平配置教育资源的前提下，使得义务教育供给与需求达到相对均衡，从而保障各民族每个适龄儿童获得均等的教育机会，实现儿童全面发展的一种过程；其中，公平配置教育资源是多民族地区义务教育均衡发展的手段，实现儿童全面发展是多民族地区义务教育均衡发展的根本目的。

（一）保障均等的教育机会

罗尔斯在《正义论》中提出了两条著名的正义原则：第一正义原则为平等自由原则，即平等地对待每一个生命个体；第二正义原则为差别原则和机会公平原则，依据个体差异，有区别地对待不同的人，为处境不利者提供机会或利益补偿，以凸显具有公平的正义。[1] 公平与均等的机会是体现社会公平的核心。同理，均等的教育机会是体现教育公平的核心，没有均等的教育机会，则无从谈教育公平。

多民族地区义务教育均衡发展是以教育公平为导向的发展，保障各民族儿童均等的教育机会是其根本目标。因此，改变处于不利地位社会阶层的教育状况，为他们提供均等的教育机会，是实现义务教育均衡发展的基本前提。正如查尔斯·赫梅尔在《今日的教育为了明天的世界》一书中所倡导的，"在任何自然的、经济的、社会的或文化方面的低下状况，都应尽可能从教育制度本身得到补偿"[2]。只有处于不利地位社会阶层的子女获得均等的教育机会，他们才能有其他方面发展的可能与机会。而均等

---

[1] 罗尔斯：《正义论》，中国社会科学出版社1988年版，第14页。
[2] 查尔斯·赫梅尔：《今日的教育为了明日的世界》，中国对外翻译出版公司1983年版，第69页。

的教育机会不仅仅是指多民族地区的适龄儿童享有均等的入学机会，还应包括均等的教育参与机会以及获取均等学业成就的机会。只有当多民族地区内各民族适龄儿童获得这三个层面均等的教育机会时，义务教育才能是名副其实的均衡发展。

(二) 公平配置教育资源

教育资源是教育发展的必备条件，离开了人力、物力、财力资源的支撑，教育难以发展。改革开放以来，我国经济快速发展，现已成为世界第二大经济体。但是，我国教育资源的要素禀赋丰裕度依然难以与其经济地位相匹配。仅就教育资源中的财力而言，2015 年，年度教育财政性教育经费支出为 26205 亿元，同比增长 8.4%，占到 GDP 的 4%。可见，教育资源始终是有限的，而非无限的。有限的资源，自然需要合理配置，而教育资源配置的合理与否将是决定教育能否健康发展的关键因素。

教育资源往往可从宏观与微观两个层面来配置。宏观层面的教育资源配置是指把教育资源分配到不同地区、不同学校，其合理性主要体现在教育资源能否有效地满足当地的教育发展。微观层面的教育资源配置是指不同地区、不同学校对教育资源的组织与利用，其合理配置主要体现在各个地区、各个学校是否有效利用已获得的教育资源，使其效用最大化。宏观层面教育资源配置的不合理，必然会导致微观层面资源配置的不合理。因此，多民族地区义务教育均衡发展首先是宏观层面教育资源的合理配置。没有宏观层面教育资源的合理配置，微观层面资源的合理配置自然也就难以实现。但是，这里的"合理"绝非"平均"，并不是把现有的教育资源平均地分配到不同地区与学校，而是依据不同地区、不同学校的发展需求，科学、公平地进行资源配置，对落后地区、薄弱学校要有一定政策倾斜的资源配置。当然，教育资源的合理配置，也不是"削峰填谷"，把本属发达地区、优势学校的教育资源强行转移到落后地区、薄弱学校，而是在保障前者健康发展的前提下，加大对落后地区、薄弱学校的扶持力度，使教育资源配置更加合理，进而推进义务教育均衡发展。

(三) 促进儿童全面发展

纵观发展观的历史变迁，它是由最初"以物为本"的发展逐渐过渡到当下"以人为本"的发展。这一质的变化，不仅凸显了发展理念的根本性转变，也体现了人为万物之灵的特性，只有人的发展，才是真实意义上的发展。教育作为培养人的社会活动，促进人的全面发展是其根本宗旨。义务教育作为国民教育的基石，促进儿童的全面发展是其根本任务与目标。

同理，多民族地区义务教育均衡发展的最终目的，就是要促进儿童全面发展。合理配置教育资源，提供均等的教育机会，都是为儿童全面发展创造条件。民族地区儿童的全面发展是儿童"身""心"的完整发展，也可以是人们常说的"德、智、体、美、劳"各方面的完整与协调发展，还可以是"真、善、美"的完整发展。[①] 但是，儿童的全面发展并非整齐划一的同步发展。因为人是独立的个体，不同的个体有着不同的生命特征与生理差异，所以儿童的全面发展又蕴含着个性的自由发展。

所谓个性自由发展，是指儿童迥异的个性与天赋得到自由而充分的发挥，其自身的各种基本素质得以相应地发展。儿童个性的自由发展与全面发展是互为前提、互相促进。只有不断促进儿童的全面发展，才能更充分地体现儿童的自主性与独立性。正如阿马蒂亚·森所讲的那样"自由是发展的首要目的，同时也是发展的手段"[②]。只有儿童个人普遍得以全面发展，才能获得进一步发展的自由。

二 多民族地区义务教育均衡发展的背景

义务教育均衡发展不仅是满足21世纪国家和民族发展的需要，也是真正实现有教无类教育的需求。均衡发展的义务教育是为每个人完善发展而奠定良好基础的教育，是为实现民族创新与发展而做好充分准备的教育。多民族地区义务教育以推进均衡发展为改革的突破口，这是在特殊的经济社会背景下的现实选择。

（一）义务教育均衡发展的必然要求

2000年，我国政府正式宣布在全国范围内基本实现了"两基"，顺利完成了九年制义务教育普及工作，在世界9个人口大国中率先实现全民教育的目标。这不仅是我国教育历史上的辉煌成就，也被国际社会视为人类教育发展史上的奇迹。然而，"普九"与"两基"的顺利完成，只是实现了每个适龄儿童"有学上"的目标，尚未实现"上好学"的根本目标。由于我国区域间、地区间、城乡间经济社会发展的严重不平衡，义务教育

---

① 扈中平：《"人的全面发展"内涵新析》，《教育研究》2005年第5期。
② [印度] 阿马蒂亚·森：《以自由看待发展》，中国人民大学出版社2013年版，第7页。

也在区域之间、地区之间、城乡之间、学校之间以及受教育群体之间呈非均衡发展，而且非均衡状态呈扩大趋势。尤其是社会弱势群体的教育公平保障问题亟须解决。与此同时，随着我国社会主义市场经济的不断发展，教育在促进经济社会发展、满足社会人才需求、实现劳动者个人价值等方面的作用日益凸显。因而，无论是社会还是个人，对教育的要求也日益提高，不再简单满足于"有学上"，而是对"上好学"有了新的期望与要求。但是，我国优质教育却难以满足社会及个人日益高涨的教育需求，优质教育供给与优质教育需求间的矛盾也日益尖锐。

在此背景之下，我国义务教育由"有学上"的数量达标转向关注"上好学"的均衡发展，既是我国经济社会发展的客观要求，也是我国教育发展所面临的现实问题与战略任务。为此，国家以立法的形式确立义务教育均衡发展，明确要求加快缩小区域间、地区间、城乡间教育差距，并在政策法规上、财政支持上向民族边疆地区倾斜。多民族地区的义务教育是我国义务教育的重要组成部分，没有多民族地区义务教育的均衡发展，就谈不上整个义务教育的均衡发展。因此，多民族地区义务教育均衡发展改革是义务教育均衡发展的必然要求。

（二）实现城乡基本公共服务均等化的客观需要

公共服务是为了满足公民的生存权和发展权，政府运用公共权力、利用公共资源，向民众提供的各种有形产品和无形服务的总称。公共服务既包括公民基本的生存、发展所需的城乡公共设施、社会就业、社会保障、公共安全，也包含教育、科技、文化、环保、卫生、体育等公共事业，发布公共信息等。① 而基本公共服务均等化，则是指一国范围内，全体公民享有基本公共服务的机会均等，其根本目的是减少公民因财富、收入的差距而带来的消费差距扩大，保障全体公民享有相对均等的公共服务。从各国经验来看，人们往往会对私人物品消费差距有着较高的容忍度，而对公共服务消费差距的容忍度却较低。这是因为"人类选择以社会的方式生活并组建社会和国家，最基本的目的无外乎两个：一是安全和福宁；二是福利和幸福。"② 二战结束后，一些国家通过政府的财力逐步实现公共服

---

① 蔡放波：《完善公共服务体制与实现基本公共服务均等化》，《学习与实践》2008年第9期。

② 万俊人：《论正义之为社会制度的第一美德》，《哲学研究》2009年第2期。

务均等化,以此来缓解因贫富差距引起的社会不公平现象,从而保证社会的公平与福利。

我国在推进社会和谐发展的过程中,实现全体公民生活水平的提高是其根本目的之一。而城乡公共服务均等化的实现是国家推动社会和谐发展的重大举措。义务教育作为政府部门为全体适龄儿童提供的教育服务,是公共服务的重要组成部分。义务教育担负着培养国民基本素养的重任,是保障全体公民享有最基本的生产权与发展权的基本途径,也是实现社会公平正义的重要渠道。义务教育作为政府部门提供的公共产品,为每个适龄儿童提供均等的教育机会是政府的基本职责。只有保障义务教育公共产品供给均等化,才能最大限度保证广大民众生存和发展方面机会的公平和公正。然而,多民族地区大都处于山川阻隔、交通不便的边疆地区,地理环境的多样与气候环境的多变给这些地区的经济发展带来了较大的影响。长期以来,多民族地区的经济发展相对滞后,其义务教育均衡发展的经济基础十分薄弱。因此,在我国"两个百年奋斗目标"进程中,巩固和普及义务教育,推进包括多民族地区在内的城乡义务教育均衡发展,是推进教育公平和社会公平,使广大民众共享发展成果的重要举措,是强化政府公共服务的必然要求。

(三) 促进社会公平正义的重要举措

公平正义是人们从道义上、愿望上追求利益关系特别是分配关系合理性的价值理念和价值标准。只要有人群且有利益分配的地方,公平正义就是人们所关注的焦点问题。在任何社会,政府最重要的责任就是要维护社会公平正义,因为社会不公正、不公平在任何国家都是危害社会的"毒瘤",是产生所有一切问题的根源。改革开放以来,中国取得了巨大的经济建设成就,在短短的 30 来年时间里,从一个贫穷国家上升成为世界第二大经济体。但从社会发展的角度来看,所付出的代价也是极其沉重的,特别是社会的不公正、不公平已经严重威胁到社会赖以生存的秩序,必须引起全社会的高度重视。因此,维护和实现社会公平公正,建立一个真正公平公正的社会,是中国共产党坚持立党为公、执政为民的必然要求,能否实现这一目标,关系到社会的繁荣、稳定和发展,最终关系到中国共产党执政地位的巩固乃至兴衰存亡。党的十八届三中全会的《决定》提出,要"坚持社会主义市场经济改革方向,以促进社会公平正义、增进人民福祉为出发点和落脚点"。①

而要维护社会公平公正,决不能忽视教育公平。教育公平不仅是社会公平的基石,也是实现社会公平的重要手段。所谓教育公平是指从宏观与微观层面对教育资源的合理配置,既满足社会的发展需求,也符合广大群众的自身发展需求,它包括教育权利的平等和教育机会的均等。就当前来说,实施义务教育均衡发展战略就是促进教育的公平公正,义务教育均衡发展的实现必定会促进教育公平的良好发展,从而为进一步促进社会公平奠定了良好基础。② 义务教育公平是教育公平的基础,它不仅是经济社会文明发展的标志,也是推进社会公平公正的基本途径。义务教育作为政府为广大人民群众提供的公共服务,其根本目的是保障广大人民群众的基本人权,使每个人都能获得均等的教育机会,并为其个体全面及自由发展而打下坚实基础。因而,义务教育不仅仅是广大人民群众享受到免费的教育,而是维护社会的公平公正。③

多年来,由于我国区域经济文化发展的不平衡性,导致区域间、地区间、城乡间义务教育发展存在着巨大差异。这种因自然、历史、经济、文化背景的差异,与先前的教育政策失误造成的教育失衡问题交织在一起,在我国社会历史转型的特殊时期表现得愈演愈烈,④ 已成为阻碍社会公平的巨大障碍。正因为如此,为了推进义务教育的健康发展,维护教育公平和社会公平,2002年教育部《关于加强基础教育办学管理若干问题的通知》中首次提出"积极推进义务教育阶段学校均衡发展"。义务教育发展也因此在国家政策上由非均衡发展转向均衡发展。随着义务教育由非均衡向均衡发展的转变,国家将义务教育均衡发展逐步确立为战略性发展任务,并在一系列政策文件中反复强调要对民族地区、边疆地区实行政策倾斜与财政保障。这既为多民族地区义务教育均衡发展提供了政策依据,又是促进社会公平正义的重要举措。

---

① 肖军虎:《县域城乡义务教育均衡发展研究》,华中师范大学,2012年12月。
② 许华琼:《和谐社会构建与基础教育均衡发展》,《现代中小学教育》2009年第1期。
③ 范先佐、付卫东:《农村义务教育新机制实施的背景、成效、问题及对策》,《中国教育经济学学术年会论文集》2009年12月。
④ 申仁洪:《教育均衡发展的困境与对策》,《华南师范大学学报(社会科学版)》2002年第2期.

(四) 保持多民族地区经济健康发展的必然选择

劳动力素质是现代社会经济增长与经济发展不可或缺的条件。所谓劳动力素质是指劳动者的体力与智力素质的综合反映。它包括劳动者的体质、劳动态度、工作成绩、工作质量、创新能力、独立工作能力、动手能力、解决问题的能力、自学能力、知识水平等。在企业中，劳动力素质在一定程度上决定着企业产出的水平、效益和质量。劳动力素质是决定国家经济增长和发展速度的重要因素之一。与此同时，地区之间或者国际之间的经济竞争中，劳动力素质的高低是折射经济增长和社会发展质量健康与否的"晴雨表"。而劳动力素质的形成，既有先天发育和遗传的因素，也有后天养成因素。先天的遗传因素形成劳动者的遗传素质与体质素质。后天营养、医疗保健、文化教育、社会文明的熏陶等因素则形成劳动力素质的健康素质与智力素质。其中，教育可以提高劳动者的基本素质或整体素质。因为，教育是一种培养人的社会活动。其根本目的是依据社会发展以及个体发展的实际需要，注重开发人的智慧潜能，形成人的健全人格，全面提高人的基本素质或整体素质，以适应经济增长和经济社会发展变化的需要。

而义务教育是整个教育体系中最为基础的教育，它不仅是经济社会发展所必需的国民教育，也是个体完善发展所必需的基础教育。如果个体无法获得均等的义务教育机会，那么个体的完善发展将在一定程度上受到影响，自然也难以适应经济社会发展的人才需求，从而也无法形成有效的劳动力供给，进而影响经济社会的发展。多民族地区经济社会发展之所以落后，除自然条件恶劣外，劳动者素质低下是一个极为重要的原因。所以，大力推进多民族地区义务教育均衡发展，不仅只是保证适龄儿童获得平等的入学机会和受到良好的教育，而且必然会有助于多民族地区劳动者素质的提高，使之适应现代经济发展的需要。因此，推进义务教育均衡发展，也是使我国多民族地区经济保持健康发展的必然选择。

三 多民族地区义务教育均衡发展的标准

所谓标准往往是指衡量事物的准则，是事物发展所要达到的目标，也是事物发展必须遵循的依据。多民族地区义务教育均衡发展改革是在特殊经济社会背景下的现实选择，也必须遵循一定的标准。标准既是多民族地区义务教育均衡发展所要达到的目标，也是必须遵循的准则和依据。

从国家政策方面而言，教育部《关于贯彻落实科学发展观进一步推进义务教育均衡发展的意见》设立了"2012年实现区域内义务教育初步均衡，到2020年实现区域内义务教育基本均衡"的发展目标，并要求"国家和省级教育督导部门要研究制定义务教育均衡发展评估指标和标准，定期对县域内的义务教育均衡发展状况进行监测和督导评估，督促纠正区域内教育资源配置不当或学校差距过大的现象"。但国家层面并没有确立"初步均衡""基本均衡"的标准。直到2012年，《县域义务教育均衡发展督导评估暂行办法》从国家层面确立了以资源配置为核心的县域义务教育均衡发展的评估指标与标准。但是该评估办法中，教学点却不在评估范围之内①。而多民族地区因为受限于地理环境恶劣、交通不便，依旧存在着相当数量的教学点。据教育部公布的2014年全国教育事业发展统计公报显示，民族八省区共有教学点数18183个，占全国教学点数的20.4%。其间，广西壮族自治区多达8343个，占全国教学点数的9.4%；云南省教学点数为3581个，占全国教学点数的4%；青海省也平均近乎每4所小学中就有1个教学点。民族八省区的小学校数及教学点数具体如图1-4所示。

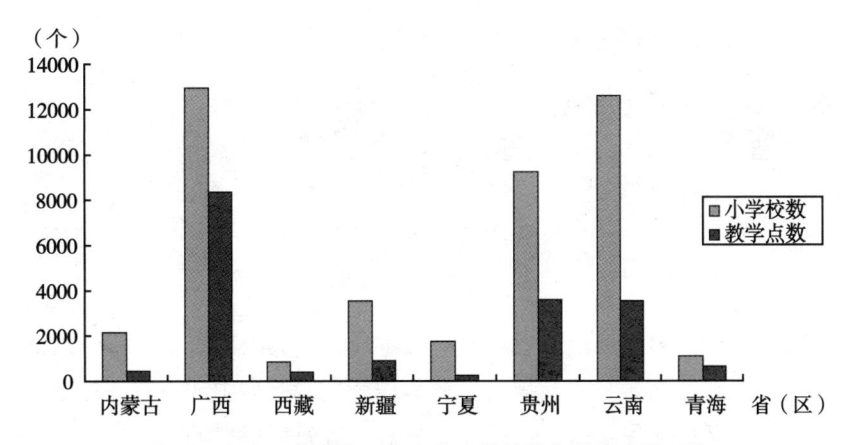

图1-4　2014年民族8个省区小学校数与教学点数对比

资料来源：《2014年全国教育事业发展统计公报》。

显然，在多民族地区，忽略教学点的评估标准不仅难以反映义务教育发展的均衡状态，也难以体现义务教育均衡发展内涵中"保障均等教育

---

① 《县域义务教育均衡发展督导评估暂行办法》有关内容的说明。

机会"这一核心任务。笔者在 2015 年 5 月的实地调研中发现,多民族地区农村教学点在人力、物力、财力等三个方面的教育资源配置上都存在着被边缘化的倾向。如云南寻甸彝族回族自治县的栽开小学,它是一所以回族学生为主、有一年级至四年级 67 名学生的教学点,离县交通主干线 3 公里左右。就"人力"而言,该校共有 5 位男教师,年龄分别为 56 岁、52 岁、45 岁、43 岁、28 岁,其中有两位年龄在 50 岁以上的教师均为"民转公"教师,年龄最小者为特岗教师。因为师资的缺乏,课程难以均衡设置,尤其是英语课程几乎处于停开状态;美术、音乐课即使开设,也是以学生自画、听录音等教学形式来完成课程教学。就"物力"而言,栽开小学也存在着不同程度的缺乏。如乡镇标准化小学里有电脑室、电子白板、塑胶跑道、体育器械等,但栽开学校却远离这些先进的教学设备。所能看到的是一栋两层旧教学楼、一栋三层教学危房(已停用,仅设有图书与教学仪器储藏室)加及一栋尚未启用的新建食堂,唯有的先进教学设备为一台录音机,从破旧的学生座椅中也能看出其使用年限已久。从"财力"而言,栽开小学没有生均教育经费预算一说,基本采取向中心校实报实销的支出模式。

图 1-5 2015 年 4 月栽开小学的教学楼、图书室

由此可见,多民族地区农村教学点本应是公共教育资源更多倾斜的地方,但是在教育部颁布的县域义务教育均衡发展标准中却不在评估范围之内,那么,又从何保障每位适龄儿童享有均等教育机会的权利?

多民族地区义务教育均衡发展是基于公平配置教育资源、保障均等教育机会、促进儿童全面发展为其基本内涵的教育发展。因而,其均衡发展标准应从其基本内涵出发,换言之,其均衡标准应体现其基本内涵,从以下三个维度来设定。

(一)教育机会的均等

教育公平是教育发展的价值诉求,是人类发展亘古不变的追求。而人人享有均等的教育机会是教育公平的内在本质要求。离开了教育机会的均等，教育公平即如海市蜃楼般虚无缥缈。此外，教育机会均等还是实现个人自由发展的前提。阿马蒂亚·森曾指出，实质性自由是能够真实地促进个人的发展，而更多的此类自由可以增强人们自助的能力，以及他们影响这个世界的能力①。可见，在个人自由度的扩展中，教育机会均等既是一个重要的内容，也是必不可少的前提。

那么，教育机会均等是由哪些因素决定的呢？美国著名教育学家科尔曼基于对教育机会均等的历史演变分析，认为教育机会均等不仅是由教育投入的均等决定，而且还由教育资源的效用决定②。可见，教育机会均等是由教育资源宏观配置与微观配置共同决定的。当教育资源配置能保持相对均衡配置，教育机会也可达到近似性均等。因而，多民族地区义务教育均衡发展中，教育机会均等主要表现在区域内适龄儿童，无论是随迁儿童还是留守儿童，无论是男孩还是女孩，无论其民族归属及宗教信仰，都全部享受接受教育的均等入学机会，并且在教育教学过程中享有均等的参与机会。

（二）教育资源配置的均衡

教育资源配置往往是指教育中的"财力、物力、人力"在不同地区、学校之间的分配。义务教育是国民教育，是纯公共产品，政府是义务教育资源的供给者。而义务教育资源配置的均衡，往往是指其"财力、物力、人力"三个方面的公平与均衡配置，实现"财尽其效、物尽其用、人尽其才"。

首先，从"财力"而言，主要即指教育经费投入的均衡。政府作为义务教育财力的主要提供者，政府对义务教育享有主导配置权。而均衡发展是以公平为导向的发展，其资源配置理应兼顾公平。因而，多民族地区义务教育经费投入的均衡并非均等的教育经费投入，而是对薄弱学校、农村学校、小规模学校有所倾斜的教育经费投入。就此，必须做到三个增长。一是多民族地区地方政府应保证义务教育经费在其财政支出额度要实现逐年增长。义务教育经费正如蓄水池的水，只有水位不断上涨，其能浇

---

① 阿马蒂亚·森：《以自由看待发展》，中国人民大学出版社2013年版，第15页。
② 转引自张人杰《国外教育社会学基本文选》，华东师范大学出版社1989年版，第191页。

灌的范围才能更为宽广。二是区域内生均教育经费应逐年增长，生均公用经费需按 2015 年 11 月国务院《关于进一步完善城乡义务教育经费保障机制的通知》中的规定，西部地区额定标准拨付给学校，尤其是对农村小规模学校应给予一定的政策倾斜与相应的经费保障。三是教师工资要实现逐年增长。教师是推进义务教育均衡发展的攻坚力量。而工资是教师的生存之根本，只有教师工资实现逐年增长，才能稳定教师队伍与增加教师职业吸引力，从而吸引更多的优秀人才加入教师队伍，实现教师队伍素质的整体提高。

其次，从"物力"而言，主要指教育设施设备条件的均等。如上文所述，义务教育具有均等性的特点，国家有责任有义务为适龄儿童提供均等的教育机会。水平均等的教育设施设备条件是实现教育机会均等的物质基础。倘若教育设施设备条件达不到相对均等的水平，所谓的教育机会均等也只能是纸上谈兵。多民族地区义务教育在其"物力"的配置上，首先应在生均教学及辅助用房面积、生均体育运动场馆面积、生均教学仪器设备值、每百名学生拥有计算机台数、生均图书册数等方面要达到相对均等水平的配置。与此同时，城乡之间、校际之间的配置标准不应有差异，配置标准须相同。

最后，从"人力"而言，主要指教师资源配置的均衡。"教师是一把钥匙"①，是帮学生打开知识之门的钥匙，是提高教育质量的核心力量。教师资源是教育资源中最为重要的资源，它的丰富与否直接决定了教育质量的高低。当下，逐年升温的"择校热"的本质实际是"择师"。因而，多民族地区义务教育均衡发展中，教师资源的均衡配置是其均衡发展的关键因素。而教师资源的均衡配置包含教师数量、质量、结构的相对均衡。具体而言，数量均衡体现在教师数量要满足义务教育均衡发展的需要，师生比在实现城乡统一标准的前提下，逐步向薄弱学校、小规模学校倾斜；质量均衡体现在教师素质能力相当，具体表现在教师生均高于规定学历教师数、生均中级及以上专业技术职务教师数的水平相当；结构均衡体现在满足义务教育均衡设置课程的需求，即不同学校教师年龄结构、学科结构上的水平相对均衡。

---

① 瞿葆奎:《教育学文集：教师》，人民出版社 1991 年版，第 15 页。

（三） 教育质量的均衡

社会的发展离不开人类的创造力与智慧，而人类创造力的培养与智慧的开发均离不开教育。教育质量的高低直接决定其培养人才质量的优劣。艾伦·格林斯潘曾经强调国家必须在人力资本上进行投资，而"人力资本投资最关键的是中小学教育质量"①。可见，中小学教育质量对人力资本的投资具有决定性作用。因而，多民族地区义务教育均衡发展不仅仅是教育资源的均衡配置，更应是教育质量的均衡。只有实现了教育质量的均衡，才能实现教育促进儿童全面发展的根本目的。

那么，教育质量的均衡应包含哪些方面？美国教育部制定的《2002—2007年战略规划》明确指出：任何一项教育事业的最终目标都是为了提高学生的成绩。联合国教科文组织则认为看待教育质量需要关注两点：首先是确保学习者认知能力的发展；其次是强调教育在促进学习者的创造力和情感发展以及帮助他们树立负责任公民应有的价值观和处世态度方面所发挥的作用。② 我国国务院《关于深入推进义务教育均衡发展的意见》中强调，"树立科学的教育质量观，以素质教育为导向，促进学生德智体美全面发展和生动活泼主动发展，培养学生的社会责任感、创新精神和实践能力"。可见，教育质量的均衡不仅仅是学生掌握了多少知识，即学生的学业成就的提高，而且还包括其认知能力的发展、情商的发展、公民意识的培养。因而，多民族地区义务教育质量的均衡应是实现区域内适龄儿童学业成就的提高、认知能力的有效培养、情商的有效发展、社会责任感与公民意识的逐渐形成。

---

① 小弗恩·布里姆莱、鲁龙·R. 贾弗尔德：《教育财政学》，中国人民大学出版社 2007 年版，第 2 页。
② 转引自冯建军《义务教育质量均衡内涵、特征及指标体系的建构》，《教育发展研究》2011 年第 18 期。

第二章 多民族地区与非民族地区义务教育均衡发展的比较

多民族地区义务教育均衡发展是以公平配置教育资源、提供均等的教育机会、实现教育质量均衡发展为基本内涵的教育发展。那么，多民族地区义务教育发展的现状怎样？它与国内非民族地区义务教育的发展是否存在差距？本章将通过对多民族地区义务教育均衡发展现状的实证分析，探寻多民族地区义务教育均衡发展与其他地区间的差距，以及多民族地区区域内义务教育均衡发展的态势。

第一节 多民族地区义务教育均衡发展测量指标与方法的选择

多民族地区义务教育均衡发展是一个动态的过程，要准确地描述、分析其发展与非民族地区的差距及其区域内发展是否均衡，测量指标与方法的选择尤为重要。

一 测量指标的选择

教育发展往往体现在教育资源、教育机会、教育质量等几个方面的变化，而多民族地区义务教育均衡发展是以合理配置教育资源、提供均等教育机会、提升教育质量为其根本目标的教育发展。因而，在测量与分析多民族地区义务教育发展现状时，其指标的选择须反映出教育机会、教育资源、教育质量这三个方面的变化与发展。

教育机会是衡量教育公平的一项重要指标，也是监测教育发展不可或缺的指标。教育机会不仅仅指入学机会，还包括教育过程中的参与机会。入学机会通常可通过入学率来反映，过程机会则往往体现在教育过程中所获得师资、教学条件等方面来体现，换言之，是通过教育资源的宏观与微观配置来体现。由于教育资源微观配置是教育资源的组织与利用的效用，往往难于准确地直接测量，因而也只有通过教育资源的宏观配置来体现。

教育资源通常体现在财力、人力、物力三个方面。财力往往指教育经费，又可细分为教育事业费、基本建设费、科研经费等，而教育事业费又包括人员经费、公用经费等。生均教育经费是教育经费总量与学生规模数相除而得出的结果，它能较好地反映地区教育投入水平；同时，教育发展水平与教育投入的多寡息息相关，不同水平的教育投入会带来不同的人力、物力资源的配置，生均教育经费也能在一定程度上间接反映出该地区教育发展水平；此外，生均教育经费的相关数据收集与处理也相对易得，具有较强的可比性。因而，财力方面选择生均教育经费为主要测量指标。

人力往往体现在师资的数量、质量两个主要方面。从师资数量来看，本书依旧选用国家通用监测师资数量指标"生师比"为主要测量指标，即学生规模数与专任教师规模数的比例，一个专任教师所教学生的数量。师资质量往往体现在合格率、教学水平、学历程度、职称级别等方面，由于教师教学水平直接数据的可获得性不强及测算的困难。因而选择能间接反映教师教学水平的学历程度、职称级别为测量师资质量的主要指标，主要选取高于规定学历的教师比例，即初中为本科及以上学历教师比例，小学为专科及以上学历教师比例，以及初中、小学中高级职称教师比例。

物力通常指办学的物质条件，如校舍、图书、教研设施设备等。校舍通常包含教学及辅助用房、行政办公用房、生活用房等，其中教研及辅助用房包括教室、实验室、图书室、微机室、体育馆等，生活用房包括教工宿舍、学生宿舍、食堂等。因而，在测量办学条件上，本书选择生均校舍面积、生均图书数、生均教研设备值、每百名学生所拥有教学电脑数为主要测量指标，通过对这几个指标的测量分析来反映不同地区间办学条件的丰裕程度及差异。

教育质量是反映教育发展水平的另一重要指标，它可以体现在学生的教育收益、学业成就等方面。教育收益往往具有一定的迟效性、长期性和潜在性，在教育质量方面往往难以直接准确地直接检测，其替代方法往往是通过对教育过程中投入因素的测量,间接地反映教学质量[①]。学业成就可以体现在学生的学业成绩、毕业率、升学率等可检测的指标。由于我国现行义务教育学业考试以省域为单位,教材选用、课程设置等存在着一定的差异,也没有如同英国所采用全国性的普通中等教育证书考试(GCSE),难以获得可以对比分析的数据资料。随着我国义务教育的不断发展,从近几年的国家教育统计数据显示,中小学生毕业率几乎达到100%,难以区分地区差异,因而放弃毕业率作为测量指标。为此,选择升学率为主要测量指标,其间小学选用升学率,初中选择考取普通高中与中等职业学校(机构)的学生比例为主要测量指标。

二 测量方法的选择

差异程度的测量往往包含绝对差异、相对差异。绝对差异计量的常用方法有极差、标准差、方差等;相对差异的计量方法有极差率、变异系数等。测量与分析多民族地区区域内部义务教育发展差异,以及多民族地区义务教育发展与非民族地区义务教育发展的差异,显然应测量其绝对差异、相对差异。因而,本书将根据需要选择以下测量方法。

(一)极差(R)

极差是一组数据中最大值与最小值之差,可以反映出某一项教育指标在教育发展水平最高地区与教育发展水平最低地区间的绝对差异。极差越大,离散程度越大,该项教育指标在两地区之间的差异就越大;反之,离散程度越小,差异亦越小。具体计算公式为:$R = x_{max} - x_{min}$

(二)极差率(I)

极差率是一组数据中最大值与最小值之比。当比值等于1时,表示绝对公平。它可以部分反映样本数据的离散程度,测算地区间教育发展的相对差异。一般而言,当用极差率来反映公平程度时,极差率越大,就越不公平。具体计算公式为:$I = x_{max} / x_{min}$

(三)标准差(σ)

标准差是一组数据离差平方和平均后的方根,用于反映地区教育发展某一项指标在同一时期内偏离平均值的程度,同样可反映出地区教育发展的绝对差异。标准差值越大,该项教育指标在地区之间的绝对差异越大。

---

① 杜育红:《教育发展不平衡研究》,北京师范大学出版社2002年版,第2页。

具体计算公式为:

$$\sigma = \sqrt{\frac{1}{N}\sum_{i=1}^{N}(x_i - \mu)^2}$$

(四) 差异系数 (CV)

差异系数是总量指标标准差与其算术平均数的百分比,可以用于测量地区间教育发展的相对差异。具体计算公式为:

$$CV = \frac{\sigma}{\bar{x}}$$

三 对比分析的地域与时间序列

在科学研究中,选择合适的对比分析对象与时间序列是比较分析法中非常关键的步骤,合适的选择有利于做出客观的评价与结论。

(一) 对比分析的地域

根据区域经济发展的特点与特征,大陆31个省、自治区、直辖市通常从地域上划分为东部、中部、西部三个区域。东部地区包括北京、天津、河北、辽宁、上海、江苏、浙江、福建、山东、广东、海南,中部地区为山西、吉林、黑龙江、安徽、江西、河南、湖北、湖南,西部地区包括四川、重庆、贵州、云南、西藏、陕西、甘肃、青海、宁夏、新疆、广西、内蒙古。而多民族地区中,内蒙古、广西、贵州、云南、西藏、青海、宁夏、新疆等八个省区均归属西部地区。本文首先以省区为分析的基本单位,对比分析多民族地区义务教育发展与其他省区间的差距;其次以多民族地区、中部地区、东部地区为分析单位,对比分析多民族地区与中部、东部地区义务教育发展的区域差距。

(二) 时间序列

2010年,随着《规划纲要》的颁布与实施,我国义务教育已由普及转向均衡发展。那么,在国家全面推进义务教育均衡发展以来,多民族地区义务教育与非民族地区义务教育发展的差距究竟是在继续扩大,还是缩小了呢?如果是继续扩大,那是绝对差异还是相对差异的扩大?如果是差距缩小了,又具体表现在哪些方面呢?因而,多民族地区义务教育发展现状的时间序列确定为2010年到2014年,比较分析5年间多民族地区与非民族地区义务教育发展变化情况。

第二节 多民族地区与非民族地区义务教育均衡发展的差距分析

随着义务教育均衡发展作为一项国策的逐步确立，国家政策也逐步向多民族地区倾斜。如《规划纲要》强调要"全面提高少数民族和民族地区教育发展水平。公共教育资源要向民族地区倾斜。中央和地方政府要进一步加大对民族教育支持力度"，"巩固民族地区义务教育普及成果，确保适龄儿童少年依法接受义务教育，全面提高普及水平，全面提高教育教学质量。支持边境县和民族自治地方贫困县义务教育学校标准化建设，加强民族地区寄宿制学校建设"。《国务院关于深入推进义务教育均衡发展的意见》中也进一步强调，"重点为民族地区、边疆地区、贫困地区和革命老区培养和补充紧缺教师"。为此，国家实行了一系列资助与倾斜政策，民族地区义务教育也因此获得了前所未有的发展，如在教育入学机会上，多民族地区儿童享有与其他地区相差无几的权利。但由于区域资源禀赋的差异，多民族地区义务教育发展的水平依旧与其他地区存有一定差距。

一 教育资源配置的差距

教育资源是推动教育发展的先决条件，教育资源的供给和配置与区域资源禀赋息息相关。区域资源禀赋丰裕的地区，其教育资源供给能力相对较强，反之则弱。义务教育是由政府提供的公共服务，其教育资源的供给与配置很大程度上取决于区域资源禀赋的丰裕程度。不同的区域资源禀赋会带来不同的教育资源供给与配置。多民族地区一向以"经济落后"而为人所知，其区域内资源丰裕度自然难以与东部地区相媲美，有些方面也难以与中部地区持平，在财力、物力、人力三个方面与东部、中部地区存有一定差距。

（一）财力：生均教育经费的差距

财力资源是教育资源的重要组成部分，财力资源的丰富与否直接决定了其他教育资源的多寡。近些年，尽管中央财政加大对多民族地区义务教育的投入力度，但是多民族地区义务教育的财力资源依然与东部非民族地区存在较大的差距。

1. 小学生均教育经费的差距

如上文所述，教育资源中的财力主要选择生均教育经费为主要测量指标。就全国范围而言，从表 2-1、图 2-1 以及图 2-2 可以看出，2010—2014 年各地区小学生均教育经费基本呈上涨趋势，平均值由 2010 年的 5502.55 元增长到 2014 年的 10693.22 元，小学教育投入快速增长，五年间翻了近一倍。但标准差随着时序变化而呈递增的趋势，意味着各地区间小学生均教育经费的绝对差距依旧在不断扩大。差异系数则由 2010 年的 0.621 下降到 0.513，说明小学生均教育经费的相对差距逐步缩小，但依旧保持在 0.5 以上，地区间的差距依旧较大。极差值也在逐步扩大，由 2010 年的 15069.29 元增长到 2014 年的 26728.01 元，说明小学生均教育经费最高省区与最低省区间的绝对差距在持续扩大。

表 2-1　2010—2014 年全国各地区小学生均教育经费的差距

年份	平均值	最大值	最小值	极差	标准差	极差率	差异系数
2010	5502.55	17340.39	2271.10	15069.29	3415.18	7.64	0.621
2011	6611.87	19762.13	2552.97	17209.16	4058.54	7.74	0.614
2012	8141.60	24920.45	3316.26	21604.19	4815.75	7.52	0.592
2013	9613.94	27159.87	4212.98	22946.89	4997.94	6.45	0.520
2014	10693.22	31501.72	4773.71	26728.01	5489.38	6.60	0.513

资料来源：依据 2010—2014 年《中国教育经费统计年鉴》计算。

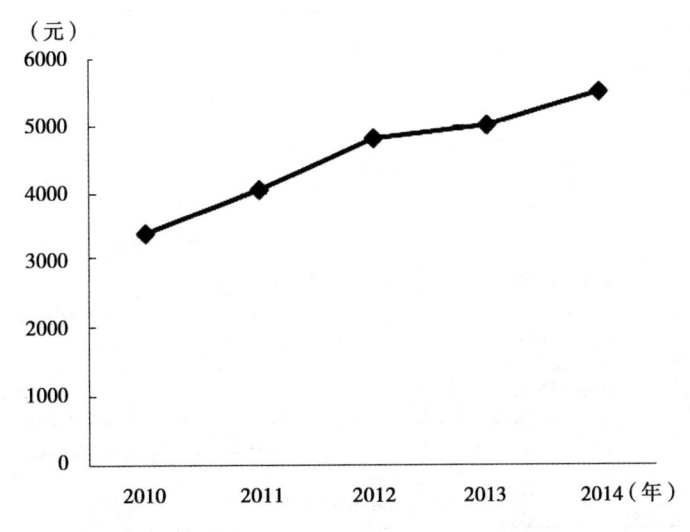

图 2-1　2010—2014 年全国各地区小学生均教育经费标准差的时序变化

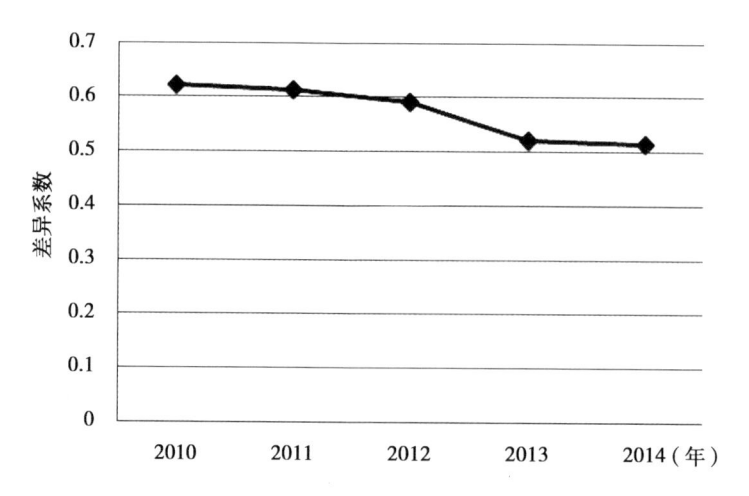

图 2-2 2010—2014 年全国各地区生均教育经费差异系数的时序变化

与东部、中部地区相比较，从表 2-2 可以看出：由于中央财政的倾斜，多民族地区小学生均教育经费整体平均值虽然略高于中部地区，但与东部地区相比还存有较大差距。多民族地区间的差异系数由 2010 年的 0.367 增长到 2012 年的 0.393，然后又逐渐递减到 2014 年的 0.335，整体而言高于中部地区，低于东部地区，表明多民族地区间的相对差距朝着逐步缩小的方向发展。但是，多民族地区间的标准差 5 年间则从 1755.23 增长到 3490.41，增长了近一倍，说明多民族地区间的绝对差距在大幅度地扩大，明显大于中部、东部地区。

表 2-2　　　　2010—2014 年多民族地区、东部及中部地区小学生均教育经费的差距

地区	年份	平均值	最大值	最小值	极差	标准差	极差率	差异系数
多民族地区	2010	4786.69	7753.50	2492.49	5261.01	1755.23	3.11	0.367
	2011	5909.51	9302.80	2962.16	6340.64	2222.06	3.14	0.376
	2012	7557.02	11623.63	3784.47	7839.16	2967.02	3.07	0.393
	2013	9151.53	14087.28	5422.59	8664.69	3175.90	2.60	0.347
	2014	10420.89	16612.18	6123.95	10488.23	3490.41	2.71	0.335

续表

地区	年份	平均值	最大值	最小值	极差	标准差	极差率	差异系数
东部地区	2010	7729.20	17340.39	3576.59	13763.80	4634.10	4.85	0.599
	2011	9255.53	19762.13	4382.76	15379.37	5297.44	4.51	0.572
	2012	11305.72	24920.45	5228.62	19691.83	6315.27	4.77	0.559
	2013	12505.43	27159.87	5734.52	21425.35	6705.05	4.74	0.536
	2014	13794.79	31501.72	5948.77	25552.95	7436.49	5.30	0.539
中部地区	2010	3932.34	5928.28	2271.10	3657.18	1190.23	2.61	0.303
	2011	4530.23	6653.48	2552.97	4100.51	1356.17	2.61	0.299
	2012	5644.21	7983.60	3316.26	4667.34	1552.50	2.41	0.275
	2013	6981.10	9534.53	4212.98	5321.55	1766.01	2.26	0.253
	2014	7798.99	10307.29	4773.71	5533.58	1762.26	2.16	0.226

资料来源：依据2010—2014年《中国教育经费统计年鉴》计算。

此外，从2010年到2014年各地区小学生均教育经费排序结果（见表2-3）也可看出多民族地区小学教育投入与非民族地区间的差距。五年间，北京、上海、天津三市基本都位居前3名。多民族地区8个省份，由于中央教育财政支持力度的差距及其区域内资源禀赋的差异，西藏、内蒙古、新疆、青海四省基本进入前10名，尤其是西藏连续5年排名紧随天津之后，位居第4；而广西、贵州基本处在倒数6名之内，云南前四年基本处于倒数10名之内，2014年略有提高排名第19位；宁夏由2010年的第21位递进到2014年的第18位。

表2-3　　2010—2014年全国各地区小学生均教育经费排序

地区	2010	2011	2012	2013	2014
北京	2	1	1	1	1
天津	3	3	3	3	3
河北	19	20	23	27	30
山西	18	19	18	21	22
内蒙古	7	6	5	5	5
辽宁	9	11	9	11	13
吉林	8	9	12	12	12
黑龙江	12	14	15	14	14
上海	1	2	2	2	2

续表

地区	2010	2011	2012	2013	2014
江苏	6	7	6	6	6
浙江	5	5	8	8	9
安徽	27	25	21	22	20
福建	13	13	13	16	15
江西	29	29	29	30	27
山东	23	22	20	20	24
河南	31	31	31	31	31
湖北	26	28	28	26	25
湖南	24	26	26	25	28
广东	20	18	17	17	17
广西	28	27	27	29	29
海南	15	12	11	15	11
重庆	16	15	14	13	16
四川	17	17	22	12	16
贵州	30	30	30	28	26
云南	22	23	25	23	19
西藏	4	4	4	4	4
陕西	14	16	16	9	10
甘肃	25	24	24	24	23
青海	11	8	7	7	7
宁夏	21	21	19	18	18
新疆	10	10	10	8	8

资料来源：依据2010—2014年《中国教育经费统计年鉴》数据排序。

2014年，全国小学生均教育经费为8400.93元，广西为6123.95元、贵州6639.54元、云南8125.38元，三省区均低于全国平均水平；宁夏为8641元，略高于全国平均水平；其他四省区西藏为16612.18元、内蒙古14234.31元、青海11631.55元、新疆11539.24元。而位居首位的北京市达31501.72元，是广西的5.14倍、贵州的4.74倍、云南的3.88倍；多民族地区间，最高地区的西藏是最低地区广西的2.71倍。可见，多民族地区中一半省区小学生均教育经费低于全国平均水平，而且多民族地区间的差距也在日益扩大。

综上可见，多民族地区小学教育投入整体而言比中部地区要高，但与

地区	小学生均教育经费（元）
北京	31501.72
上海	23239.26
天津	19457.87
西藏	16612.18
内蒙古	14234.31
江苏	13493.54
青海	11631.55
新疆	11539.24
浙江	11484.62
陕西	10976.41
海南	10582.29
吉林	10307.29
辽宁	10199.63
黑龙江	9853.9
福建	9828.77
重庆	9699.01
广东	8483.8
宁夏	8461
云南	8125.38
安徽	7798.17
四川	7766.95
山西	7719.25
甘肃	7575.36
山东	7522.46
湖北	6898.54
贵州	6639.54
江西	6527.56
湖南	6483.79
广西	6123.95
河北	5948.77
河南	4773.71

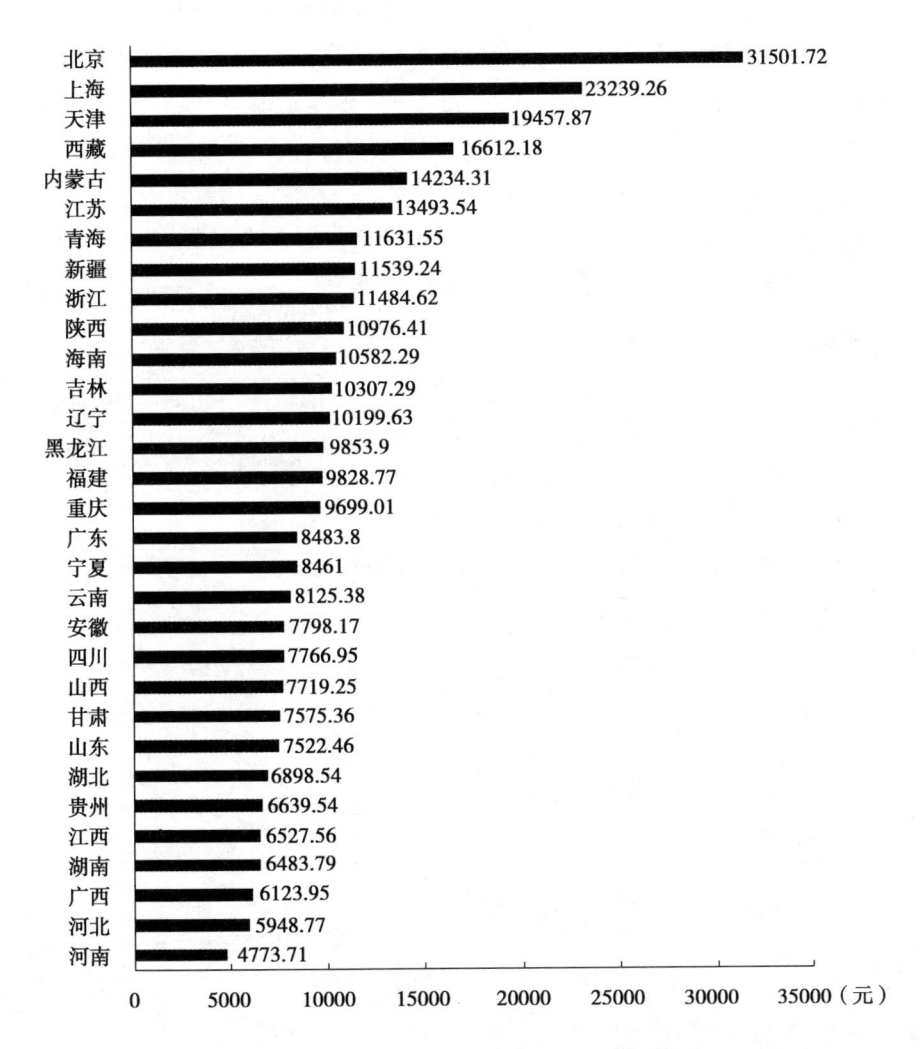

图 2-3 2014 年全国各地区小学生均教育经费排序

东部地区依旧存在较大的差距；多民族地区间的相对差异在逐步缩小，但是绝对差异在快速扩大，出现典型的两极分化现象。而出现这一现象的主要原因除了各地区自身的资源禀赋差异外，则是中央政府对多民族地区财政支持力度不同。

2. 普通初中生均教育经费的差距

2010—2014 年，全国普通初中生均教育经费同样得到了快速增长，平均值由 2010 年的 7103.86 元增长到 14298.22 元，增长了 1 倍，说明义务教育的整体投入力度加大。但在这一时期，地区间的差距依旧明显。从表 2-4、图 2-4、图 2-5 中可以看出：2010—2014 年各省区普通初中生均教育经费的标准差随着时序的变化而不断地扩大，由 2010 年的 4464.43 增长到 2014 年的 8405.39；差异系数则先扩大，然后逐步缩小，但 2014 年又出现扩大趋势（见表 2-4）。这表明省域间初中生均教育经费的绝对差距依旧大幅度地扩大，相对差距虽然出现逐步缩小的趋势，但依旧保持在较高的水平，地区间的教育投入差距依旧明显。

表 2-4　2010—2014 年全国各地区普通初中生均教育经费的差距

年份	平均值	最大值	最小值	极差	标准差	极差率	差异系数
2010	7103.86	23172.71	3039.94	20132.77	4464.43	7.62	0.628
2011	8458.58	30791.29	3499.45	27291.84	5628.74	8.80	0.665
2012	10582.40	37826.96	4607.35	33219.61	6720.28	8.21	0.635
2013	12927.07	41644.40	5992.18	35652.22	7313.32	6.95	0.566
2014	14298.22	48875.13	7084.55	41790.58	8405.39	6.90	0.588

资料来源：依据 2010—2014 年《中国教育经费统计年鉴》计算。

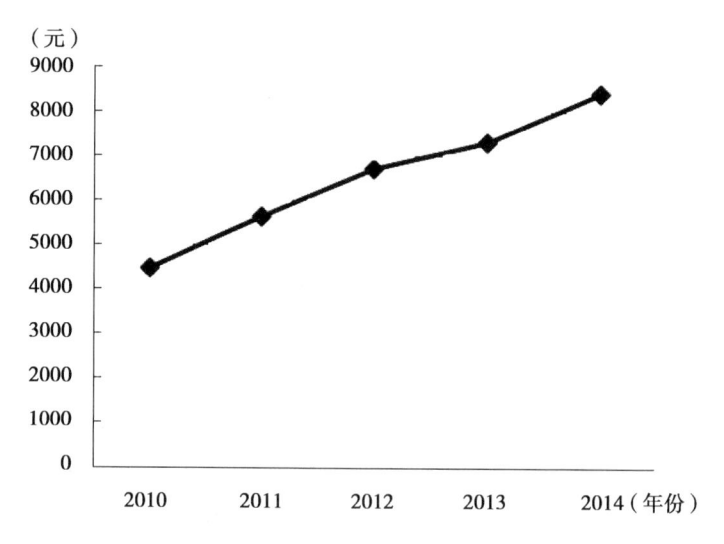

图 2-4　2010—2014 年全国各地区普通初中生均教育经费标准差的时序变化

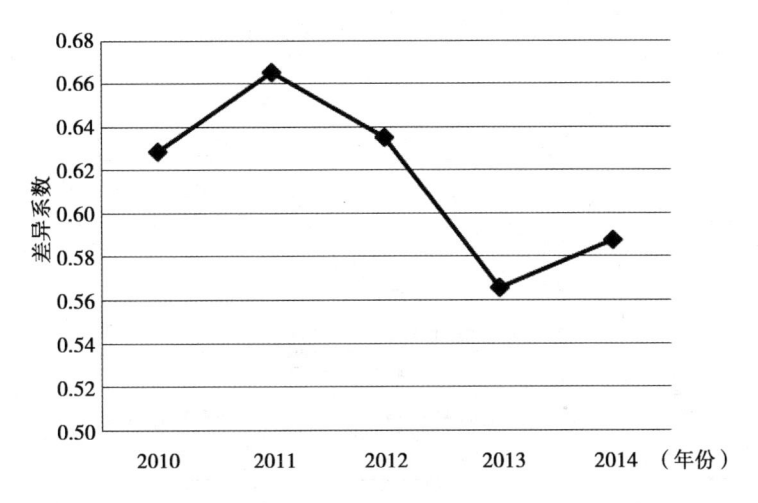

图 2-5　2010—2014 年全国各地区普通初中生均教育
经费差异系数的时序变化

从表 2-5 中可以看出，多民族地区普通初中生均教育经费略高于中部地区，但与东部地区依旧存在较大的差距。多民族地区省域差异系数由 0.31 降到 0.290，中间虽有波动，但变动幅度不大，这说明多民族地区五年间普通初中生均教育经费的相对差距总体呈缩小趋势。但是，多民族地区省域间的绝对差距在逐年扩大，2010 年标准差为 1939.25，2014 年则为 3528.09；并且最高地区基本是最低地区的 2 倍之多，2011 年、2012 年接近 3 倍。

表 2-5　2010—2014 年多民族地区、东部及中部地区普通
初中生均教育经费的差距

地区	年份	平均值	最大值	最小值	极差	标准差	极差率	差异系数
多民族地区	2010	6256.40	8478.29	3039.94	5438.35	1939.25	2.79	0.310
	2011	7331.13	10161.39	3499.45	6661.94	2294.97	2.90	0.313
	2012	9194.39	13379.98	4607.35	8772.63	3026.76	2.90	0.329
	2013	11228.72	16155.35	5992.18	10163.17	3493.63	2.70	0.311
	2014	12165.66	16856.50	7084.55	9771.95	3528.09	2.38	0.290

续表

地区	年份	平均值	最大值	最小值	极差	标准差	极差率	差异系数
东部地区	2010	10007.86	23172.71	4698.77	18473.94	6226.168	4.932	0.622
	2011	12338.35	30791.29	5335.29	25456.00	7742.565	5.771	0.626
	2012	15276.77	37826.96	6525.98	31300.98	9125.482	5.796	0.597
	2013	17876.13	41644.4	7987.01	33657.39	9968.502	5.214	0.558
	2014	19948.18	48875.13	9141.61	39733.52	11705.48	5.346	0.587
中部地区	2010	4897.476	6845.44	3564.8	3280.64	1059.231	1.920	0.216
	2011	5564.578	7460.08	4047.58	3412.5	1084.923	1.843	0.1950
	2012	7122.229	9555.2	5549.79	4005.41	1192.886	1.722	0.167
	2013	9287.739	11987.24	7225.99	4761.25	1571.14	1.659	0.169
	2014	10479.85	13179.61	8036.97	5142.64	1496.895	1.640	0.143

资料来源：依据2010—2014年《中国教育经费统计年鉴》计算。

从2010—2014年各地区普通初中生均教育经费排序情况（见表2-6）来看，北京、上海、天津依旧位居前三甲；内蒙古、西藏、新疆、青海四省区2010—2014年5年间基本都能挤进前10名；宁夏由2010年第12名后退到2014年的15名；云南也由2010年第22名后退到2014年的倒数第4名；广西基本处在倒数5名之内，2014年是倒数第2名；贵州则连续5年都位居倒数第1名。

表2-6　　2010—2014年全国各地区普通初中生均教育经费排序

地区	2010	201	2012	2013	2014
北京	1	1	1	1	1
天津	3	3	3	3	3
河北	21	17	19	22	26
山西	24	21	22	24	24
内蒙古	8	6	9	9	7
辽宁	10	9	8	7	8
吉林	11	12	13	13	12
黑龙江	19	19	20	18	17
上海	2	2	2	2	2
江苏	7	5	6	4	4
浙江	4	4	4	6	6

续表

地区	2010	201	2012	2013	2014
安徽	29	27	21	20	18
福建	15	11	12	12	11
江西	28	29	29	29	27
山东	17	15	14	17	16
河南	30	30	30	30	29
湖北	23	24	25	21	20
湖南	13	16	18	19	21
广东	25	25	24	25	23
广西	27	28	26	29	30
海南	14	14	11	14	13
重庆	20	18	17	16	19
四川	18	22	23	23	22
贵州	31	31	31	31	31
云南	22	23	28	27	28
西藏	5	10	10	10	9
陕西	16	20	16	11	14
甘肃	26	26	27	26	25
青海	9	7	5	5	10
宁夏	12	13	15	15	15
新疆	6	8	7	8	5

资料来源：依据2010—2014年《中国教育经费统计年鉴》数据排序。

具体就2014年普通初中生均教育经费排序（见图2-5）而言，全国平均为11453.69元，新疆为16856.5元、内蒙古15829.83元、西藏14499.63元、青海14283.63元、宁夏11896.54元，均在全国平均水平之上，基本在前15位。而云南为8949.26元、广西7925.3元、贵州7084.55元，均远远低于全国平均水平，基本在倒数4名之内。全国普通初中生均教育经费最高地区北京为48875.13元，是贵州的6.89倍、广西的6.1倍、云南的5.46倍，也是多民族地区最高省份新疆的2.89倍。

综上分析可见，多民族地区普通初中的教育投入与其小学教育投入一样，整体略高于中部地区，但与东部地区差距依旧较大。此外，多民族地区省域间普通初中教育投入差距持续扩大，云南、广西、贵州三省区基本

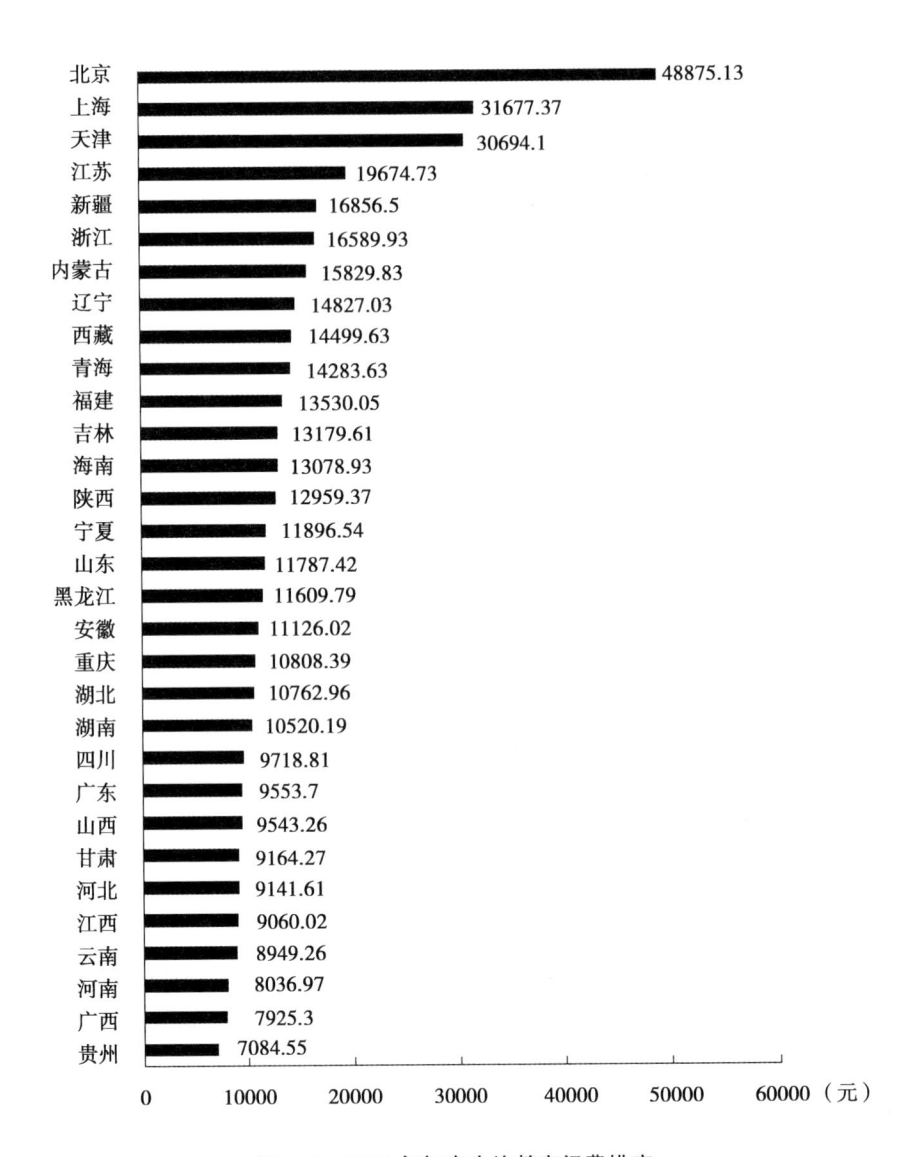

省份	金额
北京	48875.13
上海	31677.37
天津	30694.1
江苏	19674.73
新疆	16856.5
浙江	16589.93
内蒙古	15829.83
辽宁	14827.03
西藏	14499.63
青海	14283.63
福建	13530.05
吉林	13179.61
海南	13078.93
陕西	12959.37
宁夏	11896.54
山东	11787.42
黑龙江	11609.79
安徽	11126.02
重庆	10808.39
湖北	10762.96
湖南	10520.19
四川	9718.81
广东	9553.7
山西	9543.26
甘肃	9164.27
河北	9141.61
江西	9060.02
云南	8949.26
河南	8036.97
广西	7925.3
贵州	7084.55

图 2-6 2014 年初中生均教育经费排序

处于全国的倒数几名，两极分化现象比小学更为突出。可见，中央政府不同的支持力度及省域自身的资源禀赋差异，使得同是民族地区的学生享有教育资源的差距较大。

(二) 人力: 师资的差距

教师资源是教育资源举足轻重的核心组成部分, 教师资源的优劣直接决定教育质量的高低。近些年, 多民族地区义务教育教师资源随着财力资源的不断丰富, 无论是数量还是质量都得到了较大的改善, 但依旧与非民族地区存在较大的差距。

1. 小学师资的差距

从教师的数量而言, 选择师生比为主要分析指标。2014 年, 中央编办、教育部、财政部三部委联合颁发了《关于统一城乡中小学教职工编制标准的通知》要求, "将县镇、农村中小学教职工编制标准统一到城市标准, 即高中教职工与学生比为 1∶12.5、初中为 1∶13.5、小学为 1∶19"。如表 2-7 所示, 从 2010 年到 2014 年, 全国小学生师比由 17.7 递减到 16.8, 大部分地区的生师比基本呈下降趋势, 最低的是吉林和黑龙江, 2014 年为 11.3。多民族地区中的新疆、内蒙古、西藏三区五年间都低于全国平均水平, 内蒙古小学生师比 5 年内均为最低, 由 2010 年的 12.6 下降到 2014 年的 12.1, 新疆由 2010 年的 14.5 下降到 2014 年的 13.4, 西藏也由 2010 年的 15.8 下降到 2014 年的 14.6。但广西、贵州、云南、青海、宁夏 5 个省区五年间均高于全国平均水平。其中, 广西 2010 年为 19.5, 2014 年递增到 19.8, 高于国家 1∶19 的标准; 贵州 2010 年为 21.9, 为全国最高地区, 也远远高于国家标准, 直到 2014 年才递减到 18; 云南由 2010 年的 18.3 递减到 2014 年的 16.9; 青海由 2010 年的 19.5 递减到 2014 年的 18.3; 宁夏则由 2010 年的 19.7 递减到 2014 年的 17.6。

表 2-7　　　　　　2010—2014 年全国各地区小学生师比

地区	2010 年	2011 年	2012 年	2013 年	2014 年
全国	17.7	17.7	17.4	16.8	16.8
北京	13.2	13.4	13.7	14.4	14.4
天津	13.6	13.5	14.1	14.4	14.7
河北	16	17.1	17.7	17.1	16.9
山西	15.3	14.7	14.2	12.7	12.7
内蒙古	12.6	12.4	12.1	11.9	12.1
辽宁	14.9	14.9	14.7	14.3	14.1
吉林	11.6	11.8	11.9	11.8	11.3

续表

地区	2010年	2011年	2012年	2013年	2014年
黑龙江	12.4	12.7	13	11.3	11.3
上海	15.5	15.8	15.8	15.9	15.6
江苏	16	16.4	16.7	16.9	17.4
浙江	19.4	19.7	19.3	19.1	18.6
安徽	18.7	18.2	16.8	17.2	17.5
福建	15.3	15.8	16.4	16.8	17.3
江西	21	21.2	21.1	19.7	19.6
山东	16.2	16.7	16.4	16.5	16.7
河南	21.8	22	21.7	19	18.8
湖北	18.6	19.4	17	16.7	16.1
湖南	19.2	19.6	19.2	19	19.1
广东	19.7	19	18.7	18.5	18.3
广西	19.5	19.5	19.6	19.8	19.9
海南	15	14.8	14.7	14.7	15
重庆	17.2	16.9	17	17.3	17.5
四川	19.4	19	18.4	17.2	17.4
贵州	21.9	20.7	19.2	18.4	18
云南	18.3	18.1	17.4	17	16.9
西藏	15.8	15.4	15.5	15.7	14.6
陕西	14.9	14.8	14.1	14	14.2
甘肃	16.9	15.6	14.7	13.3	12.8
青海	19.5	19.8	19.1	17.6	18.3
宁夏	19.7	19.3	18	17.7	17.6
新疆	14.5	14.2	14	13.5	13.4

资料来源：依据 2010—2014 年《中国教育统计年鉴》计算。

由此可见，2010 年到 2014 年除了内蒙古、新疆、西藏外，其他五个多民族地区小学生师比明显高于全国平均水平，说明大部分多民族地区小学教师数量的充裕度低于其他大部分非民族地区，而有些多民族地区的小学生师比甚至高于国家小学教师配置的最新标准，由此说明这些地区小学教师数量存在缺口。

从教师的质量而言，主要采用小学教师学历高于要求学历人数比例及中、高级职称人数比例这两个间接指标。从表2-8中可以看出，2010—2014年的5年间，全国小学教师专科以上学历者所占比例由78.29%上升到89.80%，各地区基本也呈逐步上升趋势。2014年，东部地区小学教师专科以上学历者除了海南、福建、山东三省在85%—90%之间，其他8个省都在91.8%以上。北京、上海、浙江三省小学教师专科及以上者所占比例都在96%以上，尤其是北京已达98.8%。中部地区8个省中，山西、吉林、黑龙江三个省高于全国平均水平，其他5个省则低于全国平均水平。多民族地区中，内蒙古、西藏、新疆、青海四个省区5年内基本都高于全国平均水平，2014年这四个省区都高于90%；广西、贵州、云南三个省区5年来都低于全国平均水平，也远远低于绝大多数非民族地区省份；宁夏2010—2013年都低于全国平均水平，2014年达91.8%，超过了全国平均水平。

表2-8　2010—2014全国各地区小学专科及以上学历教师比例　　单位:%

地区	2010年	2011年	2012年	2013年	2014年
全国	78.3	87.4	84.9	87.3	89.8
北京	95.2	96.5	97.5	98.1	98.8
天津	84.9	85.3	90.3	92.2	93.7
河北	82.3	85.4	88.1	90.2	92.6
山西	81.3	85.3	87.4	89.7	91.5
内蒙古	85.4	88.1	90.3	91.7	93.8
辽宁	81.8	84.6	87.2	89.6	91.8
吉林	85.5	88.2	89.8	91.2	92.3
黑龙江	81.4	84.4	86.5	88.8	91.2
上海	93.4	95.0	96.6	97.6	98.2
江苏	84.3	87.5	91.0	93.0	94.5
浙江	86.9	89.7	92.3	94.7	96.0
安徽	71.1	75.8	79.6	83.0	88.5
福建	74.2	77.9	81.0	83.4	86.0
江西	65.8	70.9	75.0	78.8	82.4
山东	75.7	80.0	83.0	87.8	87.8
河南	75.9	80.8	83.7	86.2	88.4
湖北	73.5	77.0	79.9	83.1	86.2

续表

地区	2010年	2011年	2012年	2013年	2014年
湖南	74.2	79.3	82.9	83.9	87.2
广东	83.5	85.9	88.1	90.1	93.3
广西	73.8	78.0	81.1	84.0	86.3
海南	73.5	78.3	80.7	83.4	85.7
重庆	81.7	86.7	88.8	90.7	92.6
四川	77.3	81.0	84.0	86.8	89.2
贵州	73.5	78.3	82.0	84.8	87.6
云南	76.4	80.0	82.4	84.6	87.7
西藏	83.2	86.9	89.6	92.3	94.8
陕西	80.9	84.1	87.0	89.6	92.7
甘肃	71.3	76.3	79.3	81.9	84.5
青海	86.5	87.9	89.6	91.2	94.4
宁夏	76.5	79.0	82.2	86.9	91.8
新疆	81.0	83.9	86.3	88.4	90.0

资料来源：依据2010—2014年《中国教育统计年鉴》计算。

从具有中级及以上职称教师的比例来看，如表2-9所示，2010—2014年，全国平均水平在54%上下浮动，最高地区是天津，保持在78.6%以上。东部地区，除了海南徘徊在42%—47%之间外，其他地区基本都在50%以上。中部地区中，山西5年间从2010年的36.9%上升到2014年的38.4%，属于中部地区最低省份；其次是河南维持在45.6%到48.2%之间，其他省区基本超过了50%。多民族地区中，内蒙古与青海两个省区5年间一直高于全国平均水平；广西从2011年起也超过全国平均水平，并呈现逐年递增的趋势，2014年达61.6%；但宁夏、云南、贵州、新疆、西藏5个省区都低于全国平均水平，尤其是西藏5年来基本都处于全国末位，2012年前都低于30%，2014年才达到36.1%。

表2-9　　2010—2014年全国各地区小学中级及以上职称教师比例　　单位:%

地区	2010年	2011年	2012年	2013年	2014年
全国	53.1	54.3	54.3	54.3	53.9
北京	56.4	56.2	55.6	54.0	50.7
天津	80.5	79.1	80.7	79.5	78.6

续表

地区	2010 年	2011 年	2012 年	2013 年	2014 年
河北	51.7	51.9	51.6	51.4	50.1
山西	36.9	38.2	37.9	38.2	38.4
内蒙古	67.7	69.9	69.6	70.9	70.4
辽宁	76.7	78.2	79.3	79.2	79.1
吉林	55.5	55.1	54.7	52.6	53.0
黑龙江	58.9	60.6	61.6	63.7	64.5
上海	56.0	54.4	52.5	51.3	50.1
江苏	63.9	65.9	66.7	67.7	65.3
浙江	54.5	56.0	56.1	56.7	55.7
安徽	59.8	59.9	58.5	56.9	54.7
福建	57.9	61.6	59.7	60.9	61.2
江西	50.8	52.6	51.8	52.4	51.4
山东	56.2	54.9	53.2	52.8	49.7
河南	45.6	47.4	48.0	48.2	47.7
湖北	69.7	70.7	70.0	68.2	66.5
湖南	66.2	66.5	64.4	62.1	61.1
广东	60.0	61.7	55.9	63.0	62.5
广西	52.9	56.6	59.1	60.8	61.6
海南	42.6	44.0	46.8	47.8	47.9
重庆	39.7	40.8	40.9	42.8	45.7
四川	45.9	46.8	47.0	46.8	46.0
贵州	39.3	42.1	41.3	43.7	49.4
云南	46.8	49.9	51.1	51.9	51.7
西藏	22.5	23.8	28.8	33.9	36.1
陕西	33.9	34.9	36.2	37.9	38.9
甘肃	38.1	38.1	38.1	38.2	38.3
青海	65.2	67.2	67.3	64.2	63.4
宁夏	52.6	52.2	48.7	44.5	40.7
新疆	40.0	40.3	40.2	38.5	36.8

资料来源：依据 2010—2014 年《中国教育统计年鉴》计算。

综上可见，多民族地区小学教师高于要求学历及中、高级职称者所占比例都整体低于东部地区；与中部地区相比较，小学教师高于要求学历者的比例相对要高一些，但中、高级职称教师比例整体上低于中部地区。这说明多民族地区小学教师质量整体低于东部，尤其是优质师资明显比东部、中部地区少。

2. 普通初中师资的差距

全国普通初中的生师比五年间同样呈递降趋势，如表2-10所示，由2010年的15递减到2014年的12.6。按照《关于统一城乡中小学教职工编制标准的通知》要求，初中的生师比应为13.5∶1，但2010—2014年，东部地区的北京、天津、河北、辽宁、上海、江苏、浙江、福建、山东等9个省市普通初中生师比都低于这一标准，并且都低于国家平均水平。5年间中部地区的山西、吉林、黑龙江、湖北、湖南5个省都低于国家平均水平，并且也基本控制在国家标准之内；安徽2010年与2011年高于国家平均水平，但是2012年到2014年都低于国家平均水平；河南的生师比5年间都略超过国家标准与平均水平。多民族地区中，内蒙古和新疆两区5年内都在国家配置标准之内且优于全国平均水平；西藏2010—2013年都高于国家配置标准与平均水平，2014年为13.1，略低于国家标准，但依旧高于全国平均水平；广西、贵州、云南、青海、宁夏5个省区不仅高于国家平均水平，而且都远远超出国家标准，尤其是贵州、广西、云南三个省区更加明显，贵州2010年为19.5，2014年17.3，广西2010年为16.9，2014年16.6，云南2010年为17.3，2014年15.5。由此可见，多民族地区大部分省区普通初中教师数量的充足度远远低于绝对大部分非民族地区，教师数量存在着一定缺口。

表2-10　　　　　　2010—2014年全国各地区普通初中生师比

年份 地区	2010	2011	2012	2013	2014
全国	15	14.4	13.6	12.8	12.6
北京	10.2	9.9	9.8	9.7	9.4
天津	10.6	10.1	9.8	10	10.2
河北	12.5	12.5	13	12.7	13.5
山西	14.4	13.8	12.7	11	10.5
内蒙古	12.7	12.2	12	11.1	11
辽宁	12.6	11.8	11.2	10.6	10.7
吉林	12.2	11.1	10.4	9.7	9.3
黑龙江	12.7	12.2	12	9.6	9.6

续表

年份 地区	2010	2011	2012	2013	2014
上海	12.5	12.7	12.3	12.1	11.5
江苏	12.5	11.4	10.8	10.5	10.6
浙江	13.9	13	12.6	12.6	13.4
安徽	17.1	15.5	13.2	12.6	12.4
福建	12.8	11.8	11.6	11.4	11.5
江西	16.6	16.4	15.8	14.4	14.4
山东	13.4	13.1	12.5	12.1	11.9
河南	17	16.6	16.1	13.8	14.1
湖北	13.9	13.2	11.2	10.9	10.3
湖南	12.4	12.5	12.3	12.7	13
广东	18.8	17.9	16.2	14.6	13.5
广西	16.9	16.8	16.7	16.7	16.6
海南	16.8	15.6	14.5	13.7	13.3
重庆	16.6	15.5	14.3	13.4	12.9
四川	16.8	16.1	14.9	13.4	12.9
贵州	19.5	19.2	18.3	18.2	17.3
云南	17.3	17.2	16.2	15.4	15.5
西藏	15.7	15	14.5	13.9	13.1
陕西	14.1	13	11.7	10.9	10.4
甘肃	16.6	15.2	14	12.3	11.4
青海	15.3	15.2	14.1	13.3	13.8
宁夏	16.5	15.2	15.1	14.7	14.6
新疆	12	11.5	11	10.7	10.5

资料来源：依据2010—2014年《中国教育统计年鉴》计算。

从表2-11可以看出，2010—2014年，普通初中教师本科及以上学历者全国平均水平由64.1%上升到77.9%，增长了13.8%，普通初中教师本科及以上学历比例呈递增趋势，教师学历水平得以较大幅度提高。东部地区11个省市普通初中教师本科及以上学历者的比例都呈逐年递增趋势，北京、上海两市每年都在94%以上，2014年北京达98.2%，上海为97.9%；天津、江苏、浙江三省2014年也都超过90%；河北、辽宁、福建、山东四个省 2014 年都在 80%以上；广东与海南两个省相对偏低，2010—2014 年分别由 60.9%递增到 77.2%和由 58.8%上升到 74.5%。中部 8 个省区中，吉林、黑龙江 5 年内高于全国平均水平，其他 6 个省基本都低于国家平均水平。多民族各地区 5 年间也呈递增趋势，内蒙古、西藏、宁夏 3 个自治区略高于国家平均水平；云南除了 2011 年略低于国家平均水平外，其他 4 年均略高于国家平均水平，青海、广西、新疆三个省区则低于全国平均水平。由此可见，从教师高于要求学历的人数而言，多民族地区与东部地区存在较大差距，远远低于东部地区所占比例；但相比中部地区，多民族地区高于要求学历的教师数量近几年整体稍高于中部地区。此外，多民族地区中贵州、广西、云南三省区教师学历提升速度相对较快，5 年间分别增长了 18.2%、13.6%、13.1%。

表 2-11　　　　2010—2014 年全国各地区普通初中本科及以上学历教师比例　　　　单位：%

年份 地区	2010	2011	2012	2013	2014
全国	64.1	71.1	71.6	73.6	77.9
北京	94.3	95.9	97.1	97.3	98.2
天津	85.0	88.1	90.0	91.3	93.1
河北	65.7	69.9	73.3	77.0	80.4
山西	56.7	62.1	65.5	68.9	72.8
内蒙古	69.9	73.0	75.9	77.7	81.0
辽宁	69.5	73.5	76.2	79.1	82.1
吉林	75.7	78.2	79.8	81.5	84.5
黑龙江	67.3	70.7	72.7	75.8	78.3
上海	94.5	95.6	96.4	97.3	97.9
江苏	76.3	81.7	86.2	89.7	91.9
浙江	83.8	87.0	89.6	92.4	93.2
安徽	60.6	65.5	69.0	72.4	75.6
福建	74.7	78.4	80.8	82.7	84.4
江西	53.7	57.9	61.1	64.6	66.9
山东	70.7	74.8	77.4	80.5	82.5
河南	50.7	55.6	60.0	64.8	68.6

续表

年份 地区	2010	2011	2012	2013	2014
湖北	53.6	56.6	63.1	66.2	69.4
湖南	56.6	60.8	65.2	68.2	70.7
广东	60.9	64.1	67.3	71.4	77.2
广西	61.9	66.6	70.2	72.8	75.5
海南	58.8	64.9	69.0	72.5	74.5
重庆	73.2	77.7	80.5	83.1	85.6
四川	59.5	63.5	66.3	68.6	71.5
贵州	53.2	58.7	63.6	67.2	71.4
云南	66.2	70.6	73.4	76.4	79.3
西藏	75.8	78.7	80.2	82.9	84.4
陕西	64.6	69.4	73.4	77.0	80.9
甘肃	58.4	65.9	70.0	73.9	77.0
青海	64.0	67.4	70.5	74.0	77.5
宁夏	79.1	80.8	83.1	85.4	88.1
新疆	57.3	60.9	63.6	66.3	68.6

资料来源：依据 2010—2014 年《中国教育统计年鉴》计算。

从各地区普通初中教师中、高级职称者所占比例来看，如表 2-12 所示，2010—2014 年，从全国范围来看，由 54.8% 递增到 60.1%，最高地区依旧是天津市，为 82.7%。东部地区的天津、辽宁、上海、江苏、北京、浙江、山东、福建、广东、河北 10 个省基本都保持 54% 以上的比例，只有海南稍低，2010 年为 46.6%，2014 年递增到 53.3%。中部地区 8 个省中，吉林、黑龙江、湖北、湖南 4 个省保持在 61% 以上的比例，江西、安徽两个省保持在 53.1% 之上的比例，河南从 2011 年以后也超过 51.8%，山西相对偏低些，2010 年为 39%，2014 年递增到 42.1%。多民族地区普通初中教师中、高级职称比例跟小学教师的情况近似，依旧是内蒙古、青海、广西三个省区居高，基本在国家平均水平之上，内蒙古由 2010 年的 65.4% 递增到 70.2%，青海由 2010 年的 65.6% 下降到 63.6%，广西由 2010 年的 54.8% 递增到 2014 年的 64.4%；云南、宁夏、贵州、新疆、西藏 5 个省区依旧低于国家平均水平，而且贵州、西藏两个省区 5 年内一直低于 46.6%，2010

年两个省区分别为 36.2%、25%，2014 年也才增长到 45.7%、43.5%，虽然两个省区增幅较大，但依旧处于全国倒数三名之内。

表 2-12　2010—2014 年全国各地区普通初中教师中、高级职称比例　　单位:%

年份 地区	2010 年	2011 年	2012 年	2013 年	2014 年
全国	54.8	56.6	57.9	59.2	60.1
北京	58.7	58.3	58.8	58.7	58.4
天津	76.9	79.0	79.6	82.1	82.7
河北	56.8	59.0	60.4	62.4	62.2
山西	39.0	40.3	40.3	41.4	42.1
内蒙古	65.4	68.1	69.5	70.2	70.2
辽宁	75.7	77.1	78.1	78.8	79.2
吉林	61.6	61.9	62.4	60.7	60.6
黑龙江	67.1	68.8	70.0	71.8	73.0
上海	65.7	65.1	65.0	64.5	64.2
江苏	63.0	66.0	69.2	71.6	73.1
浙江	61.1	64.3	66.9	68.9	69.5
安徽	53.1	53.5	54.2	54.8	55.2
福建	56.6	59.2	60.0	62.0	63.6
江西	57.1	59.2	60.5	63.0	64.6
山东	58.4	59.5	59.6	60.7	60.7
河南	49.9	51.8	54.0	55.7	56.1
湖北	69.4	70.6	71.6	20.9	72.4
湖南	62.8	64.9	64.7	63.5	63.4
广东	54.0	55.8	57.4	59.0	60.9
广西	54.8	58.6	61.3	63.4	64.4
海南	46.6	47.3	50.5	52.5	53.3
重庆	45.9	46.6	47.5	48.4	51.3
四川	49.6	49.7	53.1	54.7	56.1
贵州	36.2	38.7	39.7	42.3	45.7
云南	47.9	51.5	53.2	55.0	56.0
西藏	25.0	27.3	34.0	39.9	43.5
陕西	37.4	39.2	41.8	45.1	47.4

续表

年份 地区	2010年	2011年	2012年	2013年	2014年
甘肃	35.0	36.1	37.4	39.4	41.3
青海	65.6	67.8	66.8	64.6	63.6
宁夏	53.0	52.4	50.7	49.1	48.1
新疆	44.2	45.1	45.9	46.1	46.6

资料来源：依据2010—2014年《中国教育统计年鉴》计算。

综上可见，相较于东部与中部地区，多民族地区普通初中教师总体上存在着数量不足，高于要求学历的教师与东部地区存在着较大的差距，中、高级教师及优秀教师整体上明显低于东部与中部地区。

（三）物力：办学条件的差距

办学条件是监测义务教育均衡发展的又一个重要指标。办学条件的优劣不仅能反映教育资源配置的均衡与否，同样也能反映学生在教育过程中所享有的机会是否均等。为此，本书选择能反映办学条件的生均校舍面积、生均图书数、每百名学生拥有计算机数、生均教研仪器设备值等四个核心指标进行比较分析。

1. 小学办学条件的差距

从表2-13可见，就全国范围而言，随着小学教育经费的不断增加，办学条件整体得以明显改善。2010年到2014年间，生均校舍由5.09平方米递增到6.86平方米；生均图书由15册增长到20册，每百名学生拥有计算机数也由4台增加到7台，尤其是生均教研仪器设备值增幅较大，由394.35元增长到931元，2014年是2010年的2.38倍。

表2-13　　　　2010—2014年全国小学办学条件平均水平

年份 指标	2010	2011	2012	2013	2014
生均校舍面积（平方米）	5.09	5.73	6.09	6.63	6.85
生均图书数（册）	15	15	17	19	20
每百名学生拥有计算机数（台）	4	4	5	6	7
生均教研仪器设备值（元）	384.35	539.1	585.4	766.1	913.0

资料来源：依据2010—2014年《中国教育统计年鉴》计算。

尽管从全国范围而言，小学办学条件得以整体改善，但是从各地区四项指标的差距分析可以发现生均校舍面积无论是相对差距还是绝对差距都不十分明显，但其他三项指标仍存在着一定的差距，尤其生均教研设备仪器值存在着巨大的差距。

如表2-14所示，各地区小学生均校舍面积差异系数五年内基本都在0.196以下，标准差由1.13增长到1.2，然后又递减到1.15，其间虽有浮动，但变化不大。

表2-14　　2010—2014年全国各地区小学生均校舍面积的差距

年份	平均值	最大值	最小值	极差	标准差	极差率	差异系数
2010	6.20	8.67	4.04	4.64	1.13	2.15	0.182
2011	6.06	8.74	4.13	4.61	1.18	2.12	0.196
2012	6.42	9.31	4.53	4.78	1.20	2.07	0.187
2013	6.93	10.45	4.67	4.67	1.19	2.24	0.171
2014	7.17	11.06	5.53	5.53	1.15	1.99	0.160

资料来源：依据2010—2014年《中国教育统计年鉴》计算。

小学生均图书数五年间极差率呈递减趋势（见表2-15），由2010年的3.63下降到2014年的2.71，表明最高地区与最低地区的差距在逐步缩小；标准差由5.53下降到5.43，差异系数由0.343递减到0.267，表明各地区生均图书的相对差距与绝对差距都出现逐步缩小的趋势。

表2-15　　2010—2014年全国各地区小学生均图书数的差距

年份	平均值	最大值	最小值	极差	标准差	极差率	差异系数
2010	16	37	10	27	5.53	3.63	0.343
2011	16	36	10	25	5.51	3.42	0.339
2012	18	36	11	25	5.67	3.33	0.314
2013	20	34	12	22	5.45	2.87	0.278
2014	20	33	12	21	5.43	2.71	0.267

资料来源：依据2010—2014年《中国教育统计年鉴》计算。

各地区每百名学生拥有电脑数的标准差由2010年的3.56增长到2014年4.13（见表2-16），表明绝对差异在逐步扩大；极差率由2010年的11.95下降到2014年9.44，最高地区依旧是最低地区的9倍之多；差异系数由0.668递减到0.494，说明各地区的相对差异在逐步缩小，但仍然存有一定的差距。

表 2-16　2010—2014 年全国各地区小学每百人拥有计算机数的差距

年份	平均值	最大值	最小值	极差	标准差	极差率	差异系数
2010	5	18	1	16	3.56	11.95	0.688
2011	5	18	2	16	3.48	11.86	0.662
2012	6	21	2	19	3.98	11.61	0.636
2013	7	22	2	20	4.08	10.78	0.554
2014	8	23	2	20	4.13	9.44	0.494

资料来源：依据 2010—2014 年《中国教育统计年鉴》计算。

而全国各地区小学生均教研设备值的标准差随着时序的变化而持续扩大（见表 2-17），由 2010 年的 491.93 增长到 2014 年的 1024.76，这表明区域间的绝对差距在快速扩大；五年内，极差率一直保持在 15.7 以上，2012 年最高达 23.5，可见最高地区至少是最低地区的 15 倍之多，可见两极分化非常明显，地区间的绝对差距较大；差异系数五年内也一直保持在非常高的水平，尽管 2014 年减少到 0.885，但是它依旧是保持在一个非常高的水平，可见省域间小学生均教研设备值的相对差距也较大，表明各地区学生享有的教研设备资源存在着非常大的差距。

表 2-17　2010—2014 年全国各地区小学生均教研设备值的差距

年份	平均值	最大值	最小值	极差	标准差	极差率	差异系数
2010	505	2451	151	2299	491.93	16.20	0.974
2011	679	3293	174	3118	662.64	18.87	0.975
2012	786	4774	203	4571	849.42	23.50	1.081
2013	983	5574	287	5287	948.44	19.42	0.965
2014	1158	6155	390	5764	1024.76	15.76	0.885

资料来源：依据 2010—2014 年《中国教育统计年鉴》计算。

(1) 多民族地区小学办学条件的现状

多民族 8 个省区小学办学条件从生均校舍面积而言，如表 2-18 所示，2010—2014 年，西藏、内蒙古、广西、云南 4 个省区高于全国平均水平；青海省只有 2012 年略低于国家平均水平，其他年份都高于国家平均水平；宁夏虽然 2010—2013 年低于国家平均水平，2014 年也略高于国家平均水平；唯有新疆、贵州两个省区五年内一直低于国家平均水平。多民族地区内的差距如表 2-19 所示，标准差由 2010 年的 1.16 增长到 2014 年的 1.56，极差率基本在 1.9 与 2.3 之间徘徊，差异系数维持在 0.2 左右。虽然绝对差距稍微有些变化，但相对差距基本维持不变，这说明多民族地区间小学生享有的校舍资源差距不明显。

表 2-18　　　　2010—2014 年多民族地区小学生均校舍面积　　　　单位：平方米

年份 地区	2010	2011	2012	2013	2014
全国	5.09	5.73	6.09	6.63	6.85
内蒙古	6.55	6.87	7.55	8.24	8.54
广西	6.51	6.45	6.56	6.77	6.95
贵州	4.04	4.13	4.73	5.66	6.49
云南	5.88	5.86	6.17	6.74	7.12
西藏	7.99	8.74	9.31	10.45	11.06
青海	5.27	5.74	5.98	6.95	7.62
宁夏	4.79	4.99	5.50	6.31	6.86
新疆	5.05	4.23	4.53	4.67	5.53

资料来源：依据 2010—2014 年《中国教育统计年鉴》计算。

表 2-19　　　　2010—2014 年多民族地区小学生均校舍面积的差距

年份	平均值	最大值	最小值	极差	标准差	极差率	差异系数
2010	5.76	7.99	4.04	3.95	1.16	1.98	0.202
2011	5.75	8.74	4.13	4.61	1.47	2.12	0.255
2012	6.29	9.31	4.53	4.78	1.46	2.06	0.232
2013	6.97	10.45	4.67	5.78	1.63	2.24	0.234
2014	7.52	11.06	5.53	5.53	1.56	2.00	0.208

资料来源：依据 2010—2014 年《中国教育统计年鉴》计算。

从表 2-20 可见，多民族地区 8 个省区的小学生均图书数，只有内蒙古 2010 年、2011 年、2012 年与国家平均水平持平，青海 2013 年、2014 年两年与国家平均水平持平，西藏 2011 年与国家平均水平持平，其他 5 个省五年间则都低于国家平均水平。可见，多民族地区 8 个省中学生享有的图书资源较为缺乏。如表 2-21 所示，多民族 8 个省区五年间的生均图书数标准差有所上涨，但上涨幅度不大，极差率基本维持在 1.4，差异系数也偏低，比生均校舍面积的差异系数还低，说明各民族地区间的图书资源差距不大，都处于图书资源相对缺乏的状况。

表 2-20　　　　2010—2014 年多民族地区小学生均图书数　　　　单位：册

年份 地区	2010	2011	2012	2013	2014
全国	15	15	17	19	20
内蒙古	15	15	17	18	18
广西	12	11	12	13	14
贵州	10	11	13	15	19
云南	11	12	13	16	18
西藏	14	15	16	16	16
青海	12	13	16	19	20
宁夏	14	15	16	17	18
新疆	12	11	12	13	14

资料来源：依据 2010—2014 年《中国教育统计年鉴》计算。

表 2-21　　　　2010—2014 年多民族地区小学生均图书数的差距

年份	平均值	最大值	最小值	极差	标准差	极差率	差异系数
2010	12.67	15.34	10.11	5.23	1.64	1.52	0.130
2011	12.90	15.39	10.55	4.85	1.95	1.46	0.151
2012	14.39	17.18	11.92	5.27	1.89	1.44	0.132
2013	15.88	18.94	12.77	6.17	2.04	1.48	0.128
2014	17.02	20.09	13.85	6.24	2.14	1.45	0.125

资料来源：依据 2010—2014 年《中国教育统计年鉴》计算。

每百名学生拥有计算机数这一指标中，我们可以从表 2-22 中发现，多民族地区 8 个省区中只有宁夏在 2010—2014 年的 5 年间都高于国家平均水平；西藏从 2011 年起高于国家平均水平；青海从 2013 年起高于国家平均水平；内蒙古 2013 年低于国家平均水平，其他时期与国家水平持平；新疆只有 2013 年、2014 年两年与国家水平持平，其他时期都低于国家平均水平；而贵州、广西、云南三省区则远远低于国家平均水平。从表 2-23 中可见，多民族 8 个省区的标准差由 2010 年的 1.39 增长到 2.32，地区间的绝对差距出现扩大趋势；极差率也在 3.8 与 4.4 之间，表明最高地区保持在最低地区的 3.8 倍之上，差异系数由 2010 年的 0.409 下降到 2014 年的 0.359，地区间的相对差距呈缩小的趋势，但缩小幅度不大。

表 2-22　　2010—2014 年多民族地区小学每百名学生拥有计算机数　　单位：台

年份 地区	2010	2011	2012	2013	2014
全国	4	4	5	6	7
内蒙古	4	4	5	5	7
广西	2	2	2	2	2
贵州	1	2	2	3	5
云南	2	3	3	4	4
西藏	4	7	8	9	10
青海	4	4	5	7	8
宁夏	6	6	7	8	9
新疆	4	3	4	6	7

资料来源：依据 2010—2014 年《中国教育统计年鉴》计算。

表 2-23　2010—2014 年多民族地区小学每百名学生拥有计算机数的差距

参数 年份	平均值	最大值	最小值	极差	标准差	极差率	差异系数
2010	3.40	5.75	1.48	4.27	1.39	3.88	0.409
2011	3.75	6.76	1.51	5.25	1.77	4.48	0.471
2012	4.51	7.85	1.80	6.04	1.99	4.35	0.442
2013	5.60	8.88	2.01	6.87	2.28	4.42	0.407
2014	6.47	9.87	2.41	7.46	2.32	4.09	0.359

资料来源：依据 2010—2014 年《中国教育统计年鉴》计算。

而从表 2-24 可见，多民族 8 个省区 2010—2012 年的小学生均教研仪器设备值几乎低于国家平均水平，2012 年也只有西藏与宁夏两区略高于国家平均水平，2013 年西藏、新疆、青海三个省区高于国家平均水平，2014 年内蒙古也加入高于国家平均水平的行列，多民族地区总计 4 个省区超过了国家平均水平。但是，广西、贵州、云南、青海 4 个省区一直低于国家平均水平，尤其是广西、贵州、云南三省区远远低于国家平均水平，如贵州省 2010 年、2011 年、2012 年中连国家平均水平的 50% 都未达到。可见,多民族地区间生均教研仪器设备值的差距也在扩大。如表 2-25 所示,标准差呈明显递增趋势,递增幅度较大;差异系数也呈递增趋势,由 2010 年的 0.312 增长到 2014 年的 0.428;极差率也由 2010 年的 2.41 增长到 2014 年的 3.57。由此可见,多民族地区间的生均教育设备仪器值的绝对差距与相对差距都在扩大,地区间学生享有的教研设备资源差距也在扩大。

表 2-24　　2010—2014 年多民族地区小学生均教研仪器设备值　　单位:元

年份 地区	2010	2011	2012	2013	2014
全国	384.35	539.1	585.4	766.1	913.0
内蒙古	355.95	443.7	574.0	721.6	969.4
广西	195.68	246.4	283.7	393.2	480.3
贵州	167.05	183.5	265.7	403.0	540.6
云南	181.63	240.0	329.6	448.4	578.1
西藏	323.20	478.1	607.3	795.6	1019.4
青海	232.66	322.0	520.2	674.9	729.0
宁夏	350.87	438.8	649.3	1147.1	1716.7
新疆	403.18	425.5	532.2	815.5	1004.4

资料来源:依据 2010—2014 年《中国教育统计年鉴》计算。

表 2-25　　2010—2014 年多民族地区小学生均教研仪器设备值的差距

年份	平均值	最大值	最小值	极差	标准差	极差率	差异系数
2010	276.28	403.18	167.05	236.14	86.25	2.41	0.312
2011	347.25	478.13	183.48	294.66	106.11	2.61	0.306
2012	470.25	649.34	265.69	383.64	143.35	2.44	0.305
2013	674.91	1147.06	393.19	753.87	240.85	2.92	0.357
2014	879.73	1716.66	480.32	1236.34	376.13	3.57	0.428

资料来源:依据 2010—2014 年《中国教育统计年鉴》计算。

(2) 多民族地区小学办学条件与东部、中部地区的比较分析

从表 2-26 中可见,东部地区生均校舍面积从其平均值看,2010 年到 2013 年基本都高于多民族地区的平均值,2014 年东部地区略低于多民族地区。但是,东部地区生均校舍面积五年内的标准差、极差率以及差异系数都呈递降趋势,地区间不仅差异非常小,而且绝对差距与相对差距都在

朝缩小的趋势发展。东部地区间的生均校舍面积差异整体要小于多民族地区间的差异。

2010—2014年，东部地区小学生均图书数的平均值都远远高于多民族地区。东部地区生均图书数的标准差、极差率、差异系数与其生均校舍面积的差异一样，都呈递减趋势发展，地区间的绝对差距与相对差距都呈缩小趋势。可见，东部地区虽然区域间差异略大于多民族地区，但是其图书资源的丰裕度远高于多民族地区。

而从每百名学生拥有的计算机数来看，2010—2014年，东部地区的平均值同样以较大的差距高于多民族地区，尤其是东部地区最高地区的数值远远大于多民族地区最高地区的数值。当然，东部地区间的绝对差距相对于前两项指标而言，它有扩大的趋势，但区间的相对差距依旧呈缩小趋势。

而从生均教研仪器设备值来看，这五年间，东部地区的平均值高出民族地区1—2倍，如2010年、2011年东部地区的平均值是多民族地区平均值的3倍之多，东部地区的教研设备资源整体要比多民族地区丰富。但是，东部地区在这一指标上，两极分化也日趋明显，区域间的差距迅速扩大，我们可从其标准差、极差率以及差异系数的变化中可见一斑。标准差2010年是655.86，2014年则是1484.3；极差率由2010的6.72增长到2014年的9.45，换言之，2014年最高地区是最低地区的9倍之多；而差异系数则一直维持在一个较高的水平，2010年是0.734，2012最高达到了0.888，2014年则是0.835。可见，东部地区生均教研设备资源整体要比多民族地区丰富，但是其地区的绝对差异与相对差异也明显大于多民族地区。

表2-26　　　　　　2010—2014年东部地区小学办学条件的差距

指标	年份	平均值	最大值	最小值	极差	标准差	极差率	差异系数
生均校舍面积（平方米）	2010	6.75	8.67	5.01	3.66	1.08	1.73	0.161
	2011	6.49	8.34	4.68	3.66	1.05	1.78	0.162
	2012	6.68	8.2	5.0	3.2	1.03	1.64	0.154
	2013	7.03	8.28	5.6	2.68	0.90	1.48	0.129
	2014	7.07	8.31	5.92	2.39	0.77	1.40	0.109

续表

指标	年份	平均值	最大值	最小值	极差	标准差	极差率	差异系数
生均图书数（册）	2010	21.17	36.73	12.71	24.02	5.95	2.89	0.281
	2011	21.51	35.69	13.17	22.53	5.66	2.71	0.263
	2012	23.32	35.62	14.85	20.77	5.49	2.40	0.235
	2013	24.37	33.65	15.47	18.19	4.88	2.18	0.200
	2014	24.85	32.56	15.83	16.73	4.56	2.06	0.183
每百名学生拥有计算机数（台）	2010	8.38	17.71	2.72	14.99	4.10	6.52	0.489
	2011	8.27	17.9	2.75	15.15	4.04	6.52	0.489
	2012	9.69	20.95	3.97	16.98	4.65	5.28	0.479
	2013	10.89	21.65	4.54	17.1	4.54	4.76	0.417
	2014	12.02	22.79	5.69	17.1	4.33	4.00	0.360
生均教研仪器设备值（元）	2010	893.44	2450.58	364.91	2085.66	655.86	6.72	0.734
	2011	1161.69	3292.55	394.14	2898.42	832.73	8.35	0.717
	2012	1366.42	4774.01	486.29	4287.72	1213.17	9.82	0.888
	2013	1595.56	5574.12	564.36	5009.76	1367.83	9.88	0.857
	2014	1777.91	6154.91	651.16	5503.75	1484.30	9.45	0.835

资料来源：依据2010—2014年《中国教育统计年鉴》计算。

与中部地区相比较，2010—2014年，我们从表2-27可以看出：多民族地区小学生均校舍面积的平均值与中部地区相差不大；中部地区间的相对差距还略小于多民族地区。在小学生均图书数上，中部地区从其标准差、极差率、差异系数基本递增的变化可以看出其地区间的相对差距与绝对差距都有扩大的趋势，但是扩大的幅度较小，而与其平均值相比较，中部地区也每年略高于多民族地区，这表明中部地区的图书资源也略微比多民族地区丰富。在每百名学生拥有的计算机这一指标中，从每年的平均值比较，多民族地区略高于中部地区，同时多民族地区的差异系数也高于中部地区同时期的数值，可见多民族地区的计算机资源相对比中部地区略微丰富，但其地区间的差距也略大于中部地区。在生均教研仪器值这一指标中，中部地区间的平均值2010年、2011年、2012年都略低于多民族地区，但2013年、2014年低的幅度稍大些。另外，中部地区与多民族地区都出现了绝对差距不断扩大的现象，但是多民族地区间的差距相对而言要大于中部地区。

表 2-27　　　　2010—2014 年中部地区小学办学条件的差距

指标	年份	平均值	最大值	最小值	极差	标准差	极差率	差异系数
生均校舍面积（平方米）	2010	5.80	7.23	4.53	2.69	0.78	1.69	0.135
	2011	5.59	6.61	4.41	2.20	0.69	2.00	0.124
	2012	5.99	7.99	4.74	3.25	0.98	1.46	0.164
	2013	6.55	8.38	5.57	2.81	0.94	1.98	0.143
	2014	6.77	8.57	5.71	2.86	0.94	2.00	0.139
生均图书数（册）	2010	13.51	16.80	10.96	5.84	1.93	1.93	0.143
	2011	13.00	16.10	10.44	5.66	1.87	1.87	0.143
	2012	15.12	20.55	10.69	9.86	3.04	3.04	0.201
	2013	17.22	25.04	11.73	13.32	3.83	3.83	0.222
	2014	18.02	26.25	12.01	14.24	4.31	4.31	0.239
每百名学生拥有计算机数（台）	2010	3.23	5.19	1.51	3.67	1.32	0.41	0.409
	2011	3.16	4.89	1.55	3.34	1.19	0.46	0.377
	2012	3.95	6.19	2.07	4.12	1.34	0.50	0.341
	2013	4.93	8.42	2.65	5.77	1.79	0.46	0.363
	2014	5.81	8.91	3.03	5.88	2.01	0.52	0.346
生均教研仪器设备值（元）	2010	266.63	414.9	151.27	263.63	94.28	0.57	0.354
	2011	313.44	454.49	174.48	280.01	107.95	0.62	0.344
	2012	413.02	688.83	203.13	485.69	150.49	0.42	0.364
	2013	573.25	924.20	287.00	637.20	205.14	0.45	0.358
	2014	714.40	1044.86	390.46	654.40	234.55	0.60	0.328

资料来源：依据 2010—2014 年《中国教育统计年鉴》计算。

综上可见，多民族地区小学办学条件水平总体低于东部地区，尤其是在图书、计算机、教研设备等三方面存在着较大差距，其丰裕度远不及东部地区。而与中部地区相比，多民族地区在生均校舍面积、生均图书两个指标上的丰裕度略微低于中部地区，但是随着近几年中央加大对多民族地区教育投入，使得其在计算机、教研设备资源上其丰裕度略微高于中部地区。

2. 普通初中办学条件的差距

随着义务教育投入的不断加大，从全国范围而言，如表 2-28 所示，普通初中跟小学一样，其办学条件都得以整体改善。生均校舍面积由 2010 年的 8.21 平方米增长到 2014 年的 11.99 平方米；生均图书也由

2010 年的 19 册增长到 2014 年的 30 册，增长了 57%；每百名学生拥有计算机数由 2010 年的 5 台增加到 2014 年的 11 台；生均教研仪器设备值由 2010 年的 603.36 元上涨到 2014 年的 1511.8 元，增加了 1.5 倍之多。

表 2-28　　2010—2014 年全国普通初中办学条件平均水平

指标＼年份	2010	2011	2012	2013	2014
生均校舍面积（平方米）	8.21	8.99	9.99	11.28	11.99
生均图书数（册）	19	21	25	28	30
每百名学生拥有计算机数（台）	6	7	8	10	11
生均教研仪器值（元）	603.36	808.0	1014.5	1301.5	1511.8

资料来源：依据 2010—2014 年《中国教育统计年鉴》计算。

各地区普通初中办学条件的差距跟小学的情况大同小异。从表 2-29 可见，各地区普通初中生均校舍面积的标准差在 2.1 与 2.3 之间浮动，差异系数出现递减趋势，极差率也呈减少趋势，表明各地区普通初中生均面积的相对差距与绝对差距总体呈缩小趋势。各地区生均图书数的标准差呈递增趋势，差异系数却呈递减趋势，表明各地区图书资源的绝对差距有扩大趋势，但相对差距在逐步缩小。每百名学生拥有计算机数，各地区的差异变化与生均图书数的变化大同小异，其差异系数相对而言要高于后者，表明各地区普通初中学生拥有的计算机资源依然存有一定的差距。而生均教研仪器设备值这一指标中，各地区普通初中的情况与小学非常近似，标准差呈快速扩大趋势；极差率虽然出现下降的现象，但依然保持在较高数值，2014 年最高地区依旧是最低地区的 8 倍之多；而差异系数于 2010 年、2012 年都达到了最高值 1，2014 年有所下降，但依旧保持在较高的水平，可见各地区普通初中学生享有的教研设备仪器资源的差距非常大。

表 2-29　　2010—2014 年全国各地区普通初中办学条件的差距

指标	年份	平均值	最大值	最小值	极差	标准差	极差率	差异系数
生均校舍面积（平方米）	2010	8.45	13.36	5.25	8.10	2.13	2.54	0.252
	2011	9.33	14.57	5.64	8.93	2.11	2.58	0.226
	2012	10.34	15.55	6.26	9.29	2.30	2.48	0.223
	2013	11.48	16.77	7.45	9.32	2.27	2.25	0.197
	2014	12.04	17.53	8.42	9.11	2.32	2.08	0.193

续表

指标	年份	平均值	最大值	最小值	极差	标准差	极差率	差异系数
生均图书数（册）	2010	19	37	9	28	6.62	4.12	0.344
	2011	22	39	10	28	6.71	3.68	0.307
	2012	25	50	13	37	7.91	3.93	0.314
	2013	28	52	14	38	8.14	3.62	0.287
	2014	30	55	14	41	8.53	3.84	0.285
每百名学生拥有计算机数（台）	2010	7	24	3	21	4.16	6.93	0.576
	2011	8	24	4	20	4.17	6.24	0.521
	2012	9	28	4	23	5.01	6.00	0.540
	2013	11	28	5	23	5.17	5.40	0.478
	2014	12	30	6	24	5.41	5.31	0.455
生均教研仪器设备值（元）	2010	757.33	4327.73	232.73	4095.00	765.67	18.60	1.011
	2011	977.46	4279.74	359.37	3920.37	767.35	11.91	0.785
	2012	1447.03	7450.31	467.85	6982.45	1470.63	15.92	1.016
	2013	1553.29	5356.52	606.08	4750.44	1094.83	8.84	0.705
	2014	1792.67	6026.10	721.87	5304.23	1209.09	8.35	0.674

资料来源：依据2010—2014年《中国教育统计年鉴》计算。

（1）多民族地区普通初中办学条件现状

就普通初中生均校舍面积这一指标而言，从表2-30可以看出，在多民族地区中，西藏最高，并且西藏、内蒙古两区都高于国家平均水平。青海从2011年起也高于国家平均水平。新疆2014年也略高于国家平均水平。广西2010年略高于国家平均水平，随后几年都低于国家平均水平。贵州、云南、宁夏三个省区则五年内都一直低于国家平均水平。而多民族地区间的差距如表2-31所示，标准差、差异系数的变化都不明显，极差率呈递减趋势，最高地区与最低地区间的差距稍有缩小。

表2-30　　2010—2014年多民族地区普通初中生均校舍面积　　单位：平方米

年份 区域	2010	2011	2012	2013	2014
全国	8.21	8.99	9.99	11.28	11.99
内蒙古	8.60	9.91	10.87	12.49	13.27
广西	8.68	8.86	9.19	9.50	9.97

年份 区域	2010	2011	2012	2013	2014
贵州	5.25	5.64	6.26	7.45	8.42
云南	6.78	7.18	7.74	8.51	8.86
西藏	12.59	12.88	13.97	15.24	16.03
青海	6.86	9.26	10.77	11.64	13.05
宁夏	7.43	8.19	9.17	9.67	10.88
新疆	6.77	8.88	9.84	11.18	12.01

资料来源：依据 2010—2014 年《中国教育统计年鉴》计算。

表 2-31　2010—2014 年多民族地区普通初中生均校舍面积的差距

参数 年份	平均值	最大值	最小值	极差	标准差	极差率	差异系数
2010	7.87	12.59	5.25	7.34	2.06	2.40	0.261
2011	8.85	12.88	5.64	7.23	1.97	2.28	0.222
2012	9.73	13.97	6.26	7.71	2.15	2.23	0.221
2013	10.71	15.24	7.45	7.79	2.31	2.05	0.216
2014	11.56	16.03	8.42	7.61	2.38	1.90	0.206

资料来源：依据 2010—2014 年《中国教育统计年鉴》计算。

从普通初中生均图书数来看，如表 2-32 所示，8 个多民族地区省区中只有青海 2013 年与 2014 年、新疆 2011 年超过国家平均水平，内蒙古 2010 年与 2011 年与国家平均水平持平，其他地区基本低于国家平均水平。可见，多民族地区普通初中所能享有的图书资源较为缺乏。在图书资源整体缺乏的情况下，在这一指标上地区间的绝对差距出现不断扩大的趋势，如表 2-33 所示，五年内各地区间的标准差呈递增趋势。

表 2-32　2010—2014 年多民族地区普通初中生均图书数　　单位：册

年份 地区	2010	2011	2012	2013	2014
全国	19	21	25	28	30
内蒙古	19	21	22	25	26
广西	15	15	17	19	20

续表

年份 地区	2010	2011	2012	2013	2014
贵州	16	17	20	22	27
云南	12	13	15	19	20
西藏	17	18	20	21	22
青海	16	22	25	33	35
宁夏	16	18	20	22	25
新疆	17	22	24	26	29

资料来源：依据2010—2014年《中国教育统计年鉴》计算。

表2-33　2010—2014年多民族地区普通初中生均图书数的差距

参数 年份	平均值	最大值	最小值	极差	标准差	极差率	差异系数
2010	15.94	18.98	12.37	6.61	1.72	1.53	0.108
2011	18.32	22.11	12.97	9.14	2.97	1.70	0.163
2012	20.43	24.9	15.2	9.71	3.16	1.64	0.154
2013	23.25	33.28	18.69	14.59	4.46	1.78	0.192
2014	25.44	34.69	20.23	14.46	4.53	1.72	0.178

资料来源：依据2010—2014年《中国教育统计年鉴》计算。

在每百名学生拥有计算机数这一指标上，如表2-34所示，青海、宁夏、新疆三个省区高于国家平均水平，其他5个省区5年内都低于国家平均水平。总体而言，多民族地区普通初中的教学用计算机依旧不足；而且地区差异也明显，如表2-35所示，最高地区通常是最低地区的2倍之多，标准差也呈递增趋势，表明地区间的绝对差距呈扩大趋势。

表2-34　2010—2014年多民族地区普通初中每百名学生拥有计算机数　　单位：台

年份 区域	2010	2011	2012	2013	2014
全国	6	7	8	10	11
内蒙古	5	6	7	8	9
广西	4	5	5	5	6
贵州	3	4	4	6	7

续表

年份 区域	2010	2011	2012	2013	2014
云南	4	5	5	6	7
西藏	4	5	6	7	8
青海	7	9	9	13	13
宁夏	8	9	10	11	12
新疆	6	8	9	11	12

资料来源：依据2010—2014年《中国教育统计年鉴》计算。

表2-35　　2010—2014年多民族地区普通初中每百名学生拥有计算机数的差距

参数 年份	平均值	最大值	最小值	极差	标准差	极差率	差异系数
2010	5.35	8.39	3.47	4.91	1.64	2.42	0.307
2011	6.38	9	4	5	1.87	2.25	0.293
2012	6.9	10	4.45	5.54	2.03	2.25	0.294
2013	8.24	12.78	5.22	7.56	2.63	2.45	0.319
2014	9.29	13.45	5.59	7.86	2.69	2.41	0.289

资料来源：依据2010—2014年《中国教育统计年鉴》计算。

如表2-36所示，从生均教研仪器设备值这一指标来看，与国家平均水平相比，宁夏、新疆两区五年内明显高于国家平均水平。而西藏、内蒙古、广西、贵州、云南五个省区五年内低于国家水平，尤其是广西、贵州、云南三个省区远远低于国家平均水平，云南五年内连国家平均水平的1/2都未曾达到，可见这些地区教研设备资源的匮乏。多民族地区整体而言，地区间教研仪器设备资源的差距也日益扩大，我们可从表2-37看到，五年间的标准差、极差率、差异系数都呈递增趋势。

表2-36　　2010—2014年多民族地区普通初中生均教研仪器设备值　　单位：元

年份 地区	2010	2011	2012	2013	2014
全国	603.36	808.0	1014.5	1301.5	1511.8
内蒙古	508.26	706.6	908.5	1211.1	1438.4

续表

年份 地区	2010	2011	2012	2013	2014
广西	370.50	518.2	632.5	708.8	758.2
贵州	303.07	383.7	468.0	606.1	805.5
云南	232.73	359.4	481.3	642.5	721.9
西藏	455.14	590.0	694.4	1050.3	1062.5
青海	397.57	798.3	924.5	1310.4	1892.1
宁夏	661.75	951.0	1208.3	1746.0	2604.2
新疆	695.87	979.6	1215.5	1597.7	1877.7

资料来源：依据2010—2014年《中国教育统计年鉴》计算。

表 2-37　2010—2014年多民族地区普通初中生均教研仪器设备值的差距

参数 年份	平均值	最大值	最小值	极差	标准差	极差率	差异系数
2010	453.11	695.87	232.73	463.15	152.68	2.99	0.337
2011	660.84	979.58	359.37	620.21	223.56	2.73	0.338
2012	816.61	1215.45	468	747.45	277.34	2.60	0.340
2013	1109.11	1746.03	606.08	1139.95	407.71	2.88	0.368
2014	1395.06	2604.23	721.87	1882.35	638.46	3.61	0.458

资料来源：依据2010—2014年《中国教育统计年鉴》计算。

(3) 多民族地区普通初中办学条件与东部、中部地区的比较分析

从表2-38中可以看出，2010年到2014的五年间，东部地区普通初中生均校舍面积的平均值都高于多民族地区，东部地区学生所享有的校舍资源整体要优于多民族地区，而且东部生均校舍面积的相对差距也在逐步减少。在生均图书数这一指标上，东部地区每年的平均值也明显高于多民族地区，但东部地区间的绝对差距也呈逐步扩大趋势。就教学用计算机资源而言，东部地区每年的平均值同样远远高于多民族地区，区域间的绝对差距与相对差距也大于多民族地区。而在生均教研仪器设备值这一指标上，东部地区每年的平均值几乎是多民族地区同时期的两倍之多，可见东部地区教研仪器设备资源的丰裕度是多民族地区难以企及的。当然，东部地区间的差距也同样远大于多民族地区。

表 2-38　　　　2010—2014 年东部地区普通初中办学条件的差距

指标	年份	平均值	最大值	最小值	极差	标准差	极差率	差异系数
生均校舍面积（平方米）	2010	9.68	13.36	7.08	6.27	2.13	1.89	0.220
	2011	10.47	14.57	8.08	6.49	2.28	1.80	0.218
	2012	11.36	15.55	8.96	6.59	2.40	1.74	0.211
	2013	12.31	16.77	9.27	7.5	2.46	1.81	0.200
	2014	12.8	17.53	9.54	7.99	2.42	1.84	0.189
生均图书数（册）	2010	25.06	37.01	13.53	23.48	6.62	2.74	0.264
	2011	27.74	38.53	15.8	22.73	6.51	2.44	0.234
	2012	31.63	49.85	18.17	31.68	8.21	2.74	0.259
	2013	34.41	52.03	21.72	30.32	8.17	2.40	0.237
	2014	35.95	55.24	23.57	31.67	8.41	2.34	0.233
每百名学生拥有计算机数（台）	2010	10.48	24.07	4.62	19.45	5.36	5.21	0.512
	2011	11.27	24	5	19	5.29	4.80	0.470
	2012	13.24	27.76	5.91	21.86	6.39	4.70	0.482
	2013	15.1	28.16	7.46	20.7	6.23	3.77	0.415
	2014	16.39	29.68	8.37	21.31	6.30	3.55	0.385
生均教研仪器设备值（元）	2010	1305.77	4327.73	511.81	3815.92	1071.68	8.46	0.821
	2011	1573	4279.74	713.84	3565.89	1020.03	6.00	0.648
	2012	1980.1	4848.6	758.14	4090.46	1321.50	6.40	0.667
	2013	2364.84	5356.52	1033.42	4323.1	1460.02	5.18	0.617
	2014	2638.67	6026.1	1066.35	4959.75	1598.70	5.65	0.606

资料来源：依据 2010—2014 年《中国教育统计年鉴》计算。

从表 2-39 可以看出，中部地区生均校舍面积的平均值略高于多民族地区，中部地区间的差距略小于多民族地区。生均图书数这一指标上，中部地区每年的平均值同样比多民族地区每年的平均值高，区域间的差距也相对要略大于多民族地区。中部每百名学生拥有计算机数的平均值除了 2011 年略低于多民族地区，其他四年均略高于多民族地区，地区间的差距也同样小于后者。而在生均教研仪器设备值上，中部地区的平均值只有 2010 年略高于多民族地区，其他四年均略低于多民族地区，区域间的绝对差距与相对差距不分上下，差距不明显。

表 2-39　　2010—2014 年中部地区普通初中办学条件的差距

指标	年份	平均值	最大值	最小值	极差	标准差	极差率	差异系数
生均校舍面积（平方米）	2010	8.14	11.43	6.32	5.11	1.66	1.81	0.203
	2011	8.89	12.15	7.48	4.67	1.64	1.62	0.185
	2012	10.17	14.68	8.21	6.48	2.23	1.79	0.220
	2013	11.62	16	9.78	6.22	1.91	1.64	0.165
	2014	12.23	16.95	10.19	6.76	1.99	1.66	0.163
生均图书数（册）	2010	17.28	26.96	13.25	13.72	4.10	2.035	0.237
	2011	18.82	28.96	14.7	14.26	4.18	1.97	0.221
	2012	22.83	31.34	15.85	15.49	5.24	1.98	0.229
	2013	26.5	38.6	20.39	18.22	5.52	1.89	0.208
	2014	28.28	41.7	20.79	20.91	6.44	2.01	0.228
每百名学生拥有计算机数（台）	2010	5.62	7.74	4.04	3.7	1.21	1.92	0.215
	2011	6.13	9	4	5	1.69	2.25	0.276
	2012	7.19	9.16	4.79	4.37	1.55	1.91	0.217
	2013	8.61	11.61	5.81	5.79	1.83	2.00	0.213
	2014	9.63	12.64	6.2	6.44	2.23	2.04	0.232
生均教研仪器设备值（元）	2010	462.31	701.64	286.9	414.74	147.22	2.45	0.318
	2011	627.66	978.74	397.6	581.15	197.65	2.46	0.315
	2012	807.33	1303.37	467.85	835.52	267.40	2.79	0.331
	2013	1096.62	1729.65	644.87	1084.78	357.34	2.68	0.326
	2014	1293.49	1951.46	779.34	1172.12	432.20	2.50	0.334

资料来源：依据 2010—2014 年《中国教育统计年鉴》计算。

综上所述，我们可以清晰地发现多民族地区普通初中办学条件与东部地区存在着较大差距，办学资源的丰裕度远远低于东部地区。而与中部地区相比，多民族地区的生均校舍、生均图书数、每百名学生拥有计算机数三项指标都略低于中部地区，唯有教研设备仪器值略高于中部地区，可见中部地区普通初中的办学条件水平整体略优于多民族地区。

二　教育质量的差距

义务教育均衡发展的最终目标是提高各地区的教育质量，实现教育均衡发展。多民族地区由于历史渊源、地理环境、经济水平等多重因素的影响，教育投入、师资水平、办学条件整体落后于东部地区，有些方面也落后于中部地区,从而导致多民族地区义务教育质量整体落后于其他地区,我们从表2-40中可见一斑。虽然九年义务教育最后的升学情况不是衡量其质量的唯一指标,但它是能反映其教育质量的一个重要指标。2010年到2014年,从全国范围而言,普通初中毕业生升入普通高中、中等职业教育比例,虽然2012年稍微有所下降,但整体还是提高了7.1个百分点。多民族地区中,内蒙古普通初中毕业生升入普通高中与中等职业教育的比例处于较高水平,5年基本都在90%以上;宁夏2010年是90.7%,2014年有所下降,但依旧是89.1%;青海2010年是85.8%,2014年增长到92.4%;新疆2010年是68.5%,而2014年提高到了82.5%;而广西、贵州、云南、西藏四省区大都处于全国末尾几名,尤其是西藏最低时只有46.3%,最高的2014年也才60%,连续5年都位于全国倒数第一,贵州虽然2014年达到了80.1%,但依旧在全国范围内排在倒数第六。可见,多民族地区中大部分省区的义务教育质量都远远低于其他非民族地区。

表2-40　　2010—2014年全国各地区普通初中升入普通高中与中等职业教育的比例　　单位:%

年度 区域	2010	2011	2012	2013	2014
全国	78.6	79.5	78.5	81.2	85.7
北京	103.8	113.9	110.8	92.5	86.0
天津	99.8	99.5	101.4	107.6	105.1
河北	81.6	88.2	84.4	82.8	93.9
山西	73.5	75.3	73.8	75.8	82.1
内蒙古	91.7	96.0	90.7	94.3	98.5
辽宁	78.1	79.0	78.7	81.8	87.5
吉林	76.4	81.4	80.0	80.9	80.2
黑龙江	68.4	70.5	66.9	68.8	89.8
上海	99.4	99.5	100.1	99.6	96.7
江苏	83.6	83.6	83.4	84.8	86.5
浙江	91.0	91.7	90.9	92.0	91.6
安徽	76.3	84.5	86.3	95.4	96.0
福建	81.5	84.1	84.9	84.4	87.6
江西	80.1	76.6	72.4	73.0	82.0
山东	83.0	86.2	85.2	86.3	85.6
河南	73.1	72.4	71.0	72.2	84.4

续表

年度 区域	2010	2011	2012	2013	2014
湖北	75.7	72.5	78.5	82.3	86.4
湖南	86.0	85.0	83.7	87.3	88.6
广东	83.3	81.7	72.8	74.6	76.4
广西	71.4	74.5	71.0	73.3	77.4
海南	68.3	71.9	72.7	82.5	84.9
重庆	84.0	84.9	86.4	89.5	91.8
四川	84.5	86.4	83.0	86.6	91.1
贵州	55.7	63.1	67.2	79.1	80.5
云南	61.8	61.1	63.4	68.8	74.9
西藏	46.3	48.6	51.6	54.1	60.0
陕西	88.3	90.3	92.5	96.3	97.2
甘肃	70.9	71.3	71.9	72.5	81.8
青海	85.8	89.5	86.1	91.7	92.4
宁夏	90.7	93.1	88.0	88.3	89.1
新疆	68.5	68.6	70.7	75.2	82.2

注：此比例为各地区普通高中录取人数与中等职业教育机构招收普通初中应届生人数之和与普通初中毕业生人数之百分比。

资料来源：依据2010—2014年《中国教育统计年鉴》计算。

总之，大部分多民族省区在义务教育资源配置、教育质量方面与非民族地区依旧存有较大差距，我们可从各地区的财力、人力、物力的资源配置中可见一斑。此外，多民族地区间两极分化日益明显，新疆、内蒙古、西藏在教育投入上遥遥领先于其他省区，而贵州、云南、广西始终蹒跚在后。尽管新疆、内蒙古、西藏的义务教育投入高于其他省区，也在师资、校舍建设中得到相应的体现，但是其图书、计算机、教研仪器设备资源与东部地区相比而言依旧存有较大差距。因而，多民族地区中除了内蒙古的教育质量可以与东部一些地区不相上下外，其他地区的教育质量虽有提高，但依旧与东部地区存在较大的差距，同时也难以与中部地区相媲美，尤其是云南、广西、贵州、西藏等省区的教育质量一直处在全国的末尾几名。显然，多民族地区间义务教育发展呈非均衡状态。

第三章　多民族地区各州市义务教育均衡发展的比较

在上一章中，通过对多民族地区与其他地区义务教育均衡发展的比较分析，发现了多民族地区与其他地区义务教育均衡发展存在着一定的差距，以及多民族地区间义务教育均衡发展的态势。本章以云南为个案，通过对多民族地区内各州市义务教育均衡发展的比较分析，发现存在的问题。

云南地处西南边陲，总面积为39.4万平方千米，占全国陆地面积的4.1%，居全国第8位。云南是连接东南亚、南亚的地缘经济板块，有着"东连黔桂通沿海，北经川渝进中原，南下越老达泰柬，西接缅甸连印巴"的独特区位优势。云南多为山地、高原与丘陵地形，山区面积占全省总面积的94%，海拔最高点为迪庆州德钦县境内梅里雪山主峰卡瓦格博峰，海拔6740米；滇东、滇中系云贵高原的组成部分，平均海拔在2000米左右，群山起伏；滇西为横断山脉纵谷区，高山与峡谷相间，海拔一般在3000—4000米；滇南地势渐趋和缓，山势稍矮，宽谷盆地渐多，海拔在800—1000米。云南境内，气候多样纷呈，滇西北长冬无夏，春秋较短，滇东、滇中四季如春，遇雨成冬；滇南、滇西南则长夏无冬，一雨成秋。云南因群山环抱，不少地区山高谷深，气候垂直变化显著，有着"一山分四季，十里不同天"之说。

云南目前辖有16个州市，即昆明市、曲靖市、玉溪市、保山市、昭通市、丽江市、普洱市、临沧市等8个市，及楚雄彝族自治州、红河哈尼族彝族自治州、文山壮族苗族自治州、西双版纳傣族自治州、大理白族自治州、德宏傣族景颇族自治州、怒江傈僳族自治州、迪庆藏族自治州等8个民族自治州。而16个州市下设129个县级行政单位，其中有29个为民族自治县。

云南素有"少数民族博览馆"之称，是我国少数民族种类最多的省份，是典型的多民族地区。除汉族之外，人口在 6000 人以上的世居少数民族达 25 个，其中哈尼族、白族、傣族、傈僳族、拉祜族、佤族、纳西族、景颇族、布朗族、普米族、阿昌族、怒族、基诺族、德昂族、独龙族 15 个少数民族为云南特有民族。2015 年云南省统计年鉴数据显示，截至 2014 年 12 月，少数民族人口总数为 1574.06 万人，占全省人口总数的 33.4%；其中彝族 515.98 万人，占 10.9%；白族 160.48 万人，占 3.4%；哈尼族 167.11 万人，占 3.6%；藏族 124.63 万人，占 2.6%；傣族 125.4 万人，占 2.7%；苗族 123.34 万人，占 2.6%；傈僳族 68.54 万人，占 1.5%；回族 71.61 万人，占 1.5%；拉祜族 48.71 万人，占 1%；佤族 41.1 万人，占 0.9%；纳西族 37.18 万人，占 0.7%；瑶族 22.25 万人，占 0.5%；藏族 14.59 万人，占 0.3%；景颇族 14.66 万人，占 0.3%；布朗族 11.95，占 0.3%；人口在 10 万人以下的还有普米族、怒族、阿昌族、基诺族、德昂族、蒙古族、满族、水族、布依族等其他民族。① 少数民族人口超过全省人口的 1/3，是全国少数民族人口超过千万的 3 个省区之一。民族自治地区的土地面积为 27.67 万平方千米，占全省面积的 70.2%。

2010 年 12 月，云南实现"两基"目标，顺利通过国家验收，谱写了云南教育发展的新篇章，是云南教育发展史上的重要里程碑。由此，云南义务教育也拉开了由普及转向均衡发展的序幕。但是通过前文的分析发现，尽管国家对西部多民族地区义务教育不断实行政策倾斜，中央财政对这些地区义务教育的支持力度不断加大，云南省的义务教育也得到了长足发展，但云南的义务教育发展仍然较为落后，各州市间义务教育发展也存在一定的差距。

第一节　教育入学机会差距不明显

随着云南省义务教育逐步普及与义务教育均衡发展的推进，学龄儿童入学率得到了很大的提高。从 2010 年到 2014 年，如表 3-1 所示，除了大理州在 2013 年、2014 年低于 99%（分别为 97.43%、97.1%）外，其他

---

① 王舸：《2015 年云南统计年鉴》，中国统计出版社 2015 年版，第 379 页。

各州市适龄儿童的入学率基本在99%与100%之间，各州市适龄儿童都享有接受义务教育的机会，差距不明显。

表 3-1　　　　　2010—2014年云南各州市小学净入学率　　　　单位:%

年份 区域	2010	2011	2012	2013	2014
云南省	99.71	99.61	99.57	99.5	99.51
昆明市	99.83	99.79	99.83	99.81	99.83
曲靖市	99.81	99.48	99.59	99.64	99.76
玉溪市	99.91	99.89	99.92	99.92	99.93
保山市	99.87	99.89	99.9	99.96	99.97
昭通市	99.48	99.48	99.35	99.62	99.43
丽江市	99.6	99.64	99.03	99.31	99.8
普洱市	99.75	99.68	99.61	99.68	99.73
临沧市	99.59	99.66	99.62	99.56	99.59
楚雄州	99.85	99.85	99.77	99.95	99.95
红河州	99.63	99.62	99.7	99.52	99.5
文山州	99.54	99.54	99.5	99.51	99.59
西双版纳州	99.85	99.9	99.9	99.66	99.67
大理州	99.84	99.33	99.13	97.43	97.1
德宏州	99.8	99.77	99.27	99.56	99.59
怒江州	99.41	99.32	99.17	99.37	99.56
迪庆州	99.21	99.38	99.04	99.37	99.64

资料来源：2010—2014年《云南省教育事业统计摘要》。

第二节　教育资源呈非均衡配置状态

在我国现行"以县为主"的义务教育管理模式下，教育资源配置自然也是以县为主。由于不同地区资源禀赋的丰裕度不同，其经济发展水平也不一样。而经济发展是教育发展的物质基础，各地区教育发展水平与地方经济对教育的供给能力休戚相关，地方政府教育资源的供给能力直接决定了该地区教育资源的丰裕程度，也直接反映在该地区儿童接受何等水平的义务教育。

一　义务教育财力资源配置不均衡

云南是地处西南边陲的典型多民族地区，天然的地理屏障给经济发展带来了较大的影响，"落后的经济发展水平"已是云南暂时难以抹去的标签，而滞后的经济发展水平自然导致义务教育财力资源供给能力有限，各州市不平衡的经济发展水平进而带来义务教育财力资源的非均衡配置。

（一）小学生均教育投入的差距呈扩大趋势

2010—2015年，云南省各地区间小学生均教育经费的平均值由2010年的4643.29元增长到11441.78元，增长了1.46倍，整体增幅较大，表明小学教育投入力度明显加大（见表3-2）。但是随着总量投入的增加，各州市的差距并没有随之缩小。从图3-1、图3-2可见，2010—2011年，各州市小学生均教育经费标准差先快速扩大，然后逐渐趋稳，2015年又出现扩大趋势；而极差率除了2010年在3.2以下，其他年份则都高于3.2，如2015年，小学生均经费前三名是迪庆州、怒江州与玉溪市，最高的迪庆州达25013.83元，最低的昭通市7815.97元，前者是后者的3.2倍（见图3-3）；这表明各地区小学生均教育经费间的绝对差距并没有缩小，相反还有扩大趋势。而各州市的差异系数2010年到2011年快速扩大，2011年并达到峰值，2012年开始有所回落，2013年到2015年的3年间日渐趋稳，维持在0.34左右。可见，各州市间的小学生均教育经费的差异系数6年间虽有起伏且日趋稳定，但相对差距还是有所扩大。这些表明云南省域内各州市小学教育投入的差距呈扩大趋势，各州市学生享有的教育资源存在一定的差距。

表3-2　2010—2015年云南各州市小学生均教育经费的标准差与差异系数

参数 年度	平均值	最大值	最小值	极差	标准差	极差率	差异系数
2010	4643.29	7014.48	2785.50	4228.98	956.97	2.52	0.206
2011	5880.57	17308.52	3191.73	14116.79	3063.14	5.42	0.521
2012	7597.67	20049.73	5206.09	14843.64	3328.61	3.85	0.438

续表

参数 年度	平均值	最大值	最小值	极差	标准差	极差率	差异系数
2013	9176.21	20395.75	6333.34	14062.41	3145.17	3.22	0.343
2014	9370.15	20673.31	6143.41	14529.90	3181.1	3.37	0.339
2015	11441.78	25013.83	7815.97	17197.86	3956.13	3.20	0.346

资料来源：依据云南省教育厅财基处提供的数据计算。

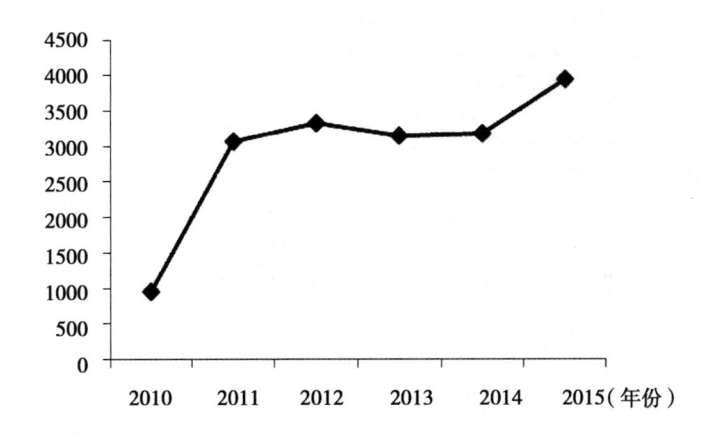

图 3-1　2010—2015 年云南各州市小学生均教育经费标准差的时序变化

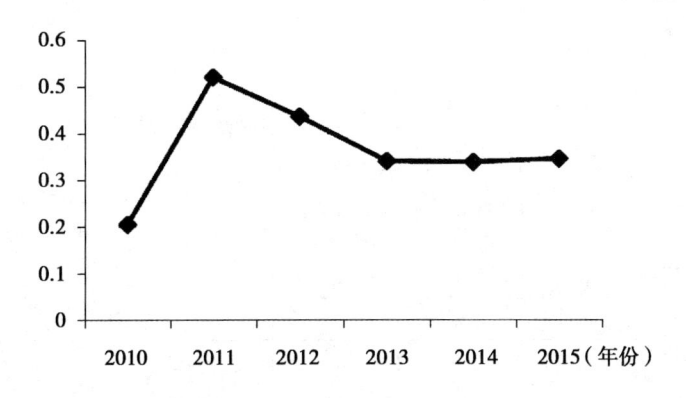

图 3-2　2010—2015 年云南各州市小学生均教育经费差异系数的时序变化

此外，从 2010 年到 2015 年各州市小学生均教育经费排序（见表 3-3）可见，迪庆州连续六年位居首位，昭通市则连续六年位居第 16 位，其他各州市的排序位次变化各有不同，有些州市 6 年内位次呈下降趋势，

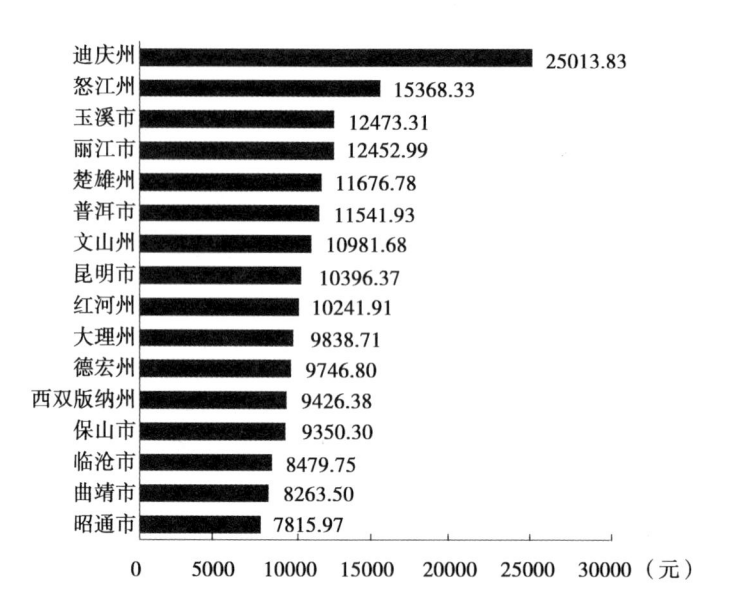

```
迪庆州                              25013.83
怒江州            15368.33
玉溪市        12473.31
丽江市        12452.99
楚雄州       11676.78
普洱市       11541.93
文山州      10981.68
昆明市      10396.37
红河州      10241.91
大理州     9838.71
德宏州     9746.80
西双版纳州 9426.38
保山市    9350.30
临沧市    8479.75
曲靖市    8263.50
昭通市   7815.97
```

图 3-3　2015 年云南各州市小学生均教育经费排序

如昆明市由 2010 年的第 2 位逐渐下降到 2015 年的第 8 位，也有些州市呈上升趋势，如文山州则由 2010 年的第 11 位上升到 2015 年的第 7 位。

表 3-3　　　　　2010—2015 年云南各州市生均教育经费排序

年份 州（市）	2010	2011	2012	2013	2014	2015
昆明市	2	2	3	4	6	8
曲靖市	15	15	15	15	15	15
玉溪市	3	4	9	6	4	3
保山市	9	11	10	10	10	13
昭通市	16	16	16	16	16	16
丽江市	6	6	6	2	2	4
普洱市	5	3	2	5	5	6
临沧市	12	13	14	14	14	14
楚雄州	7	8	5	7	7	5
红河州	13	10	11	9	11	9
文山州	11	9	8	8	8	7
西双版纳州	8	7	12	12	9	12

续表

年份 州（市）	2010	2011	2012	2013	2014	2015
大理州	14	14	13	11	12	10
德宏州	10	12	7	13	13	11
怒江州	4	5	4	3	3	2
迪庆州	1	1	1	1	1	1

资料来源：依据云南省教育厅财基处提供的数据排序。

综上可见，云南省域内各州市的小学教育虽然六年内总体投入明显增加，但各州市间的差距并没有得以相应缩小，而且还有扩大的趋势，不同州市的小学生因此而享有的教育资源也存有一定的差距。

（二）普通初中生均教育投入差距不断扩大

从表3-4可以看出，云南各州市普通初中生均教育经费的平均值在6年内增长幅度较大，2010年为5373.49元，2015年则为13480.52元，后者为前者的2.5倍，表明普通初中的教育投入明显增加。随着普通初中整体投入的增加，省域内各州市的差距也随之拉开。如图3-4、图3-5所示，2010—2015年，各州市间普通初中生均经费的标准差随着时序的变化而不断扩大。极差率也呈上涨趋势，由2010年的2.32增长到2015年的3.83。2015年各州市普通初中生均教育经费的排序图（见图3-6）显示，最高的迪庆州达33563.37元，而最低的昭通市则只有8757.92元，前者是后者的3.8倍。与此同时，各州市间的差异系数也是快速上扬，尽管2013年有所下降，但随后又呈上涨趋势。可见，云南省域内各州市普通初中教育投入的绝对差距与相对差距都在不断扩大，省域内普通初中生均投入差距不断扩大，表明各州市间普通初中享有的教育资源差距也在扩大。

表3-4　2010—2015年云南各州市普通初中生均教育经费的标准差与差异系数

参数 年份	平均值	最大值	最小值	极差	标准差	极差率	差异系数
2010	5373.49	8700.70	3743.35	4957.35	1106.12	2.32	0.206
2011	6471.99	12935.90	4556.91	8378.99	1981.54	2.84	0.306

续表

参数年份	平均值	最大值	最小值	极差	标准差	极差率	差异系数
2012	8666.90	20401.11	5914.49	14486.62	3478.19	3.45	0.401
2013	9731.87	19198.14	6313.65	12884.49	3044.68	3.04	0.313
2014	10809.36	29915.65	6440.69	23474.96	5184.17	4.64	0.480
2015	13480.52	33563.37	8757.92	24805.45	6012.47	3.83	0.446

资料来源：依据云南省教育厅财基处提供的数据计算。

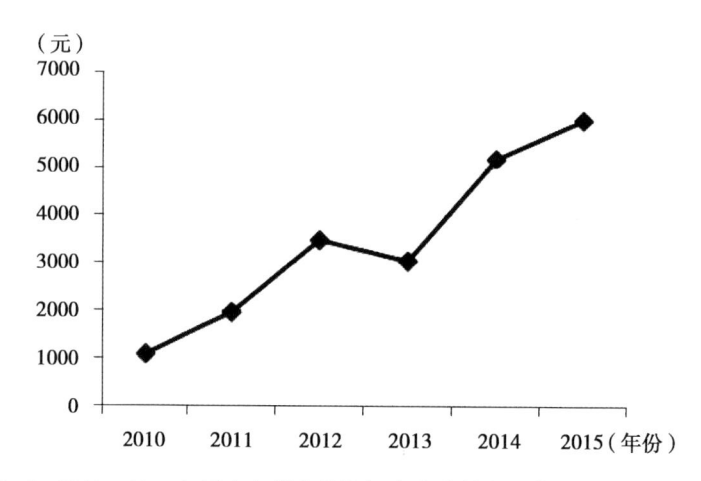

图 3-4 2010—2015 年云南各州市普通初中生均教育经费标准差的时序变化

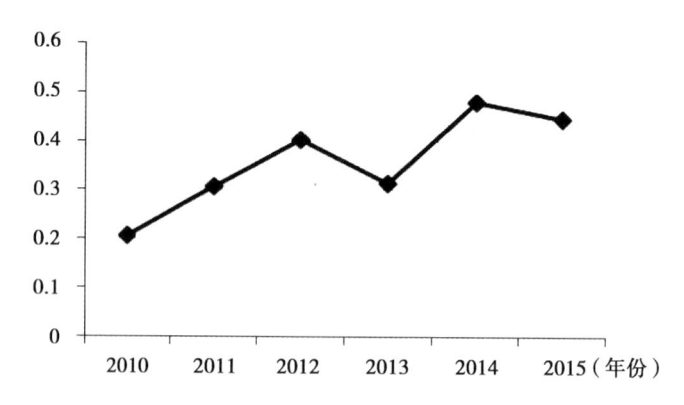

图 3-5 2010—2015 年云南各州市普通初中生均教育经费差异系数的时序变化

我们从云南各州市普通初中生均教育经费的排序（见表 3-5）可见，2010—2015 年，昭通市、曲靖市 6 年内徘徊在第 14 名与第 16 名之间，临

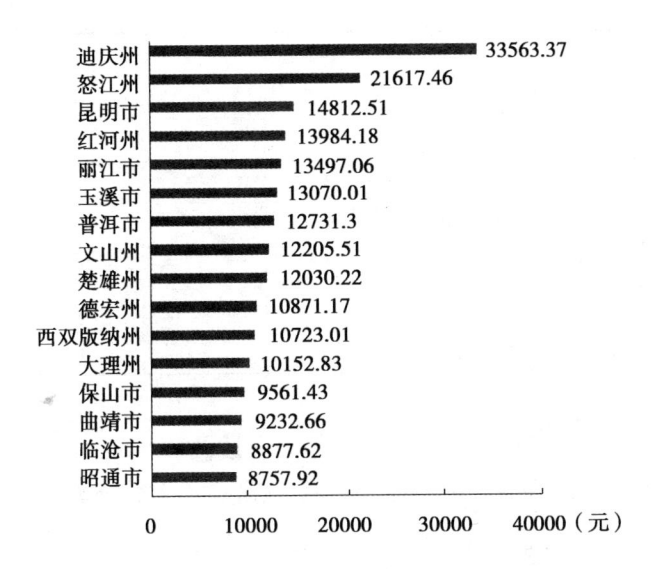

```
迪庆州  ████████████ 33563.37
怒江州  ████████ 21617.46
昆明市  █████ 14812.51
红河州  █████ 13984.18
丽江市  █████ 13497.06
玉溪市  █████ 13070.01
普洱市  ████ 12731.3
文山州  ████ 12205.51
楚雄州  ████ 12030.22
德宏州  ████ 10871.17
西双版纳州 ███ 10723.01
大理州  ███ 10152.83
保山市  ███ 9561.43
曲靖市  ███ 9232.66
临沧市  ███ 8877.62
昭通市  ███ 8757.92
        0   10000  20000  30000  40000（元）
```

图 3-6　2015 年云南各州市普通初中生均教育经费排序

沧市也基本是第 12 名与第 16 名之间；而排在前面三位的以迪庆州、昆明市、普洱市、怒江州居多，尤其是迪庆州从 2011 年开始便一直位居首位。可见，云南各州市普通初中生均投入高的地区依旧保持着较高的投入，而投入相对较低的州市也依然安步不前，地区间的差距也随之不断扩大。

表 3-5　2010—2015 年云南各州市普通初中生均教育经费排序

年份 州（市）	2010	2011	2012	2013	2014	2015
昆明市	1	2	2	2	2	3
曲靖市	15	15	15	14	14	14
玉溪市	2	5	7	6	6	6
保山市	12	13	12	13	11	13
昭通市	16	16	14	15	16	16
丽江市	13	14	13	5	5	5
普洱市	3	3	3	4	4	7
临沧市	14	12	16	16	15	15
楚雄州	4	4	4	7	9	9
红河州	11	11	11	8	8	4

续表

年份 州（市）	2010	2011	2012	2013	2014	2015
文山州	10	7	10	12	7	8
版纳州	6	6	8	9	10	11
大理州	9	8	9	10	12	12
德宏州	8	9	5	11	13	10
怒江州	7	10	6	3	3	2
迪庆州	5	1	1	1	1	1

综上可见，云南省域内义务教育投入近几年出现明显的增长。随之，省域内各州市间小学生均投入差距也出现扩大的趋势，普通初中生均投入的差距也明显扩大，义务教育财力资源呈非均衡配置状态，这就意味着云南省域内各州市学生在义务教育阶段所享有的教育资源存在一定差距。

二 教师资源尚未实现优化配置

随着云南各州市义务教育财力投入差距的不断扩大，教师资源不仅存在数量不足、专科教师尤为缺乏等问题，教师质量也有待进一步提高，教师资源配置尚需进一步优化。

（一）小学师资的现状

从前文多民族地区与其他非民族地区的比较分析中可以看出，云南省从2010年到2014年间小学生师比明显高于国家平均水平，教师数量存在一定的缺口；而从教师质量来看，云南省小学教师高于要求学历比例及中、高级职称教师比例都低于其他许多非民族地区。

1. 小学教师数量不足，专科教师尤为缺乏

表3-6的统计数据显示，2010—2014年，云南省域内人口众多、学校云集的昭通、曲靖、大理、昆明等4个州市小学生师比则明显高于全省平均水平，尤其是昭通市连续5年高于国家小学师资配置的最低标准19∶1，最高时为23.27∶1，远远高于国家小学师资配置的最低标准。保山市、红河州也都出现过高于全省平均水平的年份。其他10个州市基本低于全省平均水平，迪庆州、怒江州、丽江市5年内则一直保持着较低的师生比。

表 3-6　　　　　　　2010—2014 年云南各州市小学生师比

年份 地区	2010	2011	2012	2013	2014
云南省	18.32	18.6	17.4	17.03	16.94
昆明市	19.72	21.72	18.84	18.43	18.39
曲靖市	20.43	20.4	19.32	18.79	18.34
玉溪市	17.29	17.21	16.02	15.57	14.88
保山市	17.61	17.97	17.44	17.49	16.99
昭通市	23.37	22.41	20.31	20.33	20
丽江市	14.69	15.86	14.09	13.7	13.19
普洱市	15.22	16.25	15.12	14.88	15
临沧市	15.61	15.59	14.74	14.5	14.16
楚雄市	16.07	15.69	15.15	15.08	14.58
红河州	17.82	18.03	17.01	16.61	17.2
文山州	14.93	15.21	14.88	14.56	15.56
西双版纳州	16.52	17.71	17.21	17.36	17.59
大理州	20.95	20.98	20.29	19.29	18.18
德宏州	15.84	16.4	15.83	15.19	15.67
怒江州	14.19	14.9	14.3	14.19	13.52
迪庆州	13.02	12.97	13	12.34	11.93

资料来源：2010—2014 年《云南省教育事业统计摘要》。

虽然表 3-6 显示小学教师数量明显不足的地区只有昭通、曲靖、大理、昆明以及保山等 5 个州市，但是这 5 个州市的学校数量则占了全省学校较大的比例，如 2014 年云南省共有小学 12608 所小学，而这 5 个州市的学校数共达 6442 所，占了云南省小学学校数的 51.1%，其学生数则占到云南省小学生总数的 54%。可见，云南省域内教师数量存在明显不足，地区之间也存有一定的差距。

与此同时，云南省域内小学教师数量在城乡之间差异较大。城市学校相对而言各学科教师数量基本能均衡配置，但乡村学校则突出表现为英语、音乐、美术、体育、科学等学科教师数量明显不足。

如巍山县是以彝族、回族为主的少数民族自治县，又是国家级贫困县，其山区面积达 93.27%。2014 年该县有小学 77 所，其中乡村小学 65 所，教学点 38 个，乡村班级 571 个，但从课程专任教师学历情况来看，仅有 1 位英语本科专业教师、11 位艺术教师、35 位音乐教师（见表 3-7）。

表 3-7　云南巍山县 2014 年乡村小学英、艺、音、美、体专任教师数量情况

学科	专任教师数（人）	所占乡村专任教师比例（%）
英语	1	0.1%
艺术	11	1.22%
音乐	35	3.9%
美术	39	4.34%
体育	54	6.02%

资料来源：云南巍山县 2014—2015 年教育事业统计资料。

由于专任教师数量不足，师资学科结构失衡，导致许多乡村学校，尤其是小规模学校无法开设相关课程。如该县永建镇羊虎头教学点，有 15 名学生，由于是"一师一校"的"麻雀式"学校，只好实行复式教学。该校教师反映在复式教学过程中，由于自身英语水平较低、绘画水平不高，无法开设英语课，美术课是依据教材照葫芦画瓢。另外，在笔者实地调研的其他地方也存在专科教师缺编现象。如寻甸县栽开小学，由于缺少专科教师，英语、计算机等课程形同虚设。

此外，"大杂居、小聚居"是云南省许多民族地区典型的居住特征。在"小聚居"的民族村寨通用语言是其民族语言。因而，这些地区的孩子在未进入义务教育阶段时，汉语对他们而言是完全陌生的语言。为了促进义务教育均衡发展，云南地方政府鼓励这些地区在义务教育低年级段实施汉语与民族语言交替使用的双语教学。近些年，云南省政府也积极调配资源来培养双语教师，但是双语师资依旧存有较大缺口。云南红河哈尼族彝族自治州的泸西县白水镇以彝族学生为主的三个"一师一校"教学点，多年来一直由熟悉彝语与汉语的代课教师实施双语教学，并取得较好的教学效果。2015 年 12 月，三个教学点教师的劳动合同到期，将无法继续担任教学，而全镇 312 位公办教师中却没有适合彝语与汉语交替教学的双语教师[①]。再如云南迪庆藏族自治州，截至 2014 年底，该州实行藏汉双语教学的小学共有 15 所，190 个班级；而全州只有 40 名小学藏语文教师，双语教师的缺

---

① 《云南少数民族众多双语教学不可或缺》，《昆明日报》2015 年 3 月 31 日，http://xw.kunming.cn/a/2015-03/31/content_3872827.htm。

口依然较大。

2. 小学教师质量有待提高，师资配置尚需优化

随着云南省义务教育阶段教育投入的不断加大，教师质量也得到了相应的改善。如表3-8所示，小学专任教师有专科及以上学历者由2010年的76.3%增长到2014年的87.7%，五年间增长了11个百分点。

表3-8　　　　2010—2014年云南小学专任教师学历情况　　　　单位:%

学历＼年份	2010	2011	2012	2013	2014
研究生	0.05	0.08	0.10	0.18	0.19
本科	17.38	21.69	24.71	28.89	32.94
专科	58.93	58.20	56.16	55.57	54.58
高中阶段	22.28	18.88	16.45	14.57	11.72
高中阶段以下	1.36	1.15	0.90	0.79	0.57

资料来源：2010—2014年《云南省教育事业统计摘要》。

笔者2016年9月对云南10个州市的随机问卷调查中也发现，434名小学教师中虽然没有研究生学历，但是拥有专科学历的教师达43.5%，本科学历的为48.8%，两者合计达92.3%（见表3-9）。由此可见，省域内小学教师学历5年间得以整体提升。

表3-9　　　　　　小学专任教师学历情况

	教师学历	频率	百分比（%）
有效	高中（中专）以下	4	0.9
	高中（中专）	28	6.5
	专科	189	43.5
	本科	212	48.8
	合计	433	99.8
缺失	系统	1	0.2
合计		434	100.0

从具有中、高级职称教师职称的比例来看，2010年云南省域内46.81%的教师具有中、高级职称，2014年则达到51.71%，5年间增长了近5个百分点。

表 3-10　　　　　2010—2014 年云南小学专任教师职称情况　　　　单位:%

年份 职称	2010	2011	2012	2013	2014
中学高级	0.11	0.28	0.23	0.32	0.57
小学高级	46.7	49.62	50.38	51.56	51.14
小学一级	38.88	37.01	35.82	35.1	34.91
小学二级	7.51	6.74	6.66	6.59	6.09
小学三级	0.46	0.47	0.14	0.10	0.05
未定职级	6.35	5.85	6.33	6.34	7.24

资料来源：2010—2014 年《云南省教育事业统计摘要》。

此外，从整体上看，云南省域内小学教师学历与职称结构都有所改善，但调研发现，教师资源的有效配置依旧存有一定的问题。在问卷调查中，教师对所在学校师资结构对课程设置影响的看法上，有 30% 的教师认为所在学校师资的学历、学科以及年龄结构不合理，未能满足开全各门课程的师资需求；有 51.4% 的教师认为所在学校师资的学历、学科以及年龄结构基本合理，勉强能满足开全各门课程的需求；只有 18% 的教师认为所在学校师资的结构合理，能满足均衡开设课程的师资需求（见表3-11）。

表 3-11　　　　　　　　教师对所在学校师资结构的看法

	您认为所在学校的师资结构（学历、学科、年龄）：	频率	百分比（%）
有效	（1）合理，能满足均衡开设课程的师资需求	78	18.0
	（2）基本合理，勉强能满足开全各门课程的师资需求	223	51.4
	（3）不合理，未能满足开全各门课程的师资需求	130	30.0
	合计	431	99.3
缺失	系统	3	0.7
合计		434	100.0

而这一问题在实地走访的学校中也得到了进一步证实：

文山州广南县是一个国家级贫困县，群山环抱，交通极为不便，居住着汉、壮、苗、瑶、彝、回、蒙古、仡佬、傣、白、布依等 11 个世居民族。布维完小位于广南县西北部的者太乡，是一所寄宿制学校，离者太乡政府所在地 30 多千米，离广南县城有 7 个小时之多的车程，地处云南、贵州、广西"鸡鸣三省"之地。布维完小开设 1—6 年级，共有学生 140 人，教师 9 人，其中 8 人为在编教师，1 人为返聘教师。按照 19∶1 的生师比配置标准，布维完小教师数量已达标。从教师职称结构而言，小学高级教师 3 人，二级教师 3 人，中学二级教师 2 人；从学历结构来看，本科 2 人，专科 5 人，中专 1 人；从学科结构来看，近几年新进特岗教师 5 人，体育专业 1 人，汉语言文学 1 人，小语种 1 人，政治学 1 人，计算机专业 1 人，另外 3 人第一学历为中师的中文专业；从年龄结构来看，布维完小算是一个教师年龄偏低的学校，因为其中 5 位特岗教师都才二十出头。而从各年级开设的课程而言，主要开设了语文、数学、思品、科学、地方课程、体育；美术、音乐课在课表上有，但实际中却被其他课程所占用，至于英语、计算机课程到五年级才开设。

马白小学地处广南县西部珠街镇的一个偏远村庄，学校建在一高山之上，道路险峻，只有晴天能借助摩托车外出，一旦雨天则无法外出。马白小学也是一所完全小学，开设 1—6 年级，共有学生 93 人，教师 5 人。按照生师比配置标准，马白小学师资在数量上配置同样达标。但从学科结构来看，5 名教师均为体育专业，且全为近几年新进的特岗教师。因此，该校在课程设置上，主要为语文、数学、体育、思品。由于教师学科背景的原因，无法开设英语、计算机课程，科学课程也只能到 5 年级才开设。

由此可见，尽管一些学校教师职称、学历、年龄结构都已达标，但由于师资在学科配置的非均衡，同样会出现无法均衡设置课程的问题。

(二) 普通初中师资的现状

云南小学教师资源存在着数量不足、教师资源配置不均衡等一系列问题，普通初中教师资源是否也存在着同样的问题？通过对云南省教育厅公布的官方数据分析及实地的调查研究发现，云南普通初中教师资源也同样存在着数量不足、配置非均衡等问题。

1. 普通初中教师数量不足，专科教师较为缺乏

从表 3-12 可以看出，云南省域内普通初中生师比呈递减趋势，2010 年为 17.32，2014 年下降到 15.49。省域内各州市中，昭通、曲靖市依旧

保持远远高于云南省平均水平的态势；昭通市2010年为19.71，而2014年则为20.49；曲靖市2010年为19.82，2014年下降到了17.87，但依旧高于云南省平均水平；大理州2014年也略高于云南省平均水平。其他州市基本低于云南省平均水平。但是，按照国家统一城乡师资配置13.5∶1的标准，云南省普通初中整体高于国家初中教师配置标准，而省域内各州市2014年只有怒江、文山、丽江3个州市达到国家配置标准，其他州市都高于国家配置标准，地区之间存在一定的差距。可见，云南省普通初中教师数量存在着较大的缺口。

表3-12　　　　　2010—2014年云南各州市普通初中生师比

年份 地区	2010	2011	2012	2013	2014
云南省	17.32	17.21	16.18	15.38	15.49
昆明市	16.42	15.98	14.73	14.41	14.24
曲靖市	19.82	19.61	18.62	17.73	17.87
玉溪市	15.64	15.37	14.81	14.44	13.92
保山市	17.46	17.1	15.59	14.73	14.51
昭通市	19.71	20.61	18.76	19.67	20.49
丽江市	16.31	15.3	13.69	13.1	13.01
普洱市	15.49	15.65	14.79	14.15	14.31
临沧市	17.08	17.62	17.22	14.71	14.66
楚雄市	15.17	15.07	14.92	14.97	15.04
红河州	18.16	17.54	16.4	13.88	14.25
文山州	15.8	15.73	14.95	12.91	13.28
西双版纳州	17.28	17.04	16.52	16.08	15.08
大理州	16.17	16.2	15.8	15.64	15.69
德宏州	15.93	15.53	14.11	13.68	13.45
怒江州	14.54	14.54	13.33	12.33	12.55
迪庆州	16.94	17.99	16.73	15.4	14.77

资料来源：2010—2014年《云南省教育事业统计摘要》。

这一问题同样在笔者实地调研中得到进一步证实。大理州巍山县永济中学是永建镇的一所乡镇中学，该校共有学生1359名，72名教师，教师平均年龄在40岁左右。据该校校长介绍，由于教师缺编现象的存在,"体育老师教数学""美术老师教历史"已经不是调侃话语,而是永济中学的现实。文华中学是巍山县城的一所规模较大、教学设施基本达标的普通初级中学,有学生 2434 名,45 个班级,教师 139 人,其中专任教师 132 人。在访谈中,该校副校长反映,文华中学师资年龄整体结构偏大,平均年龄达 44 岁;而近十年来该校几乎未引进大学毕业生,教师的整体流动性不大;艺术等小学科教师匮乏,45 个班级只有 3 名音乐教师、2 名美术教师。由于师资缺乏,只在初一、初二开设美术课。而这一现象在其他地区也同样存在,如昆明市寻甸县的金所镇中学,是一所标准化学校,但据该校教导主任反映,近几年该校教师流动基本都是"只出不进",教师同样存在缺编问题,尤其是专科教师较为缺乏,27 个班级只有 1 位美术教师;虽有 17 名英语教师,但只有 7 位是英语专业科班出身。

2. 普通初中教师质量得到提高,师资配置有待优化

从普通初中教师的学历结构来看,云南省高于要求学历的教师比例从 2010 年到 2014 年基本呈递增趋势,2010 年为 66.2%,2014 年则是 79.29%,增长了 13 个百分点(见表3-13)。虽然这一比例放在全国范围来看,它不是一个很高的比例,但对于云南省而言,表明 5 年间初中教师的学历水平得到了较大提高。而这在问卷调查中也得到了相应的证明。如表3-14 所示,参与问卷的 467 位教师中,有 461 位对学历情况做出了回答,统计结果显示,拥有本科学历的教师达 83.3%,拥有研究生学历的占 0.6%,超过要求学历的教师总计达 83.9%,这说明初中教师的学历整体得以提升。

表 3-13　　　　2010—2014 年云南普通初中专任教师学历情况　　　　单位:%

年份 学历	2010	2011	2012	2013	2014
研究生	0.26	0.34	0.45	0.54	0.65
本科	65.94	70.23	72.91	75.85	78.64
专科	32.53	28.27	25.61	22.70	20.04
高中阶段	1.24	1.09	0.98	0.87	0.65
高中阶段以下	0.04	0.07	0.05	0.05	0.03

资料来源:2010—2014 年《云南省教育事业统计摘要》。

表3-14　　　　　　　　普通初中教师的学历情况

教师的学历		频率	百分比（%）
有效	（1）高中（中专）以下	1	0.2
	（2）高中（中专）	3	0.6
	（3）专科	65	13.9
	（4）本科	389	83.3
	（5）研究生	3	0.6
	合计	461	98.7
缺失	系统	6	1.3
合计		467	100.0

从专任教师职称情况来看，中学高级教师占比由2010年的11.17%增加到2014年的17.61，增长了6.4个百分点；中学一级教师由2010年的36.2%增加到2014年的38.38%（见表3-15），虽然增长幅度没有高级教师那么大，但是两项相加，中、高级职称教师的数量还是呈增长趋势。

表3-15　　　2010—2014年云南省普通初中专任教师职称情况　　　单位:%

职称\年份	2010	2011	2012	2013	2014
中学高级	11.71	13.78	15.48	16.57	17.61
中学一级	36.2	37.67	37.74	38.44	38.38
中学二级	39.46	37.75	36.64	35.88	34.71
中学三级	5.76	4.56	3.74	2.83	2.36
未定职级	6.86	6.24	6.39	6.28	6.95

资料来源：2010—2014年《云南省教育事业统计摘要》。

随着普通初中教师学历的提升以及中高级职称教师数量的增加，学校师资结构是否能满足当下普通初中的教学需要呢？在问卷调查中，初中教师对所在学校师资学历、职称以及年龄结构的满意度显然比小学教师相对要高（见表3-16），有24.2%的教师认为所在学校师资结构合理，能满足均衡设置课程的需要；53.7%的认为所在学校师资结构基本合理，勉强能满足课程设置的需要；但仍然有20.6%的教师认为所在学校师资结构不合理，未能满足课程设置需要，与小学相比降低10个百分点。由此可见，云南省域内普通初中教师虽然学历、职称结构五年来都有所改善，但是教师资源的优化配置依旧是普通初中教育资源配置所面临的重要问题。

表 3-16　　　　　　　教师对所在学校师资结构的看法

教师所在学校的师资结构（学历、学科、年龄）		频率	百分比（%）
有效	（1）合理，能满足均衡开设课程的师资需求	113	24.2
	（2）基本合理，勉强能满足开全各门课程的师资需求	251	53.7
	（3）不合理，未能满足开全各门课程的师资需求	96	20.6
	合计	460	98.5
缺失	系统	7	1.5
合计		467	100.0

三　城乡办学条件差距明显

通过前文的分析发现，在生均校舍、生均图书、每百名学生拥有计算机数以及生均教研设备值等几个指标中，云南省在全国范围内处于办学水平较低的地区之一，而在多民族 8 个省区中基本也都处于倒数几名。那么，云南省域内是各州市办学条件都是处于较低水平，还是各州市参差不齐？各州市的差距究竟体现在哪些具体指标上？这里将根据云南省教育厅公布的 2014 年县域义务教育均衡发展办学条件的相关数据进行统计分析，具体比较分析小学与普通初中在生均教学及辅助用房面积、生均体育运动场馆、生均图书数、每百名学生计算机数以及生均教学仪器设备值等 5 个指标上的差距。

（一）小学办学条件的差距

由于云南各州市不同的经济发展水平导致其在义务教育方面的财力投入力度不一，各州市小学办学条件也因此在不同办学指标上存在着不同程度的差距。

1. 生均教学及辅助用房的差距

从表 3-17 可以看出，云南省各州市内县域间生均教学及辅助用房的极差率最高的是昭通市，为 2.63，排第二的是昆明市，1.91，最低的西双版纳州是 1.14。标准差除了昭通市为 1 之外，其他州市都低于 1。而从差异系数来看，各州市的数值都低于 0.3，同样是昭通相对高一些，为 0.293，西双版纳州最低为 0.058。由此可见，各州市县域间生均教学及辅助用房方面间的差距，通过近几年的建设，得到了明显缩小，各州市县域间的差距相对较小。

表 3-17　　2014 年云南各州市小学县域间生均教学及辅助用房
面积的标准差与差异系数

参数 州（市）	平均值	最大值	最小值	极差	标准差	极差率	差异系数
昆明市	3.85	4.90	2.56	2.34	0.688	1.910	0.179
曲靖市	3.84	4.22	3.25	0.97	0.376	1.300	0.098
玉溪市	4.27	4.89	3.16	1.73	0.513	1.550	0.120
保山市	4.37	4.88	4.08	0.80	0.284	1.196	0.065
昭通市	3.42	5.13	1.95	3.18	1.000	2.631	0.293
丽江市	4.43	5.76	3.78	1.98	0.712	1.524	0.161
普洱市	3.50	4.50	2.80	1.70	0.559	1.607	0.160
临沧市	3.88	4.97	2.96	2.01	0.625	1.679	0.161
楚雄州	4.24	5.37	3.42	1.95	0.595	1.570	0.141
红河州	3.62	4.34	2.66	1.68	0.435	1.632	0.120
文山州	3.44	4.26	2.79	1.47	0.463	1.527	0.134
西双版纳州	3.05	3.20	2.80	0.40	0.176	1.143	0.058
大理州	4.24	5.59	3.25	2.34	0.656	1.720	0.155
德宏州	3.55	4.08	3.27	0.81	0.301	1.248	0.085
怒江州	4.28	5.08	3.76	1.32	0.491	1.351	0.115
迪庆州	4.40	4.95	3.59	1.36	0.585	1.379	0.133

资料来源：依据《云南省人民政府教育督导委员会办公室关于县域义务教育均衡发展统计情况》计算。

而在对 434 位小学教师的实际调研中发现，13.8% 的教师认为所在学校的校舍能满足教育教学的需要，41.5% 认为基本能满足需要，22.6% 的认为勉强能满足需要，21% 的认为不能满足需要（见表 3-18）。

表 3-18　　教师对所在学校校舍的满意度情况

	学校校舍情况	频率	百分比（%）
有效	（1）能满足学校教育教学需求	60	13.8
	（2）基本能满足学校教育教学需求	180	41.5
	（3）勉强能满足学校教育教学需求	98	22.6
	（4）不能满足学校教育教学需求	91	21.0
	合计	429	98.8

续表

学校校舍情况		频率	百分比（%）
缺失	系统	5	1.2
合计		434	100.0

在实地走访中也发现，城区（包括县城）学校校舍方面的差距相对较小，人口集中度高的老城区学校生均校舍面积相对较低些，但其教学及辅助用房基本都能满足教育教学的需要。乡镇学校基本都属于标准化学校建设的范畴，相对差距不大。但对于村小或教学点而言，它们与城市学校或是乡镇标准化学校的差距较为明显，教师对校舍使用的满意度也低于城区或是乡镇学校的教师，主要原因是村小、教学点的校舍通常比较陈旧简陋，课桌椅也存在缺腿少胳膊的现象。我们可以从以下三组照片看出三者之间的差距所在：城市学校与乡镇小学主要体现在规模大小的区别，二者之间差距不是十分明显；但将村小或是教学点的照片与前两组相比，差距就十分明显了，不仅外表简陋，而且内部设施也陈旧，基本只有与墙壁融为一体的黑板以及陈旧的桌椅。

第一组照片：城市小学教学楼

（昆明市明通小学 2015.09） 　（昆明市盘龙小学 2015.09） 　（昆明市武成小学 2015.09）

第二组：乡镇小学教学楼

（昆明寻甸县河口小学 2015.04） 　（怒江贡山县普拉底乡小学 2015.07） 　（迪庆德钦县第二小学 2015.10）

第三组：村小、教学点的教学楼

（文山广南县布维小学 2015.06）　（大理巍山县羊虎头教学点 2015.04）　（昆明寻甸县栽开小学 2015.04）

2. 生均体育运动场馆的差距

从生均体育运动场馆来看，云南省各州市县域间差异系数最高的是丽江市，为 0.466，而超过 0.4 的还有玉溪市、大理市；差异系数在 0.3 与 0.4 之间的有保山、普洱、德宏、怒江、迪庆等 5 个州市（见表 3-19）。由此可见，各州市县域间小学生均体育运动场馆的差距相对于生均教学及辅助用房要大。

表 3-19　　2014 年云南各州市县域间小学生均体育运动场馆的标准差与差异系数

参数 州（市）	平均值	最大值	最小值	极差	标准差	极差率	差异系数
昆明市	5.61	10.17	3.39	6.78	1.673	3.000	0.298
曲靖市	3.55	5.60	2.51	3.09	0.904	2.230	0.255
玉溪市	5.29	9.16	3.06	6.1	2.185	2.990	0.413
保山市	5.14	8.17	3.28	4.89	1.653	2.491	0.321
昭通市	3.43	5.04	1.96	3.08	1.009	2.571	0.294
丽江市	7.64	13.65	3.03	10.62	3.556	4.505	0.466
普洱市	5.50	9.58	2.58	7	2.072	3.713	0.377
临沧市	5.03	6.64	3.15	3.49	1.205	2.108	0.240
楚雄州	4.76	6.68	3.86	2.82	0.796	1.731	0.167
红河州	3.84	5.93	2.34	3.59	1.095	2.534	0.285
文山州	3.86	6.13	2.85	3.28	1.075	2.151	0.279
版纳州	5.65	6.35	4.61	1.74	0.748	1.377	0.133
大理州	4.90	10.47	2.40	8.07	2.140	4.363	0.437
德宏州	4.20	7.09	2.53	4.56	1.616	2.802	0.385

续表

州（市） \ 参数	平均值	最大值	最小值	极差	标准差	极差率	差异系数
怒江州	2.37	3.57	1.06	2.51	0.919	3.368	0.388
迪庆州	6.39	8.64	3.78	4.86	2.000	2.286	0.313

资料来源：依据《云南省人民政府教育督导委员会办公室关于县域义务教育均衡发展统计情况》计算。

这一问题在问卷调查与实地调研中也得到证实。问卷调查中，15.2%的教师认为运动设施齐全或比较齐全，40.3%的教师认为基本齐全且能满足教学，但有33.9%的教师认为运动设施缺乏，不能满足教学需求，还有10.4%教师选择"没有，无法开展教学"（见表3-20）。实地走访发现，城区（含县城）学校的运动设施比较齐全，乡镇学校因为标准化学校的建设，运动设施也日趋完善，但村小或教学点的运动设施相对比较匮乏。

表3-20　　　　教师对所在学校运动设施是否齐全的看法

	学校运动设施是否齐全	频率	百分比（%）
有效	（1）齐全，便于教学	33	7.6
	（2）比较齐全，能满足教学	33	7.6
	（3）一般，基本能满足教学	175	40.3
	（4）缺乏，不能满足教学	147	33.9
	（5）没有，无法开展相应教学活动	45	10.4
	合计	433	99.8
缺失	系统	1	0.2
	合计	434	100.0

（昆明市武城小学国富校区）　　（昆明市寻甸县河口镇中心小学）　　（昆明市寻甸县多姑小学）

3. 生均教学仪器设备值的差距

从前文的分析可见，多民族地区生均教学仪器设备值与东部地区存在着较大的差距，而云南省在这一指标上一直处于低水平状态，省域内各州市间的差距也十分明显。如表3-21所示，从各州市县域间平均值来看，前三名为怒江州、昆明市、丽江市，分别为1493.16元、941.24元、805.96元；最后三名为迪庆州、普洱市、德宏州，分别为340.55元、487元、490.91元，最高地区是最低地区的4.39倍。从各州市的差异系数来看，怒江州的差异系数同样位居首位为1.154，红河州也保持着较高的数值为0.734，这表明怒江州与红河州内县域间的差距十分明显。而楚雄、昭通、昆明以及迪庆4个州市也在0.49与0.53间，昆明市的极差率为5.78，楚雄为4.826，这些州市的极差率可见一斑，表明这些地区县域间在教学仪器资源配置上依旧存有较大的差距。

表3-21　　2014年云南各州市县域间小学生均教学仪器设备值的标准差与差异系数

参数 州（市）	平均值	最大值	最小值	极差	标准差	极差率	差异系数
昆明市	941.24	1901.23	328.88	1572.35	464.024	5.780	0.493
曲靖市	514.58	623.00	420.02	202.98	61.351	1.480	0.119
玉溪市	550.99	832.55	414.27	418.28	125.903	2.010	0.229
保山市	544.83	677.65	327.20	350.45	118.900	2.071	0.218
昭通市	607.36	1308.52	299.58	1008.94	304.537	4.368	0.501
丽江市	805.96	1009.98	612.07	397.91	138.612	1.650	0.172
普洱市	487.00	753.46	257.06	496.4	155.522	2.931	0.319
临沧市	585.48	859.27	449.94	409.33	116.446	1.910	0.199
楚雄州	502.22	1195.53	247.72	947.81	264.009	4.826	0.526
红河州	587.05	1816.77	183.09	1633.68	431.175	9.923	0.734
文山州	521.19	892.69	329.25	563.44	171.545	2.711	0.329
版纳州	494.24	759.89	339.89	420	188.665	2.236	0.382
大理州	714.32	998.65	427.86	570.79	186.198	2.334	0.261
德宏州	490.91	699.07	350.91	348.16	141.274	1.992	0.288
怒江州	1493.16	4468.54	346.93	4121.61	1723.730	12.880	1.154
迪庆州	340.55	510.95	112.75	398.2	167.556	4.532	0.492

资料来源：依据《云南省人民政府教育督导委员会办公室关于县域义务教育均衡发展统计情况》计算。

根据对问卷调查的统计分析，教师认为所在学校多媒体、实验室等教学设施、设备齐全且便于教学的只有9.7%，认为比较齐全且能满足教学的为11.1%，认为基本能满足教学的占47.5%，认为缺乏且不能满足教学的占26%，还有5.8%的教师选择了缺乏且无法开展相应教学活动（见表3-22）。

表3-22　　　　教师对所在学校的多媒体、实验室等教学设施设备是否配齐的看法

	学校多媒体、实验室等教学设施设备是否配齐	频率	百分比（%）
有效	（1）齐全，便于教学	42	9.7
	（2）比较齐全，能满足教学	48	11.1
	（3）一般，基本能满足教学	206	47.5
	（4）缺乏，不能满足教学	113	26.0
	（5）没有，无法开展相应教学活动	25	5.8
	合计	434	100.0

4. 生均图书数的差距

如表3-23所示，从云南省各州市小学生均图书数来看，最高地区是丽江市达到了26.72册，最低的是文山州，才13.84册。而从差异系数来看，最高的是昭通市达0.421，其次为怒江州为0.327，而其他地区基本都在0.3以下，可见大部分州市县域间的差距不大。

表3-23　2014年云南各州市县域间小学生均图书数的标准差与差异系数

参数 州（市）	平均值	最大值	最小值	极差	标准差	极差率	差异系数
昆明市	21.81	29.33	16.02	13.31	3.707	1.830	0.170
曲靖市	18.35	22.33	11.63	10.7	3.480	1.920	0.190
玉溪市	22.48	30.21	16.04	14.17	3.768	1.880	0.168
保山市	17.88	24.31	13.06	11.25	4.275	1.861	0.239
昭通市	20.38	38.95	11.36	27.59	8.586	3.429	0.421
丽江市	26.72	36.88	21.76	15.12	5.396	1.695	0.202
普洱市	21.02	26.02	15.53	10.49	3.644	1.675	0.170
临沧市	18.07	20.68	16.15	4.53	1.583	1.280	0.088

续表

州（市）\参数	平均值	最大值	最小值	极差	标准差	极差率	差异系数
楚雄州	20.33	25.51	16.09	9.42	3.168	1.585	0.156
红河州	20.23	33.12	11.00	22.12	5.054	3.011	0.250
文山州	13.84	16.36	10.07	6.29	1.920	1.625	0.139
版纳州	20.68	21.56	19.16	2.4	1.077	1.125	0.052
大理州	19.39	26.23	13.81	12.42	3.650	1.899	0.188
德宏州	19.77	21.92	15.06	6.86	2.478	1.456	0.125
怒江州	20.95	32.61	15.04	17.57	6.851	2.168	0.327
迪庆州	22.03	30.77	16.33	14.44	6.276	1.884	0.285

资料来源：依据《云南省人民政府教育督导委员会办公室关于县域义务教育均衡发展统计情况》计算。

通过对调查问卷的统计分析，434位教师中有13.8%的认为其所在学校图书资源丰富且种类齐全，19.8%的认为比较丰富且种类较齐全，40.1%的认为图书种类较少，22.4%的认为图书资源及种类都较少，还有3.5%的教师认为其所在学校几乎没有图书资料（见表3-24）。而选择图书资料种类缺乏或是没有的大都是村小或是教学点的教师。这在笔者实地走访中也得到了进一步证实，如寻甸栽开小学，虽然也设有图书资料室，但书架的图书无论是数量还是种类都偏少，而且所有在架图书都蒙上厚厚的灰尘，可见图书室因为图书种类较少，图书更新较慢，导致学生借阅兴趣不大，整个图书室也形同虚设。

表3-24　　　　　教师对所在学校图书资源是否丰富的看法

	学校图书资源是否丰富	频率	百分比（%）
有效	(1) 丰富，种类齐全	60	13.8
	(2) 比较丰富，种类较齐全	86	19.8
	(3) 一般，种类较少	174	40.1
	(4) 较少，种类缺乏	97	22.4
	(5) 没有	15	3.5
	合计	432	99.5
缺失	系统	2	0.5
	合计	434	100.0

(2015年4月昆明寻甸县载开小学图书室)

5. 每百名学生拥有计算机台数的差距

在每百名学生拥有计算机台数方面，云南省在全国范围内属于比较低的省区之一。从表3-25可以看出，云南省各州市县域间在这一指标上的差异明显要大于生均教学及辅助用房与生均图书数。从平均值而言，昆明市最高，每百名学生拥有计算机9.29台，最低为临沧市，2.83台；从差异系数而言，昭通市位居榜首达到了0.943，而且极差率为10.185，标准差为3.022，表明昭通市各县域间每百名学生计算机拥有量差距非常大。红河、文山、曲靖、西双版纳、大理、迪庆、楚雄等州市间的差异系数也在0.4到0.55之间，表明这些州市县域内计算机资源配置也存在着一定的差距。而其他州市的差异系数则处于0.25到0.4之间，县域间的差距相对要小于红河、文山等7个州市。

在实地调研中发现，每百名学生计算机拥有量，县域内城乡差距较大。随着标准化学校建设的日益推进，乡镇标准化小学基本都配置了电脑室，部分教室也有多媒体设备、电子白板。乡镇标准化小学与城市学校间的差距是足与不足的问题，但村小或是教学点与前两类学校相比而言，则是无与有的差距。如上文提到的寻甸县河口镇中心小学是一所乡镇建设中的标准化学校，每间教室都配置了多媒体，有4间教室配置了电子白板，有一间电脑室内配了46台电脑。但是与之在同一县区的载开小学、多姑小学，前者是离主干交通要道3千米远的教学点，后者是地处偏远高山之上的民族完小，这两所学校除了校长办公室有一台办公用电脑外，则没有其他电脑，至于多媒体、电子白板更无从谈起。而这一情况在其他地区也同样存在，如广南县的布维完小、白马小学，巍山县的教学点羊虎头小学、茶场小学，每所学校基本都只有一台办公用电脑，均没有教学用电脑。

表 3-25　　2014 年云南各州市县域间小学每百名学生拥有计算机数的标准差与差异系数

参数 州（市）	平均值	最大值	最小值	极差	标准差	极差率	差异系数
昆明市	9.29	13.35	3.98	9.37	2.866	3.350	0.309
曲靖市	3.63	7.90	1.71	6.19	1.756	4.620	0.484
玉溪市	6.72	10.02	3.96	6.06	1.993	2.530	0.296
保山市	3.52	5.81	2.22	3.59	1.329	2.617	0.378
昭通市	3.21	12.12	1.19	10.93	3.022	10.185	0.943
丽江市	6.65	9.61	4.21	5.4	2.312	2.283	0.348
普洱市	4.81	7.95	2.97	4.98	1.645	2.677	0.342
临沧市	2.83	4.29	1.09	3.2	0.959	3.936	0.339
楚雄州	4.88	8.89	2.95	5.94	1.982	3.014	0.406
红河州	4.88	8.02	0.85	7.17	2.473	9.435	0.507
文山州	4.72	9.66	1.95	7.71	2.595	4.954	0.550
版纳州	5.94	9.64	4.08	5.56	2.616	2.363	0.440
大理州	4.12	8.09	1.82	6.27	1.910	4.445	0.464
德宏州	4.01	5.36	2.77	2.59	1.039	1.935	0.259
怒江州	4.68	6.48	2.38	4.1	1.474	2.723	0.315
迪庆州	7.22	12.08	4.03	8.05	3.491	2.998	0.483

资料来源：依据《云南省人民政府教育督导委员会办公室关于县域义务教育均衡发展统计情况》计算。

综上所述，可见云南各州市小学县域间办学条件的差距主要体现在生均教研设备值、每百名学生拥有计算机数这两项指标上，这表明各州市县域间教学仪器资源、计算机资源分配的非均衡态势明显高于其他几项指标。教学及辅助用房相对其他资源而言，各州市县域间配置相对要均衡些。但是在实地调研同时也发现，即使资源配置相对差异较少的教学及辅助用房，城乡差距也十分明显。这在对教师的问卷调查中也得到了证实，如表 3-26 所示，在所调查的 434 位教师中，18.7% 的教师认为城乡办学条件的差距大，46.1% 的认为差距较大，二者共计达 64.8%；26.5% 的认为一般，7.4% 的认为差距较小，0.5% 的教师认为二者之间没有差距。可见，各州市县域间城乡资源配置存在着较大的差距。

表 3-26　　　　教师对小学城乡办学条件差距的看法

城乡办学条件差距		频率	百分比（%）
有效	（1）大	81	18.7
	（2）较大	200	46.1
	（3）一般	115	26.5
	（4）较小	32	7.4
	（5）没有	2	0.5
	合计	430	99.1
缺失	系统	4	0.9
合计		434	100.0

（三）普通初中办学条件的差距

从上文云南各州市县域内小学办学条件差距的分析可见，各州市在办学条件 5 个核心指标上都存在着不同程度的差距，突出表现在教学仪器设备与计算机的配置，尤其是城乡间存在着较大的差距。而各州市普通初中办学条件也因各州市财力投入的差异，在办学条件 5 个核心指标上依然存在一定的差距。

1. 生均教学及辅助用房面积的差距

表 3-27 中的数据显示，云南 16 个州市中普通初中县域间生均教学及辅助用房面积平均值最高的为怒江州，达 5.61 平方米；其次是迪庆州与昆明市，分别为 5.35 平方米与 5.07 平方米；其他州市基本都低于 4.5 平方米，最低地区为昭通市，只有 2.7 平方米。而从各州市县域间的差异系数而言，临沧、昭通两市稍微偏高些，前者为 0.37，后者为 0.317，其他各州市基本都低于 0.3，最低地区是西双版纳州，只有 0.092。可见，各州市普通初中跟小学存在同样的情况，虽然生均教学及辅助用房面积依旧存在差距，但是其间的差距相对较小。

表 3-27　　　2014 年云南各州市普通初中生均教学及辅助用房面积的标准差与差异系数

参数 州（市）	平均值	最大值	最小值	极差	标准差	极差率	差异系数
昆明市	5.07	7.05	3.29	3.76	1.068	2.143	0.211
曲靖市	3.21	4.08	2.43	1.65	0.577	1.679	0.180

续表

参数 州（市）	平均值	最大值	最小值	极差	标准差	极差率	差异系数
玉溪市	3.91	4.61	3.31	1.30	0.467	1.393	0.119
保山市	3.69	4.44	3.23	1.21	0.430	1.375	0.117
昭通市	2.70	4.62	1.52	3.10	0.854	3.039	0.317
丽江市	4.00	4.86	2.97	1.89	0.622	1.636	0.155
普洱市	4.01	6.15	2.9	3.25	0.948	2.121	0.237
临沧市	3.78	5.53	0.37	5.16	1.398	14.946	0.370
楚雄州	4.05	5.7	3.29	2.41	0.638	1.733	0.158
红河州	4.07	6.83	2.76	4.07	1.002	2.475	0.246
文山州	3.68	4.8	2.75	2.05	0.625	1.745	0.170
西双版纳州	4.36	4.67	3.79	0.88	0.401	1.232	0.092
大理州	3.78	5.63	2.69	2.94	0.722	2.093	0.191
德宏州	4.05	4.9	3.43	1.47	0.502	1.429	0.124
怒江州	5.61	8.26	4.28	3.98	1.596	1.930	0.284
迪庆州	5.35	6.36	4.79	1.57	0.714	1.328	0.133

资料来源：依据《云南省人民政府教育督导委员会办公室关于县域义务教育均衡发展统计情况》计算。

在问卷调查中，467位教师中认为其所在学校校舍"能或是基本能满足教育教学需要"的达51.2%，换言之，也就是有一半左右的教师对其所在学校校舍情况持基本满意的态度；还有25.7%的教师认为能勉强满足教育教学需要；依旧有22.3%的教师认为其所在学校校舍不能满足教育教学需要（见表3-28）。而在实地走访中发现，由于标准化学校建设的推进，乡镇中学的校舍情况得到了较大改善，大大缩小了城乡之间的差距。

表3-28　　　　　　　　教师对所在学校校舍情况的看法

	学校校舍情况	频率	百分比（%）
有效	（1）能满足学校教育教学需求	68	14.6
	（2）基本能满足学校教育教学需求	171	36.6
	（3）勉强能满足学校教育教学需求	120	25.7
	（4）不能满足学校教育教学需求	104	22.3
	合计	463	99.1
缺失	系统	4	0.9
	合计	467	100.0

2. 生均体育运动场馆面积的差距

从表 3-29 可以看出，各州市县域间生均体育运动场馆面积的平均值最高为昆明市，达到 8.00 平方米，其次是玉溪、迪庆、丽江三州市，分别为 7.44 平方米、7.43 平方米、7.28 平方米；最低为昭通市，只有 2.8 平方米，其他各州市基本都在 4.0 平方米到 7.0 平方米之间。从差异系数来看，昭通市依旧最高，为 0.592；其次是迪庆州为 0.584；文山州为 0.445，可见这三个州市县域间生均体育运动场馆面积差距相对较大些，而其他州市则都低于 0.4。相比较而言，云南省各州市普通初中生均体育运动场馆差距比生均教学及辅助用房面积的差距要明显。

表 3-29　2014 年云南各州市普通初中县域间生均体育运动场馆面积的标准差与差异系数

参数 州（市）	平均值	最大值	最小值	极差	标准差	极差率	差异系数
昆明市	8.00	14.08	4.24	9.84	2.459	3.321	0.307
曲靖市	4.96	7.65	3.03	4.62	1.467	2.525	0.296
玉溪市	7.44	10.78	4.26	6.52	2.058	2.531	0.277
保山市	5.27	7.94	3.53	4.41	1.807	2.249	0.343
昭通市	2.80	6.06	0.96	5.10	1.659	6.313	0.592
丽江市	7.28	11.19	4.77	6.42	2.793	2.346	0.384
普洱市	6.35	10.26	3.25	7.01	2.239	3.157	0.353
临沧市	6.31	8.71	1.02	7.69	2.199	8.539	0.349
楚雄州	5.24	6.3	4.24	2.06	0.690	1.486	0.132
红河州	4.71	8.12	1.85	6.27	1.665	4.389	0.353
文山州	4.78	8.36	2.28	6.08	2.128	3.667	0.445
西双版纳州	6.71	7.66	5.77	1.89	0.772	1.328	0.115
大理州	6.57	10.18	2.97	7.21	2.309	3.428	0.352
德宏州	8.14	11.69	6.59	5.10	1.885	1.774	0.232
怒江州	5.39	7.36	2.19	5.17	2.047	3.361	0.380
迪庆州	7.43	13.45	3.43	10.02	4.334	3.921	0.584

资料来源：依据《云南省人民政府教育督导委员会办公室关于县域义务教育均衡发展统计情况》计算。

而在问卷调查中，467 位教师有 8.4% 的认为其所在学校运动设施齐全且便于教学，16.8% 的认为其所在学校运动设施比较齐全且能满足教学，42% 的认为基本能满足教学，29.8% 的认为其所在学校运动设施缺乏且不能满足教学，还有 3.2% 的教师认为其所在学校没有相应的运动设施,无法开展相应教学活动。

表 3-30　　　　　教师对所在学校运动设施情况的看法

	学校运动设施	频率	百分比（%）
有效	（1）齐全,便于教学	39	8.4
	（2）比较齐全,能满足教学	76	16.3
	（3）一般,基本能满足教学	196	42.0
	（4）缺乏,不能满足教学	139	29.8
	（5）没有,无法开展相应教学活动	15	3.2
	合计	465	99.6
缺失	系统	2	0.4
	合计	467	100.0

3. 生均教学仪器设备值的差距

如表 3-31 所示,从平均值而言,最高的为迪庆州达 3130.98 元。紧随其后的是昆明市,为 1659.69 元,丽江市为 1117.25 元,怒江州为 1069.36 元,其他州市则都低于 1000 元,最低的为德宏州,仅 517.22 元,最高地区平均值是最低地区的 6 倍。而从极差率而言,最高的迪庆州达 43.528,红河、昆明紧随其后,分别为 7.81、6.375。由此可见,这几个州市间的绝对差距较大,如迪庆州的三个县区,香格里拉县最高为 8723.02 元,维西县 469.63 元,而最低的德钦县才 200.4 元,迪庆州的极差率达到了 43.528,差异系数为 1.263,由此说明迪庆州县域间的教学仪器资源配置极为不均衡。从差异系数而言,除了迪庆州外,昆明市、红河州的差异系数也在较高水平,分别为 0.642、0.675,表明这两州市县域间相对差距也较大。以上数据显示,在生均教学仪器设备值这一指标上,云南各州市县域间资源配置呈非均衡状态,而且各州市县域间的差距较大地区主要是迪庆州、红河州、昆明市。

表 3-31　　　　2014 年云南各州市普通初中生均教学仪器
设备值的标准差与差异系数

参数 州（市）	平均值	最大值	最小值	极差	标准差	极差率	差异系数
昆明市	1659.69	3878.23	608.38	3269.850	1066.179	6.375	0.642

续表

参数 州（市）	平均值	最大值	最小值	极差	标准差	极差率	差异系数
曲靖市	755.19	1099.33	357.87	741.46	259.879	3.072	0.344
玉溪市	673.08	1227.75	362.48	865.27	252.853	3.387	0.376
保山市	603.50	817.14	404.48	412.66	155.144	2.020	0.257
昭通市	602.52	1287.37	300.57	986.8	252.594	4.283	0.419
丽江市	1117.25	1583.3	730.19	853.11	317.824	2.168	0.284
普洱市	688.29	1193.87	330.65	863.22	259.336	3.611	0.377
临沧市	873.21	1242.41	647.36	595.05	185.826	1.919	0.213
楚雄州	844.93	1410.47	509.64	900.83	318.685	2.768	0.377
红河州	926.90	2908.16	372.36	2535.8	625.965	7.810	0.675
文山州	646.52	1087.82	448.45	639.37	191.501	2.426	0.296
西双版纳州	851.33	1239.07	530.03	709.04	293.253	2.338	0.344
大理州	956.03	1489.4	335.7	1153.7	380.910	4.437	0.398
德宏州	517.22	767.26	294.54	472.72	159.624	2.605	0.309
怒江州	1069.36	1411.36	557.41	853.95	313.742	2.532	0.293
迪庆州	3130.98	8723.02	200.4	8522.62	3955.693	43.528	1.263

资料来源：依据《云南省人民政府教育督导委员会办公室关于县域义务教育均衡发展统计情况》计算。

由于资源配置的差异，不同学校教师对所在学校多媒体、实验室等教学设施、设备配置的满意度也迥异。如表3-32所示，10.7%的教师认为其所在学校多媒体、实验室等教学设施、设备齐全且便于教学，17.8%的认为比较齐全且能满足教学，52.2%的认为基本能满足教学，18.2%的认为缺乏且不能满足教学，还有0.6%的教师认为没有相关设施设备而无法开展相应教学活动。

表3-32 教师对所在学校多媒体、实验室等教学设施设备情况的看法

	学校多媒体、实验室等教学设施设备情况	频率	百分比（%）
有效	（1）齐全，便于教学	50	10.7
	（2）比较齐全，能满足教学	83	17.8
	（3）一般，基本能满足教学	244	52.2
	（4）缺乏，不能满足教学	85	18.2
	（5）没有，无法开展相应教学活动	3	0.6
	合计	465	99.6

续表

学校多媒体、实验室等教学设施设备情况		频率	百分比（%）
缺失	系统	2	0.4
合计		467	100.0

4. 每百名学生拥有计算机台数的差距

从表3-33可以看出，每百名学生拥有计算机台数，昆明市位居首位，为12.72台，远远高于其他州市；最低的是昭通市，仅有4.78台。从差异系数来看，最高的为红河州，为0.389，最低的是保山市，仅为0.098。可见，每百名学生拥有计算机台数，普通初中整体上要高于小学，但是各州市间的差距依旧存在。

表3-33　　2014年云南各州市县域间每百名学生拥有计算机台数的标准差与差异系数

参数 州（市）	平均值	最大值	最小值	极差	标准差	极差率	差异系数
昆明市	12.72	19.56	7.27	12.290	3.661	2.691	0.288
曲靖市	6.36	10.89	4.09	6.8	1.821	2.663	0.287
玉溪市	8.50	11.73	5.14	6.59	2.253	2.282	0.265
保山市	5.79	6.34	4.7	1.64	0.567	1.349	0.098
昭通市	4.78	8.87	2.62	6.25	1.623	3.385	0.339
丽江市	9.23	12.45	7.22	5.23	1.996	1.724	0.216
普洱市	7.79	11.18	4.97	6.21	1.866	2.249	0.239
临沧市	6.78	9.4	5	4.4	1.274	1.880	0.188
楚雄州	7.39	9.54	5.12	4.42	1.615	1.863	0.219
红河州	8.13	14.16	3.63	10.53	3.158	3.901	0.389
文山州	7.52	10.99	4.27	6.72	2.410	2.574	0.320
西双版纳州	7.43	10.76	5.67	5.09	2.354	1.898	0.317
大理州	7.60	13.06	2.35	10.71	2.802	5.557	0.368
德宏州	6.08	7.35	4.23	3.12	1.079	1.738	0.177
怒江州	7.73	8.72	6.19	2.53	0.936	1.409	0.121
迪庆州	7.81	9.29	5.41	3.88	1.711	1.717	0.219

资料来源：依据《云南省人民政府教育督导委员会办公室关于县域义务教育均衡发展统计情况》计算。

5. 生均图书数的差距

在全国范围内，云南省普通初中生均图书数属于偏低地区之一，图书资源相对缺乏。从表3-34也可见一斑。2014年，各州市县域间平均值最高的是迪庆州，为34.33册，生均超过30册的还有怒江州，其他州市则都低于30册，最低的为昭通市，只有18.59册。从各州市的差异系数来看，迪庆州同样最高，为0.576，其次为昭通市，差异系数为0.373，而其他州市则都低于0.3，最低的是普洱市，仅为0.076。可见，从整体而言，各州市县域间生均图书数相对差距较小，处于一种低水平的均衡配置。

表3-34　　　　2014年云南省各州市普通初中县域间生均图书数的标准差与差异系数

参数 州（市）	平均值	最大值	最小值	极差	标准差	极差率	差异系数
昆明市	24.71	33.91	15.56	18.35	6.078	2.179	0.246
曲靖市	19.00	22.13	14.78	7.35	2.448	1.497	0.129
玉溪市	28.23	34.86	21.92	12.94	4.020	1.590	0.142
保山市	21.13	24.19	18.79	5.4	2.270	1.287	0.107
昭通市	18.59	33.5	6.16	27.34	6.940	5.438	0.373
丽江市	29.29	35.25	21.11	14.14	5.484	1.670	0.187
普洱市	23.97	27.37	21.62	5.75	1.834	1.266	0.076
临沧市	22.22	27.23	17.53	9.7	2.883	1.553	0.130
楚雄州	19.14	24.34	14.02	10.32	3.552	1.736	0.186
红河州	27.18	35.5	16.78	18.72	5.823	2.116	0.214
文山州	20.48	29.23	16.81	12.42	3.763	1.739	0.184
西双版纳州	25.79	27.16	24.61	2.55	1.050	1.104	0.041
大理州	20.46	31.25	12.91	18.34	4.687	2.421	0.229
德宏州	24.69	28.84	21.72	7.12	2.890	1.328	0.117
怒江州	30.42	44.74	21.1	23.64	8.762	2.120	0.288
迪庆州	34.33	61.75	15.82	45.93	19.783	3.903	0.576

资料来源：依据《云南省人民政府教育督导委员会办公室关于县域义务教育均衡发展统计情况》计算。

通过问卷调查发现，467位教师中有294人认为图书资源较少、缺乏或是没有，所占比例达62.9%（见表3-35）。换言之，有近2/3的教师认为其所在学校的图书资源不足。这在实地调研时也得到进一步证实。如巍山县城文华中学，学校规模较大，设施齐备，校园环境优美。据其副校长反映，依据县域均衡发展的达标标准，其他指标都已经达到或是超过云南省的标准，唯独图书资源不达标，现共有图书50300册，生均图书仅为20.6册，与云南省生均30册的标准还有较大的距离。

表3-35　　　　　　　教师对所在学校图书资源的看法

	学校图书资源情况	频率	百分比（%）
有效	（1）丰富，种类齐全	46	9.9
	（2）比较丰富，种类较齐全	125	26.8
	（3）一般，种类较少	166	35.5
	（4）较少，种类缺乏	118	25.3
	（5）没有	10	2.1
	合计	465	99.6
缺失	系统	2	0.4
合计		467	100.0

综述所述，在以上5个指标中，各州市县域间生均教学及辅助用房面积的差距相对较小，呈相对均衡配置状态；生均图书数、每百名学生拥有计算机台数两项指标虽然区域间差距较小，但是基本都处于低水平的相对均衡；而各州市县域间差距较大的是生均教研设备值，其次为生均体育运动场馆面积，尤其是前者，不少州市县域间的差距都较大。随着标准化学校建设的推进，乡镇中学的办学条件得到了前所未有的改善，城乡差距在一定程度上得到了缩小，但差距依旧存在，如巍山县永济中学是一所以回族学生为主的寄宿制乡镇中学，按照云南省中小学的办学条件标准，该校只有生均校舍面积一项达标，其他则都处于未达标状态，与县城文华中学相比，其差距非常明显。普通初中在城乡办学条件的差异方面，通过对调查问卷分析发现，14.1%的教师认为城乡办学条件差距大，53.1%的认为差距较大，两者相加达67.2%（见表3-36）。由此可见，城乡办学条件差距大依旧是普通初中资源配置所面临的主要问题。

表 3-36　　　　　　　教师对初中城乡办学条件差距的看法

		频率	百分比（%）
有效	（1）大	66	14.1
	（2）较大	248	53.1
	（3）一般	115	24.6
	（4）较小	30	6.4
	（5）没有	3	0.6
	合计	462	98.9
缺失	系统	5	1.1
合计		467	100.0

（四）办学条件达标率的差距

从上文的分析我们可以看出，云南省义务教育阶段办学条件整体水平不高，各州市县域间、城乡间存在着一定的差距，资源配置呈非均衡状态。那么，云南省各州市义务教育阶段学校办学条件达标率究竟怎样？

云南省依据教育部 2012 年颁布的《县域义务教育均衡发展督导评估暂行办法》与国务院同年 9 月颁布的《关于深入推进义务教育均衡发展的意见》要求，于 2014 年初相继出台了《云南省县域义务教育均衡发展督导评估实施办法（试行）》《云南省县域义务教育均衡发展督导评估细则（试行）》《云南省人民政府关于深入推进义务教育均衡发展的实施意见》《云南省义务教育学校办学基本标准达标评估指标及标准》等一系列文件，从而开始了全省范围内以办学条件为核心监测县域义务教育均衡发展评估工作。

《云南省县域义务教育均衡发展督导评估细则（试行）》与《云南省义务教育学校办学基本标准达标评估指标及标准》规定从生均占地面积、生均绿化面积、生均校舍建筑面积、生均体育场地面积、小学数学、科学、初中理科教学仪器配备、音体美器材配备、生均图书、学生与教职工之比、高于规定学历的专任教师比例等 10 个指标来评估各州市县域义务教育均衡发展；同时规定 10 项指标中，7 项及以上达标的，认定学校初步达标；8 项及以上达标的，认定学校基本达标。

对于农村学校，小学达标条件为：生均占地面积≥13.6 平方米，生均绿化面积≥1.5 平方米，生均校舍建筑面积≥4 平方米，生均体育场地面积≥6.3平方米，每百名学生拥有计算机数≥5台，生均图书数≥20册，学生与教职工之比≤23：1，高于要求学历专任教师比例≥75%；初中达标条件为：生均占地面积≥16.7平方米，生均绿化面积≥2平方米，生均校舍建筑面积≥5.6平方米，生均体育场地面积≥7.5平方米，每百名学生拥有计算机数≥10台，生均图书数≥30册，学生与教职工之比≤18：1，高于要求学历专任教师比例≥70%。

对于城市学校，小学达标条件为：生均占地面积≥12.7平方米，生均绿化面积≥1.5平方米，生均校舍建筑面积≥5.1平方米，生均体育场地面积≥4.8平方米，其他则跟农村小学标准一样；初中达标条件为：生均占地面积≥16.5平方米，生均绿化面积≥2平方米，生均校舍建筑面积≥6.4平方米，生均体育场地面积≥7平方米，其他同样与农村初中标准一样。

此外，还有山区、中心城区等特殊地区可适当降低标准，即在生均占地面积≥7平方米、生均校舍建筑面积≥3.6平方米、生均体育场地面积≥4平方米等三项指标可适当降低标准，小规模学校可对生均教研仪器设备值适当降低标准，可采取特殊地区的标准。

截至2014年底，如表3-37所示，云南省16个州市中，玉溪市小学80%的七项达标，62.3%的八项达标，是全省初步及基本达标学校比例最高的地区。丽江市、西双版纳州、楚雄州、昆明市初步达标的小学在60%到70%之间，基本达标率在42%到49%之间。红河州、大理州、德宏州初步达标比例在53%到58%之间，基本达标学校比例基本在36%到38%之间；曲靖市、保山市、普洱市的初步达标学校比例在41%到45%之间，基本达标学校比例在25%左右；而初步达标率在40%以下的州市则有迪庆州、文山州、怒江州、临沧市、昭通市等5个州市，尤其是昭通市达标比例相当低，七项达标学校只占17.5%，八项达标学校则只有8.3%。由此可见，云南省域内各州市小学办学条件整体偏低并呈非均衡发展状态，最高地区初步达标达80%，而最低地区则只有17.5%，二者之间存在着较大差距。

表3-37　　　　2014年云南各州市小学办学条件达标比例　　　　单位:%

项目 州（市）	七项达标	八项达标	九项达标
昆明市	62.4	42.4	25.8

续表

项目 州（市）	七项达标	八项达标	九项达标
曲靖市	44.1	24.2	9.3
玉溪市	80.0	62.3	39.7
保山市	41.8	24.8	8.9
昭通市	17.5	8.3	4.4
丽江市	69.1	48.7	31.7
普洱市	42.7	25.2	14.2
临沧市	30.2	13.8	4.1
楚雄彝族自治州	62.9	45.6	28.4
红河哈尼族彝族自治州	54.4	36.8	20.6
文山壮族苗族自治州	33.4	17.3	5.0
西双版纳傣族自治州	69.0	47.6	31.0
大理白族自治州	53.5	37.1	20.1
德宏傣族景颇族自治州	57.5	36.0	17.0
怒江傈僳族自治州	30.4	16.0	3.2
迪庆藏族自治州	39.0	26.0	13.0

资料来源：依据《云南省人民政府教育督导委员会办公室关于县域义务教育均衡发展统计情况》计算。

而从表3-38可看出，普通初中办学条件达标学校总体来看，显然比小学初步达标学校要高。昆明市、西双版纳州的初步达标学校基本都在74%以上。玉溪市、楚雄州、红河州、德宏州、怒江州等5个州市的初步达标学校在高于60%低于70%。丽江市、保山市、普洱市、大理州等4个州市的初步达标率则处于50%到59.5%之间。迪庆州的初步达标比例为45.5%，而曲靖市、临沧市、文山州、昭通市的初步达标比例都低于39%，昭通市依旧最低，只有9.2%的学校初步达到达标标准。而基本达标比例最高的依然是昆明市，达63.7%，最低的依旧是昭通市，只有5.2%的学校达到基本标准。由此可见，云南省普通初中比小学的达标率稍高，但是省域内普通初中的办学条件依旧普遍不高，并呈非均衡状态。

表 3-38　　　2014 年云南各州市普通初中办学条件达标比例　　　单位:%

	七项达标	八项达标	九项达标
昆明市	77.1	63.7	17.3
曲靖市	38.4	17.8	1.4
玉溪市	67.8	56.7	15.6
保山市	52.5	29.2	0.8
昭通市	9.2	5.2	0.0
丽江市	59.5	47.3	13.5
普洱市	54.8	35.5	5.6
临沧市	34.7	18.2	1.7
楚雄彝族自治州	63.7	37.9	3.2
红河哈尼族彝族自治州	67.4	52.0	14.3
文山壮族苗族自治州	28.3	13.0	0.0
西双版纳傣族自治州	74.4	51.2	11.6
大理白族自治州	51.5	26.7	9.1
德宏傣族景颇族自治州	61.8	47.3	5.5
怒江傈僳族自治州	65.4	23.1	3.8
迪庆藏族自治州	45.5	27.3	0.0

资料来源：依据《云南省人民政府教育督导委员会办公室关于县域义务教育均衡发展统计情况》计算。

第三节　教育质量总体偏低，各州市间存在着一定的差距

从表 3-39 可以看出，2010—2014 年，云南省各州市小学升学率总体保持在 90% 以上，只有昭通市 2010 年、2011 年低于 90%，分别为 85.43%、83.71%；迪庆州 2012 年低于 90%，为 85.53%；丽江 2013 年为 87.91%；而升学率连续 5 年都保持在 95% 以上的只有曲靖市、玉溪市、保山市、临沧市、文山州、怒江州；2014 年，最低的是红河州，为 92.5%，其次是丽江市为 93.76%，普洱市为 93.23%，其他州市小学升学率基本都在 95% 以上，地区之间的差距不是十分明显。

表 3-39　　　　2010—2014 年云南各州市小学升学率　　　　单位:%

年份 州（市）	2010	2011	2012	2013	2014
昆明市	94.35	91.35	98.68	99.2	98.94

续表

年份 州（市）	2010	2011	2012	2013	2014
曲靖市	100.15	97.76	99.48	99.54	99.38
玉溪市	99.24	98.28	98.35	98.83	98.79
保山市	99.19	97.96	95.4	97.66	97.83
昭通市	85.43	83.71	97.7	96.1	97.76
丽江市	97.02	96.71	91.11	87.91	93.76
普洱市	99.53	95.58	90.69	92.61	93.23
临沧市	99.24	99.16	95.29	97.55	97.03
楚雄州	99.57	98.08	96.39	92.45	96.41
红河州	98.21	96.25	92.52	92.15	92.5
文山州	97.42	95.77	96.28	98.74	98.13
版纳州	92.76	95.59	95.54	98.14	99.08
大理州	99.34	98.77	92.93	90.57	96.63
德宏州	96.95	93.94	94.69	95.89	95.21
怒江州	97.55	96.38	98.28	97.8	97.59
迪庆州	99.55	91.91	85.53	97.53	97.41

资料来源：2010—2014 年《云南省教育事业统计摘要》。

而从普通初中的升学率来看，通过前文的分析可知，云南省普通初中升入普通高中与中等职业教育的比例在全国范围内基本连续 5 年都处于倒数后三名之内，可见云南省义务教育阶段教育质量整体偏低。而具体再看各州市普通初中升学率，如表 3-40 所示，昆明市保持着相对较高的升学率，除了 2010 年为 87.87% 以外，其他 4 年都在 92% 以上。曲靖市 2010 年达到了 92.13%，玉溪市 2010 为 93.99%，2014 年为 93.2%；而 2010 年到 2013 年间，大部分州市一直保持着较低的升学率，如 2010 年到 2012 年 3 年间，昭通市分别为 48.89%、43.73%、44.74%；怒江州分别为 46.72%、48.47%、44.8%；文山州为 52.21%、45.76%、51.36%；等等；直到 2014 年，各州市的比例稍微有所提高，昆明市、玉溪市超过 90%，曲靖、保山、昭通、丽江、楚雄、大理等 6 个州市均在 84% 与 88% 之间，其他各州市基本都在 70% 到 79% 之间。由此可见，云南省义务教育阶段教育质量总体水平偏低，省域内各州市间存在着一定的差距。

表 3-40　　　2010—2014 年云南各州市普通初中升学率　　　单位：%

年份 州（市）	2010	2011	2012	2013	2014
昆明市	87.87	129.11	148.68	161.25	92.3
曲靖市	92.13	78.24	76.08	73.67	87
玉溪市	93.99	76.87	77.19	78.87	93.2
保山市	71.54	63.01	65.8	74.76	87.6
昭通市	48.89	43.73	44.74	62.15	85.9
丽江市	70.25	63.48	65.87	75.8	85.4
普洱市	55.75	55.59	60.65	67.8	72.9
临沧市	62.57	62.24	56.49	55.7	78.1
楚雄州	75.02	68.41	79.13	78.95	85.7
红河州	78.17	50.59	54.31	56.9	78.2
文山州	52.21	45.76	51.36	52.8	77.2
版纳州	56.32	48.7	55.78	62.66	73.8
大理州	69.31	68.88	70.52	75	84.4
德宏州	60.9	59.58	56.19	71.01	71.7
怒江州	46.72	48.47	44.3	54.11	71.2
迪庆州	77.74	46.21	48.62	55.63	70.2

资料来源：2010—2014 年《云南省教育事业统计摘要》。

综上所述，云南省作为典型的多民族地区，虽然各州市在入学机会上的差距不明显，但在教育过程机会中依然存在着一定的差距，因为教育资源配置的非均衡状态，自然而然会导致不同地区师资水平、办学条件等的不同，从而带来教育质量的差距。换言之，云南省域内义务教育发展尚未实现"以公平配置教育资源为手段，促进所有适龄儿童全面发展的核心目标"；突出表现在地区间、城乡间、校际间、家庭间的差距。这在问卷调查中也得到了证实，如表 3-41 所示，901 位教师对多民族地区义务教育发展存在主要问题的看法中，城镇与乡村间发展不均衡的选择频次为718 次，位居首位，校际之间发展不均衡的选择频次为 441 次，位居第二；不同家庭子女接受教育不平等的选择频次为 385 次，位居第三；民族地区与非民族地区发展不均衡的选择频次为 327 次，位居第四。可见，多民族地区义务教育均衡发展面临的主要问题是解决教育资源在地区之间、城乡之间、校际之间的公平而有效配置,从而保障不同地区儿童享有均等的教育机会,实现教育教学质量的提高,促进儿童全面发展。

表 3-41　　教师对多民族地区义务教育存在主要问题的看法

	多民族地区义务教育存在的主要问题	频率	百分比（%）	排序
有效	（1）校际之间发展不均衡	441	48.9	2
	（2）城镇与乡村之间发展不均衡	718	79.7	1
	（3）民族地区与非民族地区发展不均衡	327	36.3	4
	（4）不同家庭子女接受教育不平等	385	42.7	3
	（5）其他	56	6.2	5
	合计	893	99.1	
缺失	系统	8	0.9	
	合计	901		

第四章　多民族地区义务教育非均衡发展的原因分析

义务教育均衡发展，就是使区域内义务教育阶段的中小学校在办学经费投入、硬件设施、师资调配、办学水平和教育质量等方面大体上处于一个比较均衡的状态，与义务教育的公共性、普及性和免费性相适应，为人人享有公平、公正地接受义务教育全力提供充足的保证。但当前我国多民族地区义务教育仍然处于非均衡发展状态，其原因是相当复杂的，既有经济社会发展差距的影响，又有历史形成的体制、机制方面的原因。因此，要探寻这一问题产生的原因需要从多个层面进行。

第一节　多民族地区经济发展滞后

西奥多·W. 舒尔茨曾经明确指出，"教育是经济增长的源泉"[1]。教育发展对经济增长有推动作用，这已是被世界各国的经验所反复证明了的。但教育的发展需要人力、物力和财力资源的支撑，也是毫无疑问的。一个国家或地区经济发展的好坏影响着教育发展的规模、速度和质量，教育的发展很难超出经济社会发展所能提供的物质条件。区域、城乡经济发展状况对义务教育的发展同样起着决定性影响。因为"当今世界上，不管其意识形态如何，没有一个国家已经近于消灭那些给教育制度投下阴影的严重的社会经济不平等"[2]。人类社会发展的历史实践表明，经济发展是整个社会发展的基础，教育发展也毫不例外地受其影响。

---

[1]　西奥多·W. 舒尔茨：《教育的经济价值》，吉林人民出版社1982年版，第88页。
[2]　[美] 菲利普·库姆斯：《世界教育危机：八十年代的观点》，赵宝恒、李环等译、王英杰校，人民教育出版社2003年版，第224—225页。

一 义务教育与经济发展的关系

义务教育从其发轫之初便是以追求教育公平、保障教育机会均等为其核心价值诉求。它是以国家立法为保证、政府财政为保障,面向所有适龄儿童的国民公共教育,具有均等性、强制性、免费性、基础性等特征,并且还具有米尔顿·费里德曼所言的"邻近影响",即较强的外部效应,是一国公民所需达到最低限度的文化与知识要求、接受一些共同价值准则所必须接受的教育,也是一个稳定而民主的社会得以存在与发展的基础。

现代公共产品理论的奠基者萨缪尔森在其《公共支出的纯粹理论》一文中提出了公共产品(public good)的经典定义。[①] 在他看来,所谓公共产品的重要特征是每一个人对这种产品的消费并不减少或阻止任何人对该产品的消费,而在对这一产品的消费过程中也无法或者难以排除任何人共享该物品。"非竞争性"与"非排他性"是公共产品在消费上所具备的两大主要特征。义务教育虽然于学生个人的直接消费而言,它具有显著的竞争性与排他性,但是义务教育促使学生个人发展,在给学生带来个人收益的同时,能提高国民整体素质,具有显著的社会效益与较强的外部效应。此外,义务教育是国家法律制度规定所有适龄儿童不分性别、种族、信仰等都必须接受的国民教育,如我国《义务教育法》规定,"义务教育是国家统一实施的所有适龄儿童、少年必须接受的教育,是国家必须予以保障的公益性事业,实施义务教育,不收学费、杂费"。在这一法律制度下,义务教育是国家从制度与财政上予以保障的公益性事业,一名儿童接受义务教育并不妨碍或是阻止其他儿童接受义务教育,任何适龄儿童也不会因为不付费而被排除在义务教育之外。所有适龄儿童对义务教育的消费具有公共产品的"非竞争性"与"非排他性"。因此,从产品属性而言,义务教育是一种公共产品。

义务教育作为政府提供的公共产品,通过向儿童传授基础的科学文化知识,培养儿童获取知识、自我学习的能力,使儿童完善发展且具备经济社会发展所需的基础性文明、基本公民道德素质与素养等,并为其接受更高一级教育打下坚实基础。在这一过程中,义务教育也通过对科学文化知

[①] Paul A. Samuelson. The Pure Theory of Public Expenditure. *Review of Economics and Statistics*, 36 November 1954, pp. 387–389.

识的传播、民族文化的弘扬，提升整个国民素质，为经济社会发展提供有力的人才支撑，成为推动经济社会发展的一个重要因素。西奥多·W.舒尔茨曾经对美国初等学校教育、中等学校教育、高等学校教育的收益进行比较研究，其结果显示初等学校教育的收益率为35%，中等学校教育的收益率为10%，高等学校教育的收益率则为11%[①]。改革开放以来，我国经济得以迅速发展，成为世界第二大经济体，国民生活水平也得以前所未有地提高，这与我国义务教育的普及与发展不无关系。

可见，义务教育对经济社会的发展起到强而有力的推动作用。而与之相对应，义务教育发展又对经济社会发展具有较强的依附性，需要经济社会发展为其提供强有力的人力、财力和物力支撑。尤其是当下，实施义务教育的均衡发展，更有赖于经济社会发展的大力支持，以及各种教育资源有效且充足地供给。

二 经济基础薄弱导致多民族地区教育资源供给不足

多民族地区大都处于广袤的边疆地区，地理环境极其复杂多样。有些地区千里戈壁、风沙遍野，有些地区雪山连绵、气候寒冷，有些地区则崇山峻岭、交通闭塞。多民族地区的生态环境脆弱，旱灾、风沙、雪灾、地震等自然灾害也频频发生。地理环境与气候环境所带来的影响也成为多民族地区经济发展的天然屏障。诚然，多民族地区有着丰富的自然资源，具有较强的比较优势，其区域产业大都以资源型或资源加工型产业为主。但由于计划经济时代的价格不合理而导致西部地区与其他沿海地区省市在初次产品交易中利益不平等[②]，多民族地区丰裕的资源禀赋这一比较优势并没有成为推动经济发展的原动力。改革开放以后，由于国家经济发展转向以沿海优先发展的非均衡发展战略，东部地区享有诸多区域经济发展的政策优势，而西部地区则没有享有这些优惠政策，在市场竞争中明显处于不利地位，二者之间的差距日益拉大。

为了缩小东西部之间的差距，从20世纪90年代开始，国家经济转向区域协调发展，开始实施西部大开发战略，经济政策不断向西部地区倾

---

① 西奥多·W.舒尔茨：《教育的经济价值》，吉林人民出版社1982年版，第95页。
② 张敦富、覃成林：《中国区域经济差异与协调发展》，中国轻工业出版社2001年版，第19页。

斜，多民族地区也从中受益匪浅。但由于历史的积累与地理环境的天然屏障，多民族地区经济基础依然薄弱，经济发展依旧滞后。

这从 2015 年国家统计局公布的全国各地区人均生产总值（见图 4-1）

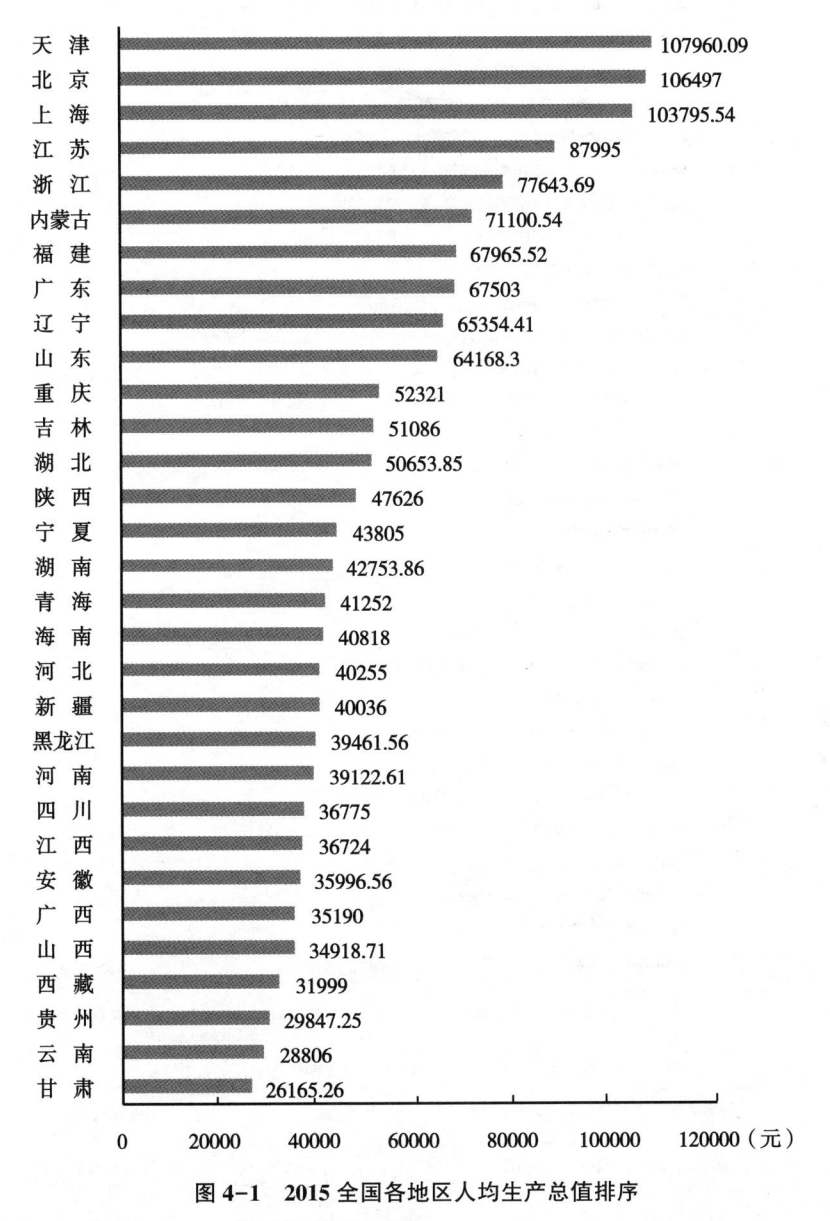

地区	人均生产总值
天津	107960.09
北京	106497
上海	103795.54
江苏	87995
浙江	77643.69
内蒙古	71100.54
福建	67965.52
广东	67503
辽宁	65354.41
山东	64168.3
重庆	52321
吉林	51086
湖北	50653.85
陕西	47626
宁夏	43805
湖南	42753.86
青海	41252
海南	40818
河北	40255
新疆	40036
黑龙江	39461.56
河南	39122.61
四川	36775
江西	36724
安徽	35996.56
广西	35190
山西	34918.71
西藏	31999
贵州	29847.25
云南	28806
甘肃	26165.26

图 4-1　2015 全国各地区人均生产总值排序

资料来源：2016 年《中国统计年鉴》。

中可见一斑。多民族地区人均生产总值最高的地区是内蒙古，为 71100.54

元，位居全国第 6 位；宁夏 43805 元，居 15 位；青海 41252 元，居 17

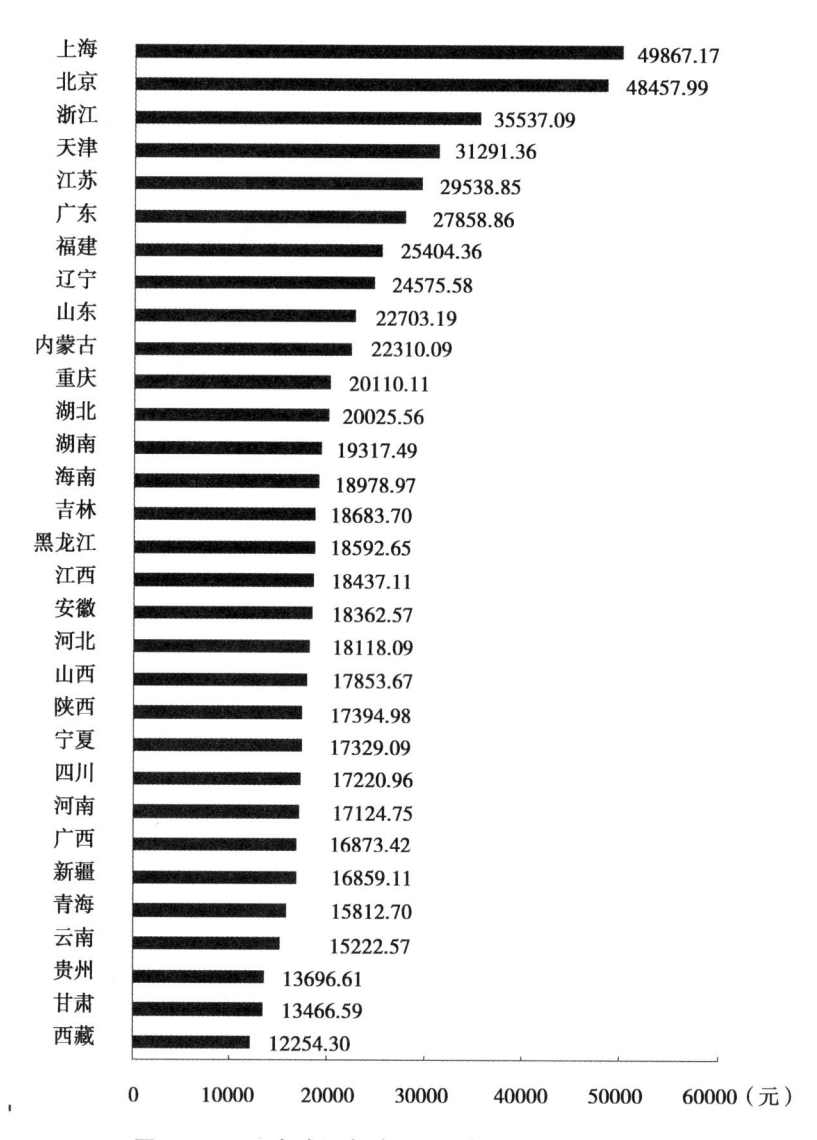

地区	数值
上海	49867.17
北京	48457.99
浙江	35537.09
天津	31291.36
江苏	29538.85
广东	27858.86
福建	25404.36
辽宁	24575.58
山东	22703.19
内蒙古	22310.09
重庆	20110.11
湖北	20025.56
湖南	19317.49
海南	18978.97
吉林	18683.70
黑龙江	18592.65
江西	18437.11
安徽	18362.57
河北	18118.09
山西	17853.67
陕西	17394.98
宁夏	17329.09
四川	17220.96
河南	17124.75
广西	16873.42
新疆	16859.11
青海	15812.70
云南	15222.57
贵州	13696.61
甘肃	13466.59
西藏	12254.30

图 4-2　2015 年全国各地区居民人均可支出收入排序

资料来源：2016 年《中国统计年鉴》。

位；新疆 40036 元，居 20 位；广西 35190 元，居 26 位；西藏 31999 元，居 28 位；贵州 29847.25 元，居 29 位；云南 28806 元，居全国第 30 位。而全国人均生产总值最高的地区天津则达到 107960.06 元，相当于内蒙古的1.51倍、宁夏的2.46倍、青海的2.62倍、新疆的2.70倍、广西的3.07倍、西藏的3.37倍、贵州的3.62倍、云南的3.75倍。可见，多民族地区除了内蒙古人均生产总值能挤入全国中上水平外，其他省区基本都处于中下偏低的水平。

我们再将全国分地区居民人均可支配收入进行排序比较（见图4-2），最高的是上海，达49867.17元，内蒙古22310.09元，位居全国第10位；宁夏17329.09元，居22位；广西16873.42元，居25位；新疆16859.11元，居26位；青海15812.7元，居27位；云南15222.57元，居28位；贵州13696.61元，居29位；西藏12254.3元，位居全国最后一位。换言之，多民族8个省区中，有7个省区居民人均可支配收入都低于18000元，全国最后7个省区中，多民族地区就占了6个省区，可见大部分多民族地区居民人均可支配收入都处于全国较低水平。

大部分多民族地区人均生产总值、居民人均可支配收入都处于全国偏低的水平，贫困也自然与这些地区相伴相随。根据国务院扶贫开发领导小组办公室2012年3月公布的《国家扶贫开发工作重点县名单》中，全国共有重点扶贫县592个，多民族8省区就有232个，占到总数的39.19%。如表4-1所示，国家开发扶贫重点县（即国家级贫困县）分布在全国21个省区，而多民族8省区中国家开发扶贫重点县占其省域内县区数的比重都不低。比重最高地区是宁夏，全区共有22个行政县区，有18个县区为国家开发扶贫重点县，所占比重达81.8%；贵州有88个行政县区，其中50个县为国家开发扶贫重点县，达56.8%；云南也不相上下，全省129个行政县区，其中73个为国家开发扶贫重点县，占比达56.6%，青海、内蒙古、新疆、广西则分别为34.9%、30.4%、26.2%与25.5%。

表4-1　　　　国家开发扶贫重点县占各省区内县区数的比重

地区	国家开发扶贫重点县（个）	县区数（个）	国家开发扶贫重点县所占县区数的比重（%）
河北	39	171	22.8
山西	35	119	29.4
内蒙古	31	102	30.4
吉林	8	60	13.3
黑龙江	14	128	10.9
安徽	19	105	18.1

续表

地区	国家开发扶贫重点县（个）	县区数（个）	国家开发扶贫重点县所占县区数的比重（%）
江西	21	100	21.0
河南	31	158	19.6
湖北	25	103	24.3
湖南	20	122	16.4
广西	28	110	25.5
海南	5	23	21.7
重庆	14	38	36.8
四川	36	183	19.7
贵州	50	88	56.8
云南	73	129	56.6
陕西	50	107	46.7
甘肃	43	86	50.0
青海	15	43	34.9
宁夏	18	22	81.8
新疆	27	103	26.2

资料来源：2012年国家扶贫开发工作重点县名单。

再从国家在全国共划分的14个集中连片特殊困难地区来看，共所辖680个县，其中多民族8个省区就有332个，占总数的48.82%，表明近乎一半的特困县区在多民族地区。而西藏全境74个县区皆为集中连片特困地区，云南有85个县集中在乌蒙山区、石漠化地区、滇西边境山区和云南藏区4个集中连片特困地区，贵州有65个县集中在武陵山区、乌蒙山区、石漠化区3个集中连片特困地区。

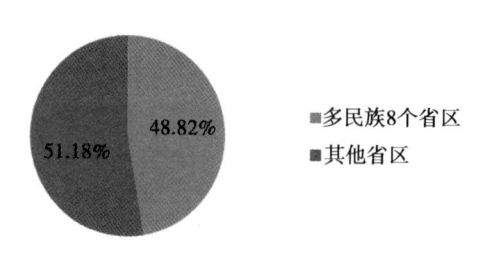

图4-3 多民族地区集中连片特困县的比例

综上可见，多民族地区是特困区、贫困县的聚集地，贫困人口较多。根据国家统计局公布的《2015年中国农村贫困监测报告》数据显示：截至2014年，按照现行国家农村贫困标准测算，农村贫困人口仍在500万以上的省区有6个，多民族地区广西、贵州、云南都在此列。从贫困发生率看，贫困发生率在15%以上的省区有5个，其中贵州、云南、西藏和新疆都在其中；在10%—15%之间的有5个，广西、青海、宁夏位列其中；内蒙古的贫困发生率在5%—10%之间。[①]

由于多民族地区是贫困人口聚集之地，其经济基础十分薄弱。阿玛蒂亚·森曾经指出"贫困是一种能力的剥夺"。而所谓"能力"，在他看来，指人的一生是他从事的一系列行为或达到的某种状态以及由此组成的"功能"集合——个人的存在和行为；是个人能够选择的不同功能，其本质上是种自由——个人拥有的决定过何种的可选择范围。而贫困则会剥夺个人的选择范围[②]。同理，一个经济基础薄弱的地区，一个贫困多发的区域，其选择发展范围的能力也自然受限。我们从表4-2中可以看出，2015年，多民族8个省区中，西藏地方一般公共财政预算收入为137.13亿元，同年教育公共财政预算支出则需167.27亿元，单教育支出一项就超过了其一般公共财政预算收入30.4亿元。换言之，西藏2015年地方一般公共财政预算收入都不能满足教育这一项支出需求。而其他多民族地区2015年教育公共预算支出占其地方一般公共财政预算收入的比重显然也不低：青海地方一般公共财政预算收入为267.13亿元，教育公共预算支出为163.19亿元，所占比重达61.1%；广西地方一般公共财政预算收入为1515.16亿元，教育公共预算支出为789.69亿元，所占比重达52.1%；贵州地方一般公共财政预算收入为1503.38亿元，教育公共预算支出为772.91亿元，所占比重达51.4%；新疆地方一般公共财政预算收入为1330.85亿元，教育公共预算支出为647.93亿元，所占比重达48.7%；云南地方一般公共财政预算收入为1808.15亿元，教育公共预算支出为767.46亿元，所占比重达42.4%；宁夏、内蒙古所占比重稍微偏低些，

---

① 国家统计局：《2015中国农村贫困监测报告》，中国统计出版社2016年版，第14—15页。

② 阿玛蒂亚·森：《印度：经济发展与社会机会》，社会科学文献出版社2006年版，第13页。

分别为 38.2% 与 27.3%。

表 4-2　　2015 年多民族地区地方公共财政教育预算支出情况　　单位：亿元

地区	地方一般公共财政预算收入	地方公共财政教育预算支出	地方公共财政教育预算支出占地方一般公共财政预算收入的比重（%）
内蒙古	1964.48	536.53	27.3
广　西	1515.16	789.69	52.1
贵　州	1503.38	772.91	51.4
云　南	1808.15	767.46	42.4
西　藏	137.13	167.27	122.0
青　海	267.13	163.19	61.1
宁　夏	373.45	142.51	38.2
新　疆	1330.85	647.93	48.7

资料来源：2016 年《中国统计年鉴》。

而教育是一种连续性的活动，教育机会的提供需要社会对其连续不断地投入大量的人力、物力、财力资源，否则教育规模难以扩大，教育机会的提供必然受到制约。[①] 而我国多民族地区中除了内蒙古具备相应的教育资源供给能力外，其他几个省区因其薄弱的经济基础，教育资源的供给能力十分有限，单凭其地方财政收入，难以满足教育发展所需的人力、物力、财力需求。更何况这些地区中有限的经济能力不是仅仅只保障义务教育的发展需求，它还需保障地方高等教育、中职教育、高中阶段教育、学前教育等各级各类的教育投入。而义务教育作为由政府财政全力保障的公共产品，能从地方政府获得经费总量有限，那么在其资源配置上必然会出现不足与不均衡问题。

三　经济社会发展不平衡导致多民族地区内教育资源供给不均衡

从上文的分析中可见，多民族地区不仅整体经济基础十分薄弱，经济发展相当滞后，而且多民族地区区域内的经济发展同样由于自然资源禀

---

①　范先佐：《教育经济学新编》，人民教育出版社 2010 年版，第 167 页。

赋、地理环境、交通条件的差异，也存在着较大的差距。就云南省而言，从各州市的人均生产总值而言，昆明市、玉溪市遥遥领先于其他州市，而文山州、昭通市通常处在16个州市中相对落后的位置。从2011年到2015年，云南省各州市间人均国内生产总值最高地区基本上是最低地区的4倍之多；差异系数虽呈递减趋势，但依旧徘徊在0.45左右；而标准差从2011年开始呈快速扩大趋势（见表4-3），表明云南省域内人均国内生产总值的绝对差距呈扩大趋势。

表4-3 2011—2015年云南省各州市人均国内生产总值的差距

年份\参数	平均值	最大值	最小值	极差	标准差	极差率	差异系数
2011	17979.51	38689.87	8910.178	29779.7	8608.115	4.34	0.48
2012	21307.05	46814.99	10657.97	36157.02	10010.72	4.39	0.47
2013	23962.63	52277.82	11984.52	40293.3	10901.11	4.36	0.45
2014	26101.18	56437	12548.48	43888.52	11695.06	4.50	0.45
2015	28042.98	59915.48	13165.03	46750.45	12163.08	4.55	0.43

资料来源：依据《云南省统计年鉴》计算。

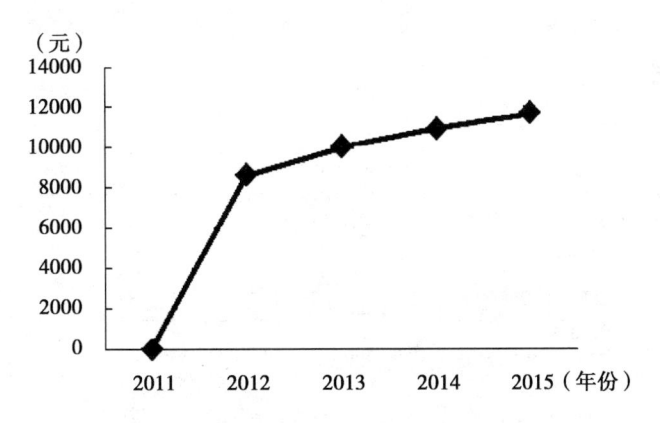

图4-4 2011—2015年云南各州市人均国内生产
总值标准差的时序变化

从云南省域内各地区人均公共财政收入的差异情况（见表4-4）来看，地区间依旧存有较大的差距。就极差率而言，2010年高达8.4，随后虽呈递减趋势，但2015年依旧达7.4，意味着最高地区依旧是最低地区

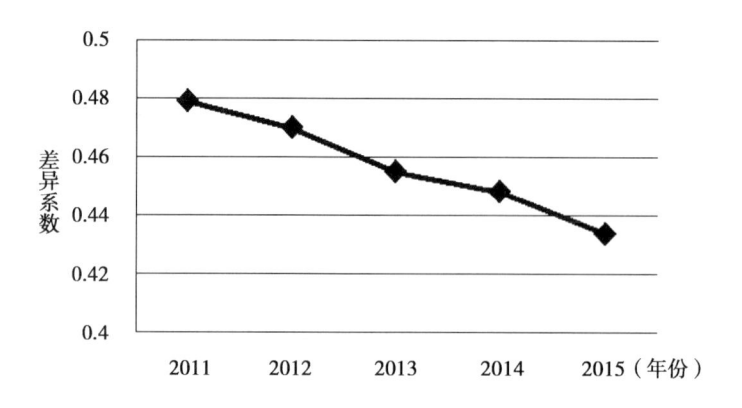

图 4-5 2011—2015 年云南省各州市人均国民生产
总值差异系数的时序变化

的 7 倍之多。标准差也随着时间变化呈上扬趋势，地区间的绝对差距依旧在扩大。差异系数虽然随着时序呈递减趋势，但 2015 年依旧为 0.58，表明地区间人均公共财政收入的相对差距依旧不小。

表 4-4　2010—2015 年云南省各州市人均公共财政收入的差距

参数 年份	平均值	最大值	最小值	极差	标准差	极差率	差异系数
2010	1340.35	3991.07	475.38	3515.69	852.53	8.4	0.64
2011	1744.40	4898.08	619.77	4278.31	1058.76	7.9	0.61
2012	2139.30	5792.06	745.24	5046.82	1238.36	7.8	0.58
2013	2460.94	6851.4	888.66	5962.74	1446.97	7.7	0.59
2014	2631.79	7213.61	947.1	6266.51	1509.94	7.6	0.57
2015	2767.55	7521.58	1017.85	6503.73	1604.15	7.4	0.58

资料来源：依据《2010—2015 云南省领导干部手册》中相关数据计算。

义务教育作为政府提供的公共产品，其经费来源主要由中央政府与地方政府共同承担，而依据我国现行财政体制，地方政府负主要之责。换言之，地方政府是义务教育资源的主要供给者。当省域内地方政府的公共财政收入差距较大时，为义务教育提供的人力、物力、财力自然也会出现较大差距。如 2015 年，云南省人均教育总投入最高的迪庆州为 3992.49 元，最低的保山市只有 1524.75 元，相应迪庆州小学生均教育

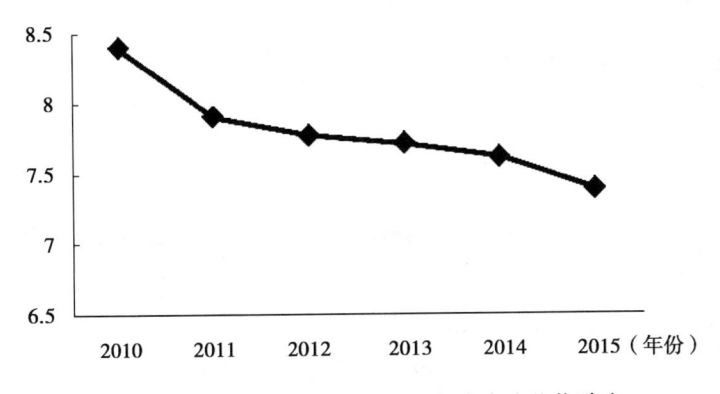

图 4-6　2011—2015 年云南省各州市人均公共财政
收入极差率的时序变化

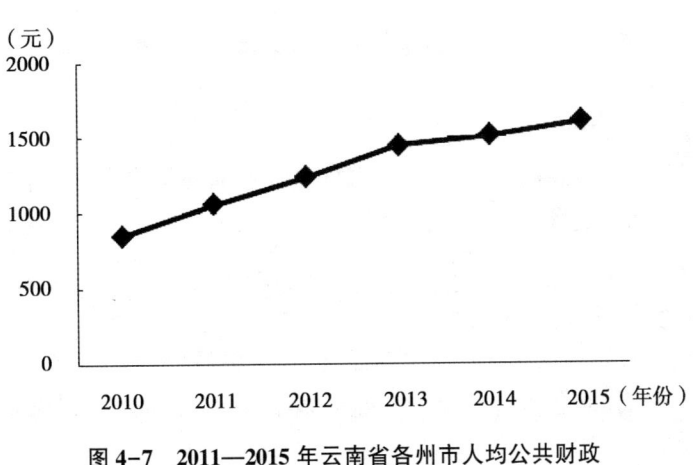

图 4-7　2011—2015 年云南省各州市人均公共财政
收入标准差的时序变化

事业费支出 25013.83 元、初中生均教育事业费支出为 33563.37 元，而保山市则分别只有 9350.3 元、9561.43 元。① 教育投入高的地区，教育资源的丰裕度较高，而投入低的地区，教育资源的丰裕度则低。当省域内教育资源难以实现均衡配置时，义务教育自然而然地呈非均衡发展态势。

---

① 云南省教育厅：《云南省 2015 年教育经费统计报表》。

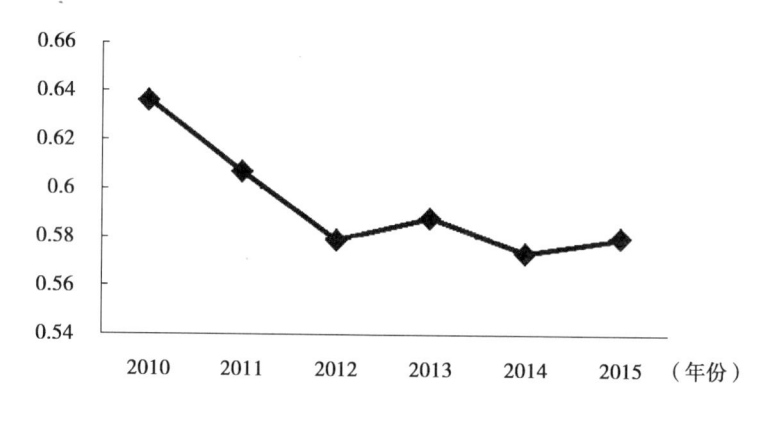

图 4-8　2011—2015 年云南省各州市地方人均公共财政收入差异系数的时序变化

第二节　义务教育投入主体重心偏低

教育供给是指一定社会为了培养各种熟练劳动力和专门人才，促进经济、社会、个体经济的发展，而由各级各类教育机构提供给学生受教育的机会①。义务教育作为由政府提供的公共产品，政府财政投入的多少直接决定了义务教育供给的多寡。在我国，义务教育实施"以县为主"的管理体制，其实质也是"以县为主"的财政投入体制。而多民族地区经济基础薄弱，省域内大部分县入不敷出，其义务教育资源供给能力相应受限，义务教育供给自然不足，从而使得义务教育发展也相应呈非均衡状态。

一　改革开放后多民族地区义务教育财政体制的变迁

20 世纪 80 年代，计划经济时代"统分统配"的财政体制已经不能适应改革开放后经济社会发展的需要。1980 年，国家实行以"划分收支、分级包干"为核心的财政体制改革。教育财政体制也随着发生变化，同年，教育部《关于实行新财政体制后教育经费安排问题的建议》提出，中央、地方两级政府切实管理教育经费，中央负责部属高校与中等专科学

---

①　范先佐：《教育经济学新编》，人民教育出版社 2010 年版，第 166 页。

校教育经费,各级地方政府负责其辖区内高校与中小学的教育经费。"地方负责,分级管理"的教育体制初步形成,为"以乡为主"的义务教育投入管理体制奠定了基础。1985年《中共中央关于教育体制改革的决定》又明确提出了"地方负责、分级管理"的基础教育管理原则。由于"地方负责"没有具体的分担比例,地方政府责任分担层层递减,最后重心落在"乡镇"一级地方政府。1994年,为了改变因"分灶吃饭"财政体制所带来中央财政收入减少的状况,国家开始实施分税制改革。分税制后,国家财权逐步上升,事权逐步下放。1995年颁布的《中华人民共和国教育法》规定,"县、乡两级政府要把教育纳入当地经济、社会发展的整体规划,分级统筹管理基础教育";县级政府依旧将基础教育投入主体重心倚重于乡镇一级政府。"以乡为主"的体制虽然实现了多渠道筹措资金、两条腿走路的基础教育办学模式,也实现了"村村有学校"的目标;但由于乡镇财政收入有限,同时也带来了诸多教育问题,如教师工资长期拖欠,办学经费难以保障,教育乱收费现象日益严重,义务教育陷入非均衡发展状态等。

为了解决义务教育发展所面临的诸多问题,2001年国家出台了《关于基础教育改革与发展的决定》规定:县级人民政府对本地农村义务教育负有主要责任,要抓好中小学的规划、布局调整、建设和管理,统一发放教职工工资,负责中小学校长、教师的管理,指导学校教育教学工作。2002年,国务院办公厅《关于完善农村义务教育管理体制的通知》进一步明确,"在国务院领导下,由地方政府负责、分级管理、以县为主"的义务教育管理体制;并规定县级人民政府对农村义务教育负有主要责任,省、地(市)、乡等地方各级人民政府承担相应责任,中央政府给予必要的支持,从此"以县为主"的基础教育管理体制延续至今。"以县为主"体制与"以乡为主"体制相比,前者使义务教育投入主体重心上升到县级地方政府,在很大程度上缓解了拖欠教师工资的严重现象,也实现了农村义务教育经费由农民负担向政府负担的过渡[1],对义务教育发展起到了积极的推进作用。

然而,随着"以县为主"体制的实施,它的一些不足之处也逐步显

---

[1] 谭小林:《农村实施"以县为主"义务教育管理体制存在的问题及思路》,《基础教育参考》2005年第1期。

现，地区差异、城乡差异日益扩大。为了进一步完善"以县为主"体制，2005年，国务院下发了《关于深化农村义务教育经费保障机制改革的通知》。该通知强调中央与地方政府"分项目、按比例分摊"农村义务教育免除的学杂费以及义务教育阶段的校舍改造所需资金，但教师工资依旧按现行保障机制实行，也就是说县级政府依旧要担负教师工资的统筹与发放，县级政府依旧是义务教育投入主体的重心。2015年，国务院下发的《关于进一步完善城乡义务教育经费保障体系的通知》进一步明确了中央与地方政府在教科书、贫困生生活补助、生均公用经费、安全保障经费的分摊比例；2016年，为了加强城乡义务教育补助经费管理，提高经费使用效益，财政部与教育部联合出台了《城乡义务教育补助经费管理办法》，要求进一步落实城乡义务教育经费保障机制。在免费政策背景下，尽管中央政府对多民族地区义务教育公共投资的责任不断加强，但依旧不是投入主体重心所在，例如义务教育中最大支出项目——教师工资，县级政府依然是主要责任承担者。此外，由于地方政府责任分担不明确，省级政府依旧将许多主要责任转嫁给县级政府。如2013年，国家要求采取"地方自主实施、中央综合奖补"的原则对连片特困地区乡村教师进行生活补助，而在实际调研过程中发现，"地方自主实施"的责任基本都由县级政府承担。可见，多民族地区义务教育投入依旧是"以县为主"。

二 "以县为主"的义务教育财政体制导致多民族地区地方高层政府投入责任弱化

在"以县为主"的义务教育投入体制之下，多民族地区地方政府是义务教育投入的主体重心所在。2001年国务院《关于基础教育改革与发展的决定》规定，县级政府对其区域内义务教育负主要责任，既要统筹规划全县中小学的发展，还要发放教职工工资；2002年国务院办公厅《关于完善农村义务教育管理体制的通知》则进一步明确县级政府在义务教育保障中的具体责任，强调县级政府不仅要调整财政支持结构、增加教育经费预算、合理安排上级转移支付资金、确保按时足额统一发放教职工工资；还需统筹安排中小学公用经费。2005年国务院《关于深化农村义务教育经费保障机制改革的通知》以及2006年新修订的《义务教育法》都延续了之前两个文件的主要精神，规定从2006年起全部免除西部地区农村中小学学杂费，中央与地方的分担比例为8∶2，中央政府全部承担免费教科书资金，还将对西部地区予以公用经费补助资金。这在很大程度上减少了县级财政对中小学公用经费的统筹压力。

2015年国务院《关于进一步完善城乡义务教育经费保障体系的通知》统一了城乡义务教育生均公用经费基准定额，中西部地区普通小学每生每年600元、普通初中每生每年800元，而东部地区中小学则比中西部地区生均多50元；西部地区公用经费中，中央与地方政府的分担比例依旧为8：2。与此同时，该文件还明确西部地区家庭贫困学生生活补贴、中小学安全保障机制所需经费的中央与地方分担比例（5：5）；而对西部地区教师工资统筹，只强调加强中央与省级政府的财政支持力度，却没有具体的分担比例，依旧规定县级政府要确保教师工资按时足额发放，并保证向艰苦边远贫困地区及薄弱学校教师绩效工资的倾斜力度。

在"以县为主"投入体制的确立及其相应政策完善过程中，虽然逐步明确了中央与地方财政分担责任，但是由于没有明确地方各级政府义务教育财政所应采取的统筹方式及其统筹目标和比例分担，各级地方高层政府依旧忠实地执行"以县为主"的原则，这样使得县级政府毫无悬念地成为责任分担主体。因而，导致市级、省级两级地方高层政府义务教育投入责任的弱化。

对市级政府而言，由于在一系列政策文件中并没有对其在义务教育投入的具体责任划分，实际上处于"缺位"状态。如在笔者实地调研的云南A县，该县新建一所完全中学，含初中与高中两个部分，所需经费达3亿，其中省级政府通过转移支付的方式向县级政府共补偿3000万，每年1000万，3年支付完毕。而州政府只有十多万的资金转入该项目，剩下的所需经费都由县级政府承担。由于该县财政能力有限，学校建设又是刚需，县政府最后不得不向银行贷款来满足该项目建设的资金需求。对云南其他一些市县的调研也发现，市级政府因其自身财政困难，难以对县级义务教育有更多的财政资助，对县域义务教育发展的作用主要体现在宏观调控与质量监督方面，更多的是起一个"上传下达"的作用。

对省级政府而言，近年来国家在推进义务教育均衡发展过程中，一再强调要加强省级统筹，切实均衡省域内各县财力，并加大对财政困难县的转移支付力度。省级政府也在逐步加大义务教育的投入力度，如云南省中小学生均公用经费，中央与地方政府按8：2的比例均摊，地方政府分摊部分基本由省级政府承担。但实际调研中也发现，由于相关政策的模糊性,对地方政府义务教育财政责任的分担,省级政府依旧遵循"以县为主"的原则,许多财政责任还是由县级政府承担,在很大程度上弱化了省级政府的财政投入责任。如教师绩效工资以及特困地区乡村教师生活补助等,责任主体依旧是县级政府。不少教育局局长也反映省级财政投入能够保运转,但是若要全面推进义务教育均衡发展,省级政府的投入显然不足。可见,尽管省级政府对义务教育的投入力度较之前有所加大,但依旧在有些方面存在着"缺位"。

三 "以县为主"财政体制导致多民族地区县域义务教育投入不足

实行"以县为主"的义务教育财政体制,由于高层级政府投入责任弱化,主体责任仍由县级政府承担。而多民族地区贫困县众多,各县财政基础十分薄弱,如云南省有国家扶贫开发重点县73个,连片特困县85个;贵州省有国家扶贫开发重点县50个,西藏全境为特困县等。有学者采用锡尔系数、基尼系数分析了云南省区域经济时空特征,其结果显示市内不同县域之间差距明显大于各地州之间差距。而从地域间、地市间及地市内差异贡献率来看,地市内的差异贡献最大。这表明,云南省区域经济差异主要还是由于县域之间发展存在巨大差距驱动,县域经济之间差异非常显著,大部分县市经济发展异常落后[①]。而这种差异显著且落后的县域经济直接导致县级财政收入普遍紧张,大都是吃饭财政,能保证全县编制内人员的工资收入已经是县财政能力所及,难以有更多经费来推进义务教育的全面发展,在实地调研中也发现多民族地区县级财政基本处于维持正常运转状态,而这些地区长期"以县为主"的投入体制在很大程度上导致其义务教育投入明显不足。

云南省A县是国家级贫困县、特困县,山区面积占全县国土面积的95%,群山环绕,交通极为不便。2016年,该县财政总收入为74520万元,地方一般公共预算收入为41500万元,而教育公共预算支出多达110555万元。2014年以来,为了加强教育信息化建设,中央政府与省级政府下拨电教基金3162.363万元,县级和学校配套电教资金2531万元,共配备多媒体

---

① 陈利、朱喜钢、李小虎:《云南省区域经济差异时空演变特征》,《经济地理》2014年第8期。

教室设备 2337 套、103 套 3D 打印设备，截至 2016 年配备了 62 间计算机教室共计 3112 台教学用计算机。但按照云南省县域义务教育均衡发展中学校办学条件每百名学生拥有计算数的达标标准（小学≥5，初中≥10），该县中小学还差计算机 6040 台，所需资金达 4346 万元。由于该县地方财政困难，加之学校点多面广，学校办学条件起点低、底子薄。截至 2016 年，按照标准化建设目标要求，该县中小学需征地 1465433 平方米，需增绿化面积 453335 平方米，需再建校舍建设面积 318449 平方米，需建设体育活动场地 662446 平方米，需新增图书 1410589 册。此外，中小学实验仪器、音体美器材和计算机教室等附属设备配备需求资金也达 1989.9 万元。以上指标倘若要达到云南省义务教育办学条件达标标准，该县还需累计投入资金 114759.5 万元。①

而这一现象在云南其他国家级贫困县也普遍存在。云南 B 县是昆明市的一个少数民族自治县、国家级贫困县、特困县。据该县教育局办公室主任反映，为了推进县域义务教育均衡发展，该县于 2008 年开始启动标准化学校建设。截至 2015 年 5 月，该县共建设了 43 所标准化学校，就全县中小学硬件而言，基本实现了"无危房、一生一桌一床"。但由于县级财政紧张，教育信息化难以跟进，倘若要达到昆明市中等水平，资金缺口达 7000 万—8000 万元。此外，由于"拆点并校"和中小学学校布局调整，寄宿制学校建设也存在着较大的资金缺口，后勤保障人员难以配齐。目前该县寄宿制学校后勤保障人员缺 390 人，安保人员缺 200 多人，所有寄宿制学校尚未配置校医及心理辅导教师。

由此可见，尽管随着免费义务教育的实施，中央政府对西部地区的教育财政支持力度不断加大，在很大程度上减缓了多民族地区县级财政的压力，但是多民族地区的义务教育投入依然不足。此外，尽管中央与省级政府有许多专项经费来支持多民族地区义务教育发展，但有些专项经费需县级政府有资金配套，而这对于多民族地区仅具备吃饭财政的县级政府而言，显然难以拿出更多经费来配套，一旦县级政府拿不出配套资金，意味着专项经费也难以如期转入县级财政。由于资金的缺乏，县级政府自然难以满足义务教育所需的人力、物力、财力，义务教育投入整体不足，从而

---

① 数据来源于《云南省 A 县第十六届人民政府工作报告》《云南省 A 县 2016 年教育局关于义务教育均衡发展工作报告》。

也就导致这些地区义务教育处于非均衡发展状态。

第三节 政府"经济人"行为选择的影响

义务教育属于公共产品，它的资源配置不同于私人产品。私人产品资源配置基本由市场价格体系将人们消费偏好变化信息传递给生产商来实现。当私人商品需求增加，价格上升，生产商增加生产；当私人产品供给大于需求时，价格下跌，生产商从而减少商品的生产。但公共产品的资源配置在很大程度上是由政府决策来实现。而政府通常是由政治家、政府官员组织成的社会组织，它在公共资源的配置上有着一定的偏好，有着"经济人"的行为动机。正因如此，政府及其工作人员的"经济人"行为选择在一定程度上影响着义务教育资源的配置。

一 政府追求利益最大化导致多民族地区义务教育资源非均衡配置

"经济人假设"是现代经济学的经典假设。尽管现代经济学之父亚当·斯密没有给"经济人"明确而清晰的概念界定，但是在其经典著作《国富论》的不少论述中却字里行间流露出"经济人"的核心思想："经济人"具有自利性，即每个人都会尽其所能追求自己认为最有价值的东西，实现自身利益最大化是其积极参与经济活动的主要目标；同时，"经济人"的逐利行为也会因受他人逐利行为的限制，在市场这只"看不见的手"的作用下，最终会产生促进社会效益的作用。20世纪60年代后，美国著名经济学家布坎南逐步将"经济人"假设引入政治领域，用于分析政府行为，形成了将政治学与经济学相结合的公共选择理论。布坎南也因此而获得诺贝尔奖，在诺贝尔奖颁奖后面对记者让他用一句话概括感受时，他直截了当地说道"官僚不是天使"。[1] 在他看来，政府并不是大公无私的社会组织，它有着"经济人"行为的特征。因为政府都是由人组成，政府行为也由人去完成，而组成政府的这些人都不可避免地具有"经济人"性质，同样是个人效用的最大化者。[2] 可见，从公共选择理论

---

[1] 李炜光：《从维克塞尔到布坎南公共财政理论的蹊径演进》，《读书》2012年第4期。
[2] 张健：《布坎南与公共选择理论》，《经济科学》1991年第2期。

而言，政府虽然是公共利益的代表，但因为它同样是由人构成的社会组织，政府的公共决策在一定程度上有着经济人行为的偏好，往往有致力于实现政治效益最大化的倾向。

在我国，义务教育是由政府向公民免费提供的公共教育，其主要财政责任由地方政府承担。而地方政府的财政支出，除了需保证公共教育支出外，还需承担公共安全支出、科学技术支出、文化体育与传媒支出、社会保障和就业支出、医疗卫生支出、节能环保支出、农林水支出、交通运输支出等各种公共支出。地方政府在制定公共决策时同样有着自身的支出偏好。有学者曾对我国地方财政支出结构进行多层线性分析，其研究结果表明地方政府倾向于多投入"非事业性"支出项目而少投入"事业性"支出项目的财政支出偏好；县级地方政府对于教育的财政投入偏好相对较低，但对"其他支出"有着强烈的投入偏好，而当地方政府经常性财力增强时，地方政府会倾向于降低"事业性支出"，特别是以教育财政投入比例大幅度下降为代价，而大幅度增加"其他支出"的投入比例。此外，地方政府在基础建设等方面也有着强烈的投入偏好[1]。由此可见，地方政府在进行公共财政支出时，往往对能够在短时间能凸显政绩的项目有着比较强的支出偏好，而对类似于教育这种效益延迟性的公共支出持有较低的偏好。而地方政府之所以有这样的支出偏好，主要源于其"经济人"的行为动机。因为地方经济的生产总值或人均生产总值是考核地方政府政绩的主要硬性考核指标，也是政府官员升迁的主要考核指标。因而，地方政府为了凸显其政绩，实现政府自身利益的最大化，地方政府决策往往会在公共财政支出时更多偏好于其任期内能有效生成政绩的生产性支出项目。

地方政府在公共决策中有着不同的偏好，在教育资源配置上同样有着"经济人"的行为动机。近年来，推进义务教育均衡发展成为考核各地方政府政绩的指标之一。因而，地方政府也逐渐将其公共支出对义务教育的偏好相应提高。但是，由于上级政府的考核主要集中在一些可以量化的指标上，地方政府也因此往往把公共支出偏好放在这些可量化的指标上。如标准化学校的建设。调研中发现，县级政府把重点放在标准化建设的推进，完善这些学校的各项硬件指标建设。因而，在公共财政支出上优先保

---

[1] 黄斌：《中国政府间财政转移支付与县级地方义务教育财政支出》，中国财经经济出版社2012年版，第210—211页。

障这些学校，其他非标准化学校则处于基本保证正常运转状态。如上文提到的 B 县，全县义务教育阶段共有 128 所学校，目前全县集中财力建设了 43 所标准化学校，其中初中 13 所，小学 30 所。在这些标准化学校中，体育器械、塑胶跑道、电脑室、电子白板等基本都有配置，只是数量的多少问题；学生食堂也基本按照云南省中小学食堂建设标准建设。但是，对于那些尚未参与标准化建设的其他小学，尤其是小规模学校，由于教育资源的缺乏，其办学条件与标准化学校有着巨大的差异。当标准化学校有着全新的课桌椅时，小规模学校依旧是陈旧的课桌椅排列在教室里；当多媒体、电子白板等先进教学设施逐步走入标准化学校教室时，小规模学校教室则依然只有镶嵌在土墙内的一面刷漆黑板；当标准化学校有着干净而书籍种类相对齐全的图书阅览室时，小规模学校则是落上厚厚尘埃的图书稀稀拉拉地摆放在颇有年份的书架上；当标准化学校的运动场上铺上了松软的塑胶跑道并安装上全新的运动器械时，小规模学校依旧是土坯操场上竖着个破旧篮板。

可见，地方政府"经济人"的决策行为将优质教育资源集中投向标准化学校建设、校舍改造等政绩工程项目，在突出"拿得出、看得见"的政绩、实现其自身利益最大化的过程中，教育资源配置也呈非均衡状态，义务教育城乡学校间的差距也随之而逐步扩大。

二 政府官员追求利益最大化导致多民族地区义务教育资源非公平配置

政府官员原则上是由民众公选出来且代表选民利益，为民众服务的公仆。理想的政府官员始终应以公众利益为首，是行政道德与行政规范的完美化身，能公平而有效地执行推进经济社会发展的公共政策，为广大民众带来福祉。然后，理想与现实之间往往会存在一定的差距，应然并非实然。虽然政府官员身为政府行政机构的代理人，是公共政策的决策者与执行者，有着维护公共利益、国家利益的职责，但身为现实的人依然具备人所有的特性，也有着自身利益的需求。墨子曾说："我为天之所欲，天亦为我所欲。然则我何欲何恶？我欲福禄而恶祸祟。"（《墨子·天志上》）可见，人的本性中有着趋利避害的特征，正如《大取》所言，"利之中取大，害之中取小也。害之中取小也，非取害也，取利也，其所取者，人之所执也"。人在利害权衡取舍时，往往会选择有利于自身发展，能够满足自身需求的东西。而趋利避害的本性人皆有之，正如韩非子所言"好利恶害，夫人之所有也"，政府官员自然难以例外。尤其是在我国当下政府官员的升迁，很大程度取决于上级政府官员的认可，而上级官员的认可依据又往往基于一些可量化的指标考核。如国务院《关于深入推进义务教育均衡发展的意见》中明确要求"把县域义务教育均衡发展作为考核地方各级政府及其主要负责人的重要内容"。在这些政策之下，地方政府官员为了能为自己的升迁积累资本，政府官员此时的角色更多地是以一个追求自身利益最大化的自利个体，当他们在制定与执行公共决策时，也在追寻着该项决策所能给自身带来的利益最大化。

政府官员在自身利益最大化的行为动机驱使下，往往会在公共决策时偏好有利于自己的政绩工程，以此积累自己的升迁资本。2001年，国家为了提高农村义务教育办学效率，做出了调整农村学校布局的行政部署，而各级地方政府在执行该项政策时则单向地解读为强化集中办学与规模效应。因而，不少地方政府官员为了凸显自己在执行该项政策的力度，在政绩工程与专项资金的刺激下，纷纷设立了每年拆点并校的指标与计划，根本无视教育规律与当地的教育需求，其结果不仅没有提高办学的效率，相反在很大程度上不利于教育公平的推进，同时也给不少农村儿童带来上学路途遥远等困难，还无形中增加了农村家庭的教育成本等一系列问题。此外，地方政府官员在人事、财政等方面享有较强的行政决定权。由于地方政府官员权力的过度集中，导致其在进行公共决策时会有实现自身最大利益的倾向，在资源配置上相应难以真正体现公共利益，同时还为"寻租"、教育腐败等创设了天然的温床。这在笔者与某县离县城较远的一所中学校长的访谈中得到证实。该校长反映，"我们学校就是一个教师中转站，只要在县里稍有关系，基本往县城里调。即使调不进县城，也会调到离县城较近的乡镇，即使那几所学校人员超编严重，但是只要有关系，同样可以调进去。而我们这里是教师严重缺编，有些教师既要上课，还要值晚班，同时还要兼心理咨询师，教师的工作量严重超标"。教师资源是决定义务教育质量的主要因素，当教师资源出现非公平配置时，义务教育的质量也自然呈非均衡状态。

由此可见，地方政府与政府官员的自利行为在一定程度上影响了义务教育资源的公平配置。当教育资源无法实现公平配置时，义务教育发展自然也难以呈现均衡状态。因为，教育资源是义务教育发展的物质基础，当

第四节　多重制度逻辑的影响

公共政策通常是指特定的政治制度处理公共问题的动态的价值高度涉入的过程，包括政府公开表达的意图与官方措施，以及政府一贯的外在行为和内隐行为模式。① 显然，公共政策制定和执行过程本质上是一个政治过程，是政府决策者运用其政治权利，平衡各方社会主体利益，对社会价值进行权威性的分配。这一过程，充满了政治冲突与利益的较量，是一个充满着连续不断的交易、谈判和政治互动的复杂过程。② 而在这一过程中，不同的利益相关者处于不同的"制度场域"，有着不同的制度逻辑。所谓制度逻辑是指任何制度秩序都会根据各自的中心逻辑——物质性实践和符号结构系列——建构其组织原则与制度安排，并塑造相应主体的行动机制与行为方式。③

义务教育是由政府向公众提供的公共产品。义务教育政策是政府解决义务教育中的各种问题、促进义务教育均衡发展的基本手段。义务教育政策的制定与执行同样涉及不同的主体与利益相关者，主要有中央政府、地方政府、学校三方利益主体。而这三者在稳定制度的安排或制约下，以及各自利益的博弈中，形成了各自的制度逻辑，即中央政府逻辑、地方政府逻辑、义务教育实施学校逻辑。在多重制度逻辑的影响下，多元的政策行动主体通常会采取迥异的政策态度和策略，对义务教育政策加以解读与运行，从而在一定程度上影响了多民族地区义务教育的均衡发展。

一　中央政府的制度逻辑

中央政府所制定的教育政策大都为宏观层面的指导性政策或者一些原则性规定，主要体现于国家对全国范围内义务教育发展的策略行为及安排。正因为中央政府所制定的义务教育相关政策是从宏观层面来指导全国

---

① 弗朗西斯·C. 福勒：《教育政策学导论》，江苏教育出版社 2007 年版，第 8 页。
② 米切尔·黑尧：《现代国家的政策过程》，中国青年出版社 2004 年版，第 129 页。
③ 沃尔特·W. 鲍威尔、保罗·J. 迪马吉奥：《组织分析的新制度主义》，上海人民出版社 2008 年版，第 186 页。

义务教育的发展，或者是为义务教育的发展做些原则性规定，政策内容通常以体现国家在义务教育发展上的宏观把握，允许地方政府因地制宜地依据中央政府的宏观政策具体落实，为地方政府制定与执行政策留下一定的弹性空间。因此，政策行文表现得较为宏大而宽泛，通常会在行文措辞上出现些模糊性的规定。

如国务院《关于深入推进义务教育均衡发展的意见》规定："中央财政加大对中西部地区的义务教育投入。省级政府要加强统筹，加大对农村地区、贫困地区以及薄弱环节和重点领域的支持力度。各省（区、市）可结合本地区实际情况，适当拓展基本公共教育服务范围和提高服务标准"；国务院办公厅《关于完善农村义务教育管理体制的通知》中强调农村义务教育实行"在国务院领导下，由地方政府负责、分级管理、以县为主"的体制。县级人民政府对农村义务教育负有主要责任，省、地（市）、乡等地方各级人民政府承担相应责任，中央政府给予必要的支持。国务院《关于深化农村义务教育经费保障机制改革的通知》中规定"补助寄宿生生活费资金由地方承担，补助对象、标准及方式由地方人民政府确定"。《关于义务教育学校实施绩效工资指导意见的通知》规定"按照管理以县为主、经费省级统筹、中央适当支持的原则，确保义务教育学校实施绩效工资所需资金落实到位。县级财政要优先保障义务教育学校实施绩效工资所需经费，省级财政要强化责任，加强经费统筹力度，中央财政要进一步加大转移支付力度，对中西部及东部部分财力薄弱地区农村义务教育学校实施绩效工资给予适当支持"。《关于落实2013年中央1号文件要求对在连片特困地区工作的乡村教师给予生活补助的通知》中规定"各地自主实施连片特困地区乡村教师生活补助政策，具体实施时间、补助范围和对象、补助标准和资金来源等，由各地结合实际情况确定。各地制定补助标准时，要根据教师工作、生活条件的艰苦程度等因素合理分档确定，重点向村小和教学点倾斜、向条件艰苦地区倾斜，不搞平均主义"。《乡村教师支持计划（2015—2020年）》的通知规定"全面落实集中连片特困地区乡村教师生活补助政策，依据学校艰苦边远程度实行差别化的补助标准，中央财政继续给予综合奖补"。

虽然以上政策只是义务教育政策中部分具有代表性的话语，但在以上几项政策中都存在一个共性，即中央政府只是强调在教育经费投入中，要加强省级统筹及各级地方政府承担相应责任，中央政府给予必要支持，但并没有明确中央、省、市、县各级政府在财政投入中各自应承担的具体比例。另外，中央政府的适度支持具有极大的灵活性，从而也导致中央政府在义务教育投入中尚有不足，出现"中央政府请客、地方政府买单"的现象。而这些义务教育政策的模糊表述，在给地方政府留足弹性操作空间的同时，也使地方各级政府统筹责任不明确。因而在政策执行时责任重心层层下移，最后由财政薄弱的县级政府承担，形成了财权与事权的极度不对等，从而导致教育政策出现执行困难，教育资源自然也难以实现均衡配置。

二 地方政府的制度逻辑

我国政府是一个典型多科层组织体系，由"中央政府—省级政府—市级政府—县级政府—乡（镇）政府"等5级组成，其间省级政府、市级政府、县级政府、乡（镇）政府形成多科层的地方政府组织体系。中央政府是政策的制定者，地方政府是政策的执行者，二者之间存在着委托与代理的关系。地方政府作为中央政府政策的代理人，其职责是执行中央政府的政策决定，维护中央政府的权威。但地方政府也是一个由多层级组成的组织体系，地方政府科层之间在执行中央政策时同样存在合作与博弈的关系。如国务院办公厅《关于完善农村义务教育管理体制的通知》中强调"农村义务教育实行'在国务院领导下，由地方政府负责、分级管理、以县为主'的体制。县级人民政府对农村义务教育负有主要责任，省、地（市）、乡等地方各级人民政府承担相应责任，中央政府给予必要的支持"。由于中央政策中的弹性表述，地方各级政府责任分担不清，作为地方科层组织体系顶端组织的省级政府，最终把"以县为主"的管理体制，在政策的实际执行过程中转变为"以县为主"的投入体制。而作为地方政府科层体系中几乎为末端组织的县级政府，迫于科层体系的等级性与强制性，它只有照章执行的无奈选择。而多民族地区各县级政府财政能力不一，其能投入义务教育的财力自然高低参差不齐，各地学生享有的教育资源也自然难以均衡。

随着义务教育"地方负责、分级管理"体制的进一步实施，地方政府享有较大的自由裁量权。所谓自由裁量权是指行政机关在法律法规规定的幅度与范围内，依据法定条件，在各种可能措施中有一定选择余地的处置权力。"自由裁量权"是提高现代行政效率的必然要求，具有存在的正当性。① 换言之，地方政府在中央政策的框架下有着自己解释政策的自由，甚至可以重新界定政策。如《国务院关于加强教师队伍建设的意见》中规定："逐步实行城乡统一的中小学教职工编制标准，对农村边远地区实行倾斜政策。"2014年，《关于统一城乡中小学教职工编制标准的通知》也规定："关于核定中小学教职工编制原则和有关工作要求的基础上，将县镇、农村中小学教职工编制标准统一到城市标准，即高中教职工与学生比为1∶12.5、初中为1∶13.5、小学为1∶19。"但云南B县2016年制定的《B县推进义务教育基本均衡发展督导评估工作方案》则规定："小学、初中生师比分别不超过26和21，按需配备各学科专任教师。"再如，国务院《关于加强教师队伍建设的意见》中规定："严禁简单用升学率和考试成绩评价中小学教师。"但实地调研发现，地方政府为了保证区域内的升学率，依旧将升学率和考试成绩作为评价学校教育教学质量以及核发中小学教师绩效工资权重比较高的指标。

此外，中央政府在推进义务教育均衡发展的许多政策中，都再三强调加强师资交流、师资培训等诸多措施，三令五申强调要取消重点学校制度，加强薄弱学校与农村小规模学校建设等一系列政策措施。但是当地方政府在执行这些政策时，努力实现地方政府的最大利益时，地方政府会对中央政策进行一定的政策变通。政策变通的结果虽然取消了重点学校制度，但是优质资源依旧会优先保障示范学校、标准化学校等优质学校，而薄弱学校、农村小规模学校依旧会成为地方政策变通的牺牲品。例如，中央政策明确规定西部地区义务教育阶段，初中生均公用经费为800元，小学生均公用经费为600元，生源不足100人的小规模学校按100人的标准拨付。但调研发现，地方政府在执行政策的过程中，通常并没有按此标准全额下拨给农村小规模学校，而是由乡镇中心校来统筹分配该乡镇的公用教学经费，小规模学校采取实报实销的方式来支出生均公用经费。农村小规模学校由于缺乏公用经费预算权，通常也就采取"当一天和尚，敲一天钟"的方式维持学校日常运作，自然也就鲜有去考虑怎样改善办学条

---

① 彭华安：《理性的选择：独立学院制度运行研究》，南京师范大学，2011年。

件、提高教师教学水平等事关学校长远发展的核心问题。

由此可见,当中央政府义务教育政策旨在宏观把控,为地方政府执行政策留下弹性空间时,地方政府也会在自由裁量权允许的情况下,采取政策变通或是政策替换等做法来规避现有政策的约束。地方政府的这种制度逻辑,同样也会导致不同地区教育资源的非均衡配置。

三 学校的制度逻辑

义务教育政策旨在解决义务教育发展中所遇到的问题,是对义务教育价值的权威性分配,也是各利益相关主体间的合作与博弈过程。正如埃莉诺·奥斯特罗姆(Elinor Ostrom)所言:"在最一般的意义上,所有的制度安排都可以被认为是广义的博弈。作为博弈,有多种特定的选择,这些选择的顺序排列,所提供的信息,以及对不同选择顺序给予的相对奖励与惩罚,都能改变结局的定式。"[①] 作为义务教育政策的相关利益者——学校而言,在执行义务教育政策的过程中,同样有着自身的制度安排与特定的选择。不同学校的不同选择,会给各自带来不同的发展,同样也会对区域内义务教育发展产生不同的影响。

从学校的利益出发,作为义务教育政策的执行者,学校自然希望获得更多的政策性资源。因为政策性资源能为学校相关利益者带来诸多的好处。因而,在执行教育政策时,学校在一定程度上需迎合政府政策需求。但是学校同样是政策的博弈者之一,它执行政策的最终目的除了满足政府政策需求外,还要实现学校自身利益最大化。例如《关于推进县(区)域内义务教育学校校长教师交流轮岗的意见》中规定:"校长教师交流轮岗的重点是推动优秀校长和骨干教师到农村学校、薄弱学校任职任教并发挥示范带动作用。有镇区和乡村学校的县(区),重点推动城镇学校向乡村学校交流轮岗;没有乡村学校的市辖区,重点推动优质学校向薄弱学校交流轮岗;乡镇范围内,重点推动中心学校向村小学、教学点交流轮岗。"地方政府也通过对该项政策的具体化、细化的方式来落实中央政策的精神。

学校为了自身的发展,在政策执行过程中会有多种特定的选择,有

[①] 埃莉诺·奥斯特罗姆:《公共事物的治理之道:集体行动制度的演进》,上海译文出版社2012年版,第28—29页。

支持、有怠慢、有妥协，也会有对政策的重新界定、变通、替换等策略行为，从而使得政策陷入执行困境。调研发现，不少学校并没有积极推行校长教师交流轮岗制度。因为，优质教师流向薄弱学校，在增强薄弱学校师资力量的同时会削弱优质学校自身的师资力量，会给自己学校教学工作带来一定的影响，从而自然影响到教学质量，这是优质学校所不愿接受的结果。因而，优质学校通常在政策执行过程中会采取怠慢或是重新界定政策的策略行为。优质学校交流到薄弱学校的教师，往往是一些需要晋升职称迫于政策要求必须下乡支教的教师，而这些教师并非都是优质学校的骨干教师。此外，在多民族地区，农村教学点或是村小大都处于交通极为不便的地方，乡镇小学要交流教师前往这些地方，往往也是困难重重。当晋升职称为交流的必要条件无法实现时，有些乡镇小学采取绩效考核的方法，实施末位派遣制。换言之，交流到村小或是教学点的教师并非是优秀教师或骨干教师，而是较差的教师。一项原本以优质师资交流带动薄弱学校均衡发展的政策，最后在学校自身制度逻辑下却带来了南辕北辙的结果。

由此可见，在多重制度逻辑下，义务教育政策的利益相关者在执行政策时的利益博弈过程中，往往会采取有利于自身的策略行为。当中央政府政策给地方政府执行留足弹性空间时，在一定程度上也为高层地方政府责任分摊与责任下移埋下伏笔。低层地方政府与学校屈于这种压力型政策的压力，而采取怠慢、变更或是重新界定政策的策略，也会导致政策执行困难，自然会影响到多民族地区推进义务教育均衡发展的步伐。

第五节　民族文化多样性的影响

文化是人类集体生活的产物，民族是文化的主体。正如英国著名人类学家泰勒（Edward Burnett Tylor）所言："文化，或文明，就其广泛的民族学意义来说，是包括全部的知识、信仰、艺术、道德、法律、风俗以及作为社会成员的人所掌握和接受的任何其他的才能和习惯的复合体。"[1]随着各民族在历史长河中的不断发展与积淀，每个民族不同的生活方式创造了自己独有的民族文化，而这些民族文化同样也影响和制约着各民族的

---

[1] 转引自杰里·D. 穆尔《人类学家的文化见解》，商务印书馆2009年版，第13页。

生活方式。教育是每个民族在自身发展中传承民族文化的纽带，不同民族文化有着不同的教育需求，而民族间教育需求的差异同样也影响着义务教育的均衡发展。

一 多民族地区民族文化的多样性

我国是一个由56个民族组成的典型多民族国家。在漫长的历史长河中，各民族间相互交融生活，形成了当下不同民族间以"大杂居、小聚居"为主要居住特征的多民族地区。多个民族聚集生活的多民族地区，每个民族都有着不同于其他民族的独有文化，民族文化的多样性成为多民族地区的显著特征之一，主要体现在经济文化、语言文字、宗教信仰、风俗习惯等方面的多样性。

由于多民族地区地理环境复杂、气候多变，各民族在此长期生活劳作，形成了多样的经济文化。如云南是一个典型的多民族地区。在地势平坦、土地肥沃的坝区，白族、汉族、回族等民族在此创造了可与内地农耕相媲美的平坝农业生态系统；在温润的河谷地带，傣族、布依族、壮族等民族充分利用了当地的气候、地热和水资源，种植一年两熟三熟，发展了河谷热带、亚热带农业生态系统；在半山区，哈尼族、苗族等民族则因地制宜创造出了梯田这种极为独特的山区水田农业生态系统；在半山和高山相间之地，彝族、德昂族、佤族、布朗族、基诺族等民族保持了"刀耕火种"的原始农业生态系统；而在高山草地，藏族、纳西族、傈僳族则创造出高山牧业生态系统及高山农业生态系统①。

在多民族地区，由于多个民族"大杂居、小聚居"，民族语言也呈多样化。在云南，除了汉族外，人口在6000人以上的世居少数民族多达25个，其中哈尼、傣、白、傈僳、佤、拉祜、纳西、景颇、布朗、普米、怒、德昂、独龙、阿昌、基诺等15个少数民族为云南省特有民族。而云南的25个世居少数民族中，除回族、满族、水族已通用汉语外，其余的傣族、纳西族、景颇族、彝族、哈尼族、白族等23个民族使用着26种语言。有些民族还有多种语言，如怒族有怒苏语、啊侬语、柔若语等三种语

---

① 王子清：《云南民族和谐的文化因子论》，《今日民族》2007年第7期。

言、景颇族有景颇语、载瓦语两种语言，瑶族也有勉语、布努语①。在这些世居民族中，有 14 个民族使用自己的民族文字，有些民族还有着多种文字，如傣族有傣泐文、傣纳文、傣绷文、金平傣文、新平傣文，纳西族有东巴文、哥巴文、玛丽玛莎文，彝族使用云南规范彝文、凉山规范彝文，等等。而在许多"小聚居"的民族地区，往往通用的是该民族的民族语言，在儿童尚未接受义务教育之前，儿童只熟悉本民族语言。

此外，多民族地区由于少数民族众多，宗教信仰也多样纷呈。宗教是由与神圣事物有关的信仰和仪式所组成的统一体系。② 在云南这个少数民族王国中，在膜拜对象与神圣事物的社会性定义过程中，大部分少数民族形成了自己民族的宗教信仰。如回族信仰伊斯兰教，藏族信仰藏传佛教，傣族、布朗族、德昂族全民信仰南传佛教，纳西族信仰东巴教，彝族信仰毕摩教，傈僳族、怒族、独龙族、景颇族、拉祜族以及佤族等部分信仰基督教。少数民族宗教信仰的多样性是多民族地区民族文化多元的又一主要特征。另外，在多民族地区，民族除了语言、信仰多元化，在生活习俗上同样有着各自特点。如在云南，苗族、彝族等少数民族都有着早婚的习俗，纳西族摩梭人婚姻家庭方面仍保留着母系制遗俗。

二　多民族地区民族文化对义务教育的需求差异

教育是多民族地区多元民族文化传承的纽带。它通过文化的选择、文化的传承以及文化的创造等活动保持民族地区文化的多样性，促进民族地区经济与社会的发展。而在教育推进民族文化发展的过程中，民族文化的多样性也带来不同的教育需求。

首先，少数民族多样纷呈的宗教信仰有着不同的教育需求。在涂尔干的眼中，"宗教明显是一种社会性的事物，宗教表现是表达集体实在的集体表现"③。宗教是由信仰与神圣物所组成的统一体，而许多宗教有着自身传统的教育体系。在多民族地区，回族信仰的伊斯兰教、藏族信仰的藏传佛教、傣族与布朗族等信仰的南传佛教等，都有着传统的经堂或寺庙教

---

① 祁文秀、曹新富：《云南少数民族语言多样性与政策选择》，《今日民族》2013 年第 5 期。
② 杰里·D. 穆尔：《人类学家的文化见解》，商务印书馆 2009 年版，第 68 页。
③ 同上。

育。迪庆州的藏传佛教中，藏族信众也有着"一人为僧，胜造七级佛塔"的传统观念，出家的僧人有着较高的社会地位。迪庆州信仰藏传佛教的家庭，只要有条件就要尽己所能地送儿子入寺庙学习佛教。傣族信仰的南传上座部佛教，通常要求男孩6—7岁时需出家为僧，在佛寺中跟随佛爷学习佛教经典、教义以及傣族传统民族文化等方面的知识。傣族的语言文字是随着早期佛经的传入而产生的。因此，傣族的历史、风俗、传说、诗歌、礼仪、天文、历法、医药等重要的民族传统文化要素也是以贝叶经的形式藏于佛寺之中。因而，于傣族人而言，佛寺就是学校、图书馆和知识的最高殿堂。长此以往，傣族也就形成了视出家还俗的男性为"康郎"（即知识分子），视无出家经历的男性为"岩黑"（即未开化的人、文盲）的传统。[①] 可见，南传佛教在傣族、布朗族、德昂族等民族中有着无上崇高的地位。西双版纳州、普洱市孟连县、临沧市耿马县等地的男童大都会到佛寺中出家为僧一段时间，学习傣文和佛教教义，少则数月，多则数年。

> 玉坎元是勐海县章朗村村民，现年30岁，家里有6口人，上有年迈的母亲，下有一儿两女三个可爱的孩子，丈夫为了生计外出打工，全家虔诚地信仰南传佛教。在访谈中，玉坎元娓娓道来等到儿子满10岁时就送他进寺修行的愿望。当问及"您就一个儿子，万一他打算当一辈子和尚，您会支持他吗？"时玉坎元不假思索地肯定道"绝对支持"；而当问到"通常说儿子是家族香火延续的承担者，难道您不担心我们常说的会断了香火吗？"时玉坎元没有任何迟疑道："儿子要是能一直当和尚，我会引以为豪。"玉坎元说完脸上还露出了坚定而充满期许的笑容。

可见，多民族地区一些少数民族因宗教信仰而对义务教育的需求不迫切。而国家法律规定"凡年满六周岁的儿童，其父母或者其他法定监护人应当送其入学接受并完成义务教育；条件不具备的地区的儿童，可以推迟到七周岁"。当义务教育与经堂教育产生冲突时，多民族地区部分少数民族因其民族文化中的宗教信仰，更多地倾向于选择经堂或是寺

---

① 郑毅：《冲突与调谐：佛教育与义务教育基本权利关系研究》，中央民族大学，2012年。

庙教育。

其次，有些民族源远流长的文化中还有着早婚或者先育后婚的习俗。如云南金平县是云南73个贫困县之一。世居着苗族、瑶族、傣族、哈尼族等9个民族，在这里，有些民族地区的孩子只有十二三岁，没有完成九年义务教育，就早早辍学，便开始谈婚论嫁，走入为人母为人父的家庭生活。此外，"知足常乐"的心理在一些少数民族中也比较普遍，对于他们而言，儿童能够读书、写字和算账就足够了，并不需要用知识来改变命运。因而，这些民族地区的家长并不重视儿童的义务教育，当有些孩子因为各种原因辍学时，家长并没有及时阻止孩子的辍学行为，有些家长甚至持鼓励态度。在笔者实地调研时，一位长期执教于白彝族村寨的王校长说："我们这里的白彝族并不十分鼓励孩子来学校接受义务教育。于他们而言，有口饭吃就够了，不用学那么多知识！我刚到这个村来，就挨家挨户地给家长们做动员工作，让他们送孩子来学校读书。但是那段时间，尽管孩子们来学校读书了，一旦村子里办喜事，孩子们在那几天都不来上学。"可见，有些民族因其文化的固有习俗也表现出对义务教育的需求不迫切。

三 少数民族教育需求差异对义务教育的影响

多民族地区文化的多样性所带来对义务教育的需求差异，在一定程度上影响着义务教育的均衡发展。从宗教信仰而言，经堂或寺庙教育与义务教育存在着一定的冲突。因为义务教育要求所有适龄儿童都必须在规定的年龄内走入学校接受义务教育，而经堂或是寺庙教育同样要求信众在6—7岁走进经堂或是寺庙接受宗教教义等方面的知识。这在一定程度上影响了民族地区儿童接受义务教育的普遍性。为了缓解二者间的矛盾，有些民族地区采取让儿童在闲暇时接受经堂或是寺庙教育，或者直接让出家为僧的儿童也参与到学校义务教育中来，如勐海县的和尚生。而义务教育均衡发展，从其基本内涵而言，它不仅仅是教育资源的配置均衡，而且也是教育质量的均衡发展。但由于义务教育与经堂教育间的文化差异，儿童疲于在两种文化中的转换，学习精力与时间的有限性在一定程度上也影响到义务教育质量。在问卷调查中当问及教师对"少数民族地区民族宗教信仰对义务教育均衡发展"的影响程度时，901位教师中有15.9%的教师认为宗教信仰对义务教育影响较大，5.3%的教师认为宗教信仰对义务教育影响大（如表4-5所示）。

表4-5　　　　　少数民族宗教信仰对义务教育的影响

少数民族宗教信仰对义务教育的影响		频率	百分比
有效	（1）大	48	5.3
	（2）较大	143	15.9
	（3）一般	332	36.8
	（4）较小	234	26.0
	（5）没有	141	15.6
缺失	系统	3	0.3
合计		901	100.0

而从风俗习惯而言，如早婚习惯则会在一定程度上提高辍学率，"知足常乐"的心理也同样会影响到义务教育的质量。实地调研中，有些校长、教师反映，因为义务教育与其民族传统文化有冲突，有些孩子更多地倾向于以民族文化为首选条件，尊重其本民族的风俗习惯。而当部分少数民族缺乏对义务教育文化的认同情况下，儿童在学习的过程中会出现厌学或是辍学的现象，这在一定程度上也影响到多民族地区义务教育的均衡发展。在问卷调查中，901位教师中有24.5%的人认为少数民族风俗习惯对义务教育有较大影响，8%的人认为影响大，二者累计达32.5%（如表4-6）。

表4-6　　　　　少数民族风俗习惯对义务教育的影响

少数民族风俗习惯对义务教育的影响		频率	百分比
有效	（1）大	72	8.0
	（2）较大	221	24.5
	（3）一般	334	37.1
	（4）较小	196	21.8
	（5）没有	70	7.8
	合计	893	99.1
缺失	系统	8	0.9
合计		901	100.0

而当问及少数民族文化对义务教育的影响程度时，依旧有8%的教师

认为影响大，20.3%的教师认为影响较大，二者累计为 28.3%（见表 4-7）。

表 4-7　　　　　　　少数民族文化对义务教育的影响

少数民族文化对义务教育的影响		频率	百分比
有效	（1）大	72	8.0
	（2）较大	183	20.3
	（3）一般	345	38.3
	（4）较小	187	20.8
	（5）没有	102	11.3
	合计	889	98.7
缺失	系统	12	1.3
合计		901	100.0

此外，多民族地区语言的多样性同样对义务教育均衡发展也造成了一定影响。由于多民族地区许多少数民族都有着自己的语言与文字，尤其是"小聚居"的民族地区，儿童在接受义务教育前只熟知本民族的语言。近些年来，国家为了普及义务教育，在有些民族地区实施双语教育，即教师采用民族语言与汉语交替使用的教学模式。尽管国家与地方政府也在极力培养双语师资，但是双语教师依然存在着较大的缺口。这些少数民族"小聚居"地区的农村小学，倘若没有熟悉当地民族语言的双语教师参与教学，义务教育的教学质量也就难以得到保证。

综上可见，虽然多民族地区各个民族多姿多彩的文化交相辉映，使每个少数民族各具特色并焕发出蓬勃的生机与活力。但是，多民族地区文化的多样性所带来的义务教育需求差异，在一定程度上影响着义务教育均衡发展。

第五章 多民族国家义务教育均衡发展的经验借鉴

义务教育非均衡发展并非我国独有的现象,它是一个比较普遍的全球现象。在西方一些发达国家里,也同样存有不同民族间义务教育发展的差异性,但这些国家较早地进行大量的探索与实践。它们以实现社会公平、提供均等的教育机会为目标,积极尝试不同教育资源配置模式,以缩小少数民族群体与主体民族之间的教育成就差异。美国、英国、澳大利亚等国家就在这些国家之列。本章旨在通过介绍分析美国、英国、澳大利亚三国在推进少数民族义务教育均衡发展方面的政策与经验,以期"他山之石"能为我国多民族地区义务教育均衡发展提供可取的经验借鉴。

第一节 美国的经验

美国是一个新兴移民国家,也是一个典型的多民族国家,有着"民族大熔炉"之称。各大州100多个民族的后裔生活在方圆930多万平方公里的国土之上,盎格鲁-撒克逊民族是其主体民族,而其他民族则为少数族裔。美国人类学家查理·F. 马登(Charles F. Marden)与格拉迪斯·麦耶(Gladys Meyer)曾经依据联合国教科文组织对世界少数民族研究所提供的资料而制定了少数民族的标准,即:(1)少数民族是指一个多民族国家社会中处于从属地位的那部分人;(2)少数民族有特殊的身体与文化特点,社会中的主体民族不尊重他们的这些特点;(3)少数民族是由于其成员所共有的独特特点而集结在一起的、自我意识到差异的集团;(4)一个少数民族的成员身份是根据遗传法则继承下来的,这样,即使在没有明显的身体或文化特征的情况下，也能代代相承。① 虽然，这一标准不尽然科学，但它在一定程度上体现了少数民族所具备的一些基本特征。而符合这一标准的美国少数民族集团主要有以下四个：拉美裔美国人、非裔美国人、亚裔美国人、美国印第安人与阿拉斯加土著人。

美国 NCES（National Center for Education Statistics）公布的 2015 年教育统计摘要数据显示②：2014 年美国总人口数为 3.18 亿人，少数族裔的人口为 1.21 亿人，占总人口的 38.1%。而少数族裔中，非裔美国人 3952.8 万人，占 12.4%；拉美裔美国人 5538.8 万人，占 17.4%；亚裔美国人 1678.7 万人，占 5.3%；美国印第安人和阿拉斯加土著人 235 万人，占 0.74%；夏威夷和其他太平洋诸岛土著人 54.6 万人，占 0.17%；其他种族 638.8 万人，占 2%。与此同时，少数族裔人口的增长幅度大于主体民族人口的增长幅度。从 1980 年到 2014 年，美国人口净增长 9163.2 万人，其中拉美裔美国人净增长 4051.9 万人，非裔美国人净增长 1331.3 万人，亚裔美国人净增长 1312.2 万人，三者的人口净增长量总和占美国人口净增长量的 73.1%。少数族裔在美国总人口中所占比例也由 1980 年的 20.3% 上升到 2014 年的 37.9%。美国人口普查局预计，到 2050 年少数族裔将占美国总人口的 49.4%，其中拉美裔美国人占 24.3%、非裔美国人占 14.7%、亚裔美国人占 9.3%③。2014 年，美国 5—17 岁的学生中，白人学生为 2830.8 万人，占总数的 52.7%；少数族裔占 47.3%，其中非裔 743.8 万人，占总数的 13.8%；拉美裔 1280.8 万人，占 23.8%；亚裔 254.7 万人，占 4.7%；印第安人与阿拉斯加土著 46.3 万人，占 0.9%；而在美国公立中小学中，白人学生占 49.9%，非裔占 15.6%，拉美裔 25.4%，亚裔 4.9%，印第安人与阿拉斯加土著占 1.02%；少数族裔占 50%。④

---

① 转引自［美］理查德·D.范斯科德《美国教育基础：社会展望》，教育科学出版社 1984 年版，第 196 页。

② Digest of education 2015, National center for education statistics, http：//nces.ed.gov/programs/digest/d15/tables/dt15_101.20.asp.

③ 转引自何晓跃《美国少数族裔人口变化特征及其影响》，《现代国际关系》2014 年第 9 期。

④ Digest of education 2015, National center for education statistics, http：//nces.ed.gov/programs/digest/d15/tables/dt15_203.50.asp.

可见，随着美国少数族裔人口的不断增加，少数族裔在校学生人数的不断上涨，少数族裔的教育成就能否提高将直接影响到美国经济社会的持续、稳定发展。从20世纪50年代以来，为了推进教育民主化，保障少数族裔均等的教育机会、提高少数族裔的教育成就，美国政府通过加强立法，联邦政府从财政上予以支持，实施补偿性教育、允许择校，并在多元文化教育、双语教育等方面进行了有益探索，以此来改善少数族裔的教育环境，进而逐步缩小少数族裔与主体民族间的教育成就差距，使美国基础教育得到较快的发展。

一 教育立法：少数族裔教育权利的保证

1776年7月4日，美国《独立宣言》写道"我们认为这些真理是不言而喻的，人人生而平等，他们从他们的'造物主'那里被赋予了某些不可转让的权利，其中包括生活中自由和追求幸福的权利"。然而，历史的车轮并没有如《独立宣言》中所倡导的那样稳步前行。民族间的不平等、种族间的歧视与隔离曾经是困扰美国社会发展的主要因素之一。1954年，美国最高法院关于"布朗诉堪萨斯州托皮卡市教育委员会案"的裁定，推翻了其在1896年所确定的"隔离但平等"的原则，同时宣布"公共教育领域里，'隔离但平等'原则是行不通的，在教育机构内推行种族隔离，实质上就是一种不平等"①。该裁定表明种族隔离违反宪法。一年后，最高院明文要求各州学校必须尽快合一。美国学校取消种族隔离时代的序幕从此拉开，教育民主化也逐渐成为美国各民族追求的目标之一。而在追求教育民主的过程中，美国历届政府通过教育立法的形式来保障少数族裔的教育权利。

（一）教育立法保障少数族裔均等教育机会

1964年，美国通过了《民权法案》（Civil Rights Act of, 1964），其中第4章第402条强调消除公共教育中的种族隔离，即"不依据于学生们的种族、肤色、宗教信仰或者民族而将他们分配到各个公立学校里去"。为了消除种族隔离现象，该法案同时规定，对于仍旧保存种族隔离制学校的任何学区和州，联邦政府将立即停发国拨经费。当年，美国教育总署提交

---

① 弗雷德·赫钦格、格雷丝·赫钦格：《美国教育的演进》，《美国驻华大使馆文化处》1984年第110期。

的《科尔曼报告》第六条规定，在联邦资助的教育计划中禁止种族隔离和歧视现象的存在；第七条规定，不同种族的人都享有平等的就业机会。① 同年8月30日，美国国会通过了约翰逊总统提交的"向贫困宣战"、以实现充分就业为目标的《经济机会法案》。该法案保证为少数族裔儿童、低收入家庭儿童提供受教育的机会，让家长参与制定儿童教育计划等。联邦与州政府将采取措施为少数族裔儿童及贫困儿童提供补偿教育，规定每年拨款3亿美元以资助少数族裔学生及贫困儿童。该法案旨在为社会弱势群体提供更多、更为平等的教育机会保障，开启了联邦政府教育历史的新纪元。

1965年，美国通过了《初等和中等教育法案》(the Elementary and Secondary Education Act of 1965)，又称《中小学教育法案》。该法案的基本目的是为了改善美国中小学的教育现状，法案规定为了满足低收入家庭的教育需求，联邦政府向其所在的地方教育机构提供财政援助，少数族裔家庭儿童受益良多。此外，联邦政府还将在中小学校的图书资源、教科书等其他教学资源上予以财政援助，在教育研究与教师培训上也予以一定的经费资助，同时提供资金以加强州教育管理机构。随后，该法案历经几次修订。其间，1967年的修订案规定为印第安儿童提供教育补助金，提出为母语非英语的儿童提供双语教育，由联邦政府拨款给学区开办双语教育，从而保障移民儿童的均等教育机会。1968年，美国颁布《双语教育法案》(Bilingual Education Act)，双语教育正式在美国全境得以推行。该法案后来随着美国社会的发展，也几经修订，它在很大程度上保障了母语非英语的儿童获得均等的教育机会。同年，美国《教育总则法》也规定，不论公民的种族、肤色、社会阶层以及宗教信仰等，都将为他们提供接受高质量的教育机会；学校需为母语非英语且英语能力有限的儿童、贫困家庭的儿童等处于社会弱势地位的学生提供平等的受教育机会。

1972年，为了保障印第安人的教育权利，美国通过了首部印第安人教育的专门法案：《印第安人教育法案》(The Indian Education Act)。该法案中，美国政府强调对印第安保留区与都市地区就学的儿童进行特别补助，并加强对印第安保留学校的财政援助。1975年，在该法案的修订案中，规定和鼓励印第安人家长委员会更多地参与教育监督与教育活动，并

---

① 高如峰：《义务教育投资国际比较》，人民教育出版社2003年版，第45页。

且鼓励学校与教师改革课程、设计双语教材以增加文化适应性。同时，联邦政府设立了印第安人教育办公室（Office of Indian Education），专门负责管理印第安人的教育事宜。同年，美国政府还颁布了《印第安民族自决与教育援助法案》（Indian Self-determination and Education Assistance Act），要求政府尽其所能来促进印第安人参与政治和教育事务，旨在维护印第安人自我管理的教育权利。可见，印第安人自决的教育政策也由此形成。

（二）教育立法提高少数族裔教育成就

20世纪80年代以前，美国的相关教育立法更多地是为了保障少数族裔的受教育权，提供均等的教育机会。80年代以后，美国政府更多地通过教育立法来缩小少数族裔与主体民族间教育成就的差距，以此推进教育的均衡发展。

1983年4月，美国国家优质教育委员会发表题为《国家在危急中：教育改革势在必行》的教育报告，指出：中学生SAT成绩下滑，大约13%的17岁青年为功能性文盲，大学需要给学生开设越来越多的补习课[①]。该报告给美国教育敲响了警钟，也掀起了美国新一轮旨在提高学生学业成就的教育改革与教育立法，少数族裔学生也成为这些教育改革与立法中所主要关注的群体。1990年，美国联邦政府通过了《土著美国人语言法案》，强调印第安人有使用、发展自己语言的权利和自由，而联邦政府对此有保护和促进之责[②]，该法案旨在振兴印第安人的传统语言。

1991年，乔治·布什总统振兴美国教育的方案——《美国2000：教育战略》应时而生。布什政府提出了美国教育迈向21世纪的6大教育目标和21条要求，其中目标之一是所有美国儿童，不分种族、肤色、宗教信仰等，上学之时都已做好准备；目标之二是中学毕业率要达到90%以上，国家要采取根本性的措施减少辍学率，并使75%的辍学学生圆满地完成中学学业或取得同等学力，要消除美国少数民族学生与白人学生毕业率上的差距[③]。1994年，克林顿总统正式签署了《2000年美国教育目标

---

① U.S. Department of Education, A Nation Accountable: Twenty-five Years after a Nation at Risk, Washington, D.C., 2008, http://www.ed.gov/rschstat/research/pubs/accountable/.
② 冯广林:《论美国印第安人受教育权的法律保护》,《黑龙江民族论丛》2013年第2期。
③ 史静寰:《当代美国教育》,社会科学文献出版社2001年版,第104页。

法案》，该法案将老布什政府的 6 大目标扩充到 8 大目标，不仅强调教育成就的优异，而且也要凸显教育的公正，把帮助少数族裔学生、残疾儿童等达到国家教育目标放到重要的位置之上。同年，克林顿政府还对《双语教育法案》进行修订。修订案中确立了双语制的地位，强调少数族裔学生母语与主流语言具有同等重要的地位，要求学校激发与培养英语能力有限学生对其母语的自信与自尊。《双语教育法案》的多次修订，从最初的对少数族裔语言的同化逐渐发展到尊重与保护少数族裔的语言。

2002 年 1 月，为了提高学生的学业成就，G.W. 布什政府签署了《不让一个孩子掉队法案》。该法案规定：通过高标准和教学效能核定来实现平等，提高处境不利学生的学业成绩；提高教师质量，实现每个儿童都应有一个高素质的教师；激励英语熟练程度有限的学生达到英语流利水平，提高他们的学业成就；给学校增加拨款以改进教育技术，尤其是乡村学校与低收入家庭学生较多的学校，旨在通过改善这些学校的教育技术手段以提高教育质量；为印第安人学校增加拨款，设立专项基金，用于改善基础教学条件建设，满足富有民族特色的教育需求；等等。可见，该法案极为重视少数族裔均等的教育机会，并从改善师资、办学基础条件等以实现提高他们学业成就的目的，从而缩小他们与主体民族间的学业成就差距。

奥巴马总统上任之初，在教育政策上基本延续了《不让一个孩子掉队法案》的基本原则。但随着该法案的实施，因其过于繁重的标准化考试而饱受争议。2010 年，奥巴马政府向国会提交了长达 41 页针对该法案的修订方案。2015 年 12 月，奥巴马总统正式签署了《每一个学生成功法案》以取代《不让一个孩子掉队法案》。新法案首先修正了问责制，将控制教育的权力归还给各州和地方学区，鼓励州和地方学区来规定学校的学术表现标准，并对教师和学校管理人员实行问责。同时，该法案规定各州自行设立改进方式，帮助表现不佳的学校缩小差距，要求各州改善本州 5% 最困难的学校、辍学率高的高中学校以及那些学生群体一直表现不佳的学校的学生学习，确保所有学生都达到目标。其次，该法案规定各州要关注英语能力有限学生的独特需求，包括低收入家庭的学生、有色人种学生、残障学生、无家可归的学生、寄养儿童和与军事关联的儿童，并且授权教育部部长为低收入和英语学习者的教育分配额外的资金。

综上所述，可见美国的义务教育能较为均衡发展，与历届政府极其重视教育改革和教育立法不无关系。法律是国家的统治工具，由国家强制实施，它对全体社会成员具有较强的约束力。美国历届政府正是通过频繁的教育立法来推进教育改革与发展，重点关注社会处于不利阶层学生的教育机会与教育成就，并通过各种教育补偿来为其创设教育机会，以实现其教育成就的提高。

二 财政资助：少数族裔获得均等教育机会与提高教育成就的保障

众所周知，美国是一个以分权为特征的联邦制国家。早在1791年，美国宪法修正案第十条便明确规定，教育由各州自行负责，联邦政府不享有教育管理权限。因而，州政府是提供公共教育的权威机构，而州政府又将许多责任授权给地方政府，州政府与地方学区共同承担着教育发展的主要职责。由于宪法没有给予联邦政府举办公共教育的权利与义务，建国之初，联邦政府也没设有主管教育的行政机构。直至1979年，联邦政府才成立了内阁级的教育部。

联邦教育部的主要职责并非管理各州教育事务，而是通过联邦政府的教育政策来引导教育改革与拨付教育经费来保障教育公平，为社会弱势群体提供均等教育机会，实现教育质量的提高。在美国教育史上，联邦政府从最初的不作为，到如今积极引导教育改革，推进教育的发展，使美国教育处于世界领先的地位。在这一过程中，联邦政府的教育财政资助在保障教育机会均等、推进教育公平中起到不可或缺的作用。美国教育财政资助具有以下两个突出特点。

（一）教育财政资助主体逐渐上移

教育财政的充足与否，将直接决定教育条件的优劣，进而影响人才培养质量的高低。正如艾伦·格林斯潘所强调的那样"人力资本投资最关键的是中小学教育质量"。从1965年的《初等和中等教育法案》颁布实施以来，美国联邦政府40%左右的教育经费预算投入中小学教育中，尤其近些年呈逐年增长趋势。[①] 2015年，美国联邦政府教育财政预算总额为

---

① Thomas D. Snyder, Sally A. Dillow. Digest of education 2013, National center for education statistics.

686亿美元，预算额较2014年增长13亿美元，增幅1.9%，较2013年增长30亿美元。拨款预算中最大的份额将用在学前教育至中学阶段，占可自由支配开支的近90%。① 此外，从美国NCES所公布的1919—2013年中小学教育财政收入分布中，也明显可见联邦政府与州政府对中小学的教育投入日渐增加（见表5-1，图5-1）。

表5-1　　　　1919—2013年美国公立中小学政府财政投入分布

学年	联邦（%）	州（%）	地方（%）	学年	联邦（%）	州（%）	地方（%）
1919—1920	0.3	16.5	83.2	1998—1999	7.1	48.7	44.2
1929—1930	0.4	16.9	82.7	1999—2020	7.3	49.5	43.2
1939—1940	1.8	30.3	68.0	2000—2001	7.3	49.7	43.0
1949—1950	2.9	39.8	57.3	2001—2002	7.9	49.2	42.9
1959—1960	4.4	39.1	56.5	2002—2003	8.5	48.7	42.8
1969—1970	8.0	39.9	52.1	2003—2004	9.1	47.1	43.9
1979—1980	9.8	46.8	43.4	2004—2005	9.2	46.9	44.0
1989—1990	6.1	47.1	46.8	2005—2006	9.1	46.5	44.4
1991—1992	6.6	46.4	47.0	2006—2007	8.5	47.4	44.1
1992—1993	7.0	45.8	47.2	2007—2008	8.2	48.3	43.5
1993—1994	7.1	45.2	47.8	2008—2009	9.6	46.7	43.8
1994—1995	6.8	46.8	46.4	2009—2010	12.7	43.4	43.9
1995—1996	6.6	47.5	45.9	2010—2011	12.5	44.2	43.3
1996—1997	6.6	48.0	45.4	2011—2012	10.2	45.0	44.8
1997—1998	6.8	48.4	44.8	2012—2013	9.3	45.2	45.5

资料来源：依据NECS所公布的数据统计所得。Revenues for public elementary and secondary schools, by source of funds: Selected years, 1919-20 through 2012-13, National center for education statistic, http://nces.ed.gov/programs/digest/2015menu_tables.asp。

从表5-1可见，20世纪30年代以前，联邦政府教育资金在初等和中等教育中所占比重不到1%，50年代增加到3%左右。从1970年开始，随着一系列教育法案的颁布，联邦政府教育资金积极投入一系列教育改革项目中，1979年已经达到9.8%。2002年《不让一个孩子掉队法案》颁布实

---

① 周红霞：《2015年美国教育经费投入：最大份额用于学前和基础教育》，《中国教育报》2015年9月30日，http://www.jyb.cn/world/zgsx/201509/t20150930_638599.html。

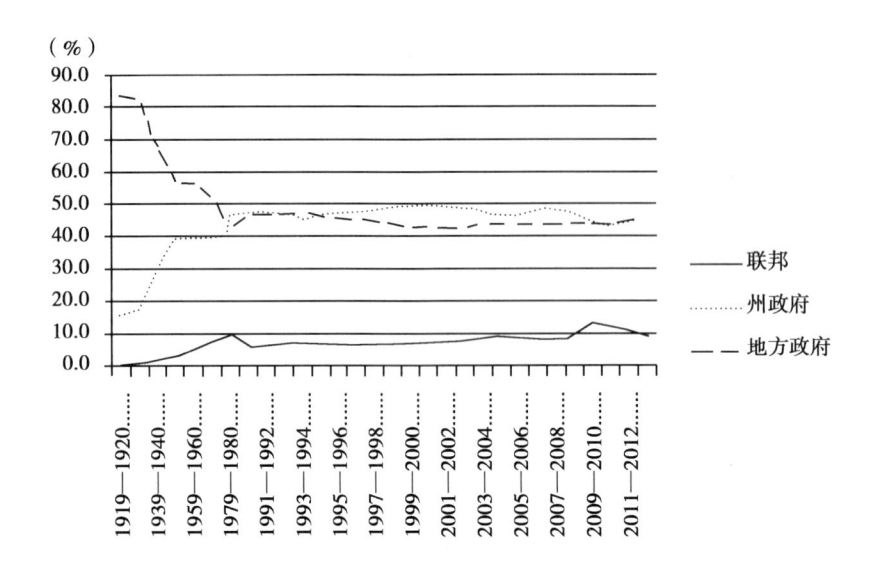

图 5-1　1919—2012 年美国公立中小学政府财政投入分布

施，使得美国基础教育改革稳步推进，为社会不利阶层、贫困家庭、少数族裔家庭儿童、残疾儿童、移民儿童等提供各种教育机会的项目不断增加。随后，联邦政府教育资金在中小学教育投入中所占比重基本都在8%以上，2009年创历史最高，达12.7%。1919—2013年，州政府在20世纪30年代以前的投入比例都在20%以下，70年代所占比例也还是游离在39%左右。但从20世纪80年代到2013年，基本都保持在45%以上的投资比例。由此可见，美国义务教育财政的投资主体逐步上移，州政府承担了义务教育财政近乎一半的投入比例。这一投入主体的变化为协调区域内义务教育均衡发展起到了尤为重要的作用，为少数族裔享受均等的教育机会创造了基本条件。

（二）教育财政资助的补偿性日益明显

教育财政往往关注教育经费的来源、分配与使用。它作为公共财政，其分配要遵循公平、效率、充足等基本原则，而公平是公共财政分配所应遵循的首要原则。在美国，因各地区地理环境、自然资源的差异，区域经济发展也存在着不均衡。因而，各州水平不一的经济发展状况自然会导致其教育投入的差距。如2010年，美国政府用于公立中小学的生均支出为10615美元，其间犹他州中小学的生均支出为6000多美元，而纽约与哥伦比亚特区的生均支出已达 18000 多美元，同一地区间不同学区也存在差异①。同一地区内不同学区间的差距，基本由州政府通过教育资源的分配来促使其均衡发展。而州与州之间的不均衡，则只能靠联邦政府来调整教育资源的分配，以实现其均衡发展。近些年，为了保障教育公平，使处于社会不利群体获得均衡教育机会与学业成就的提高，联邦政府往往通过专项支付方式来进行补偿，教育财政资助的补偿性也日益明显，这从美国 NCES 所公布的数据中可见一斑。

如图 5-2、图 5-3 与图 5-4 所示，从 1970 年到 2013 年，美国联邦政府教育经费预算中，用于资助社会弱势阶层、印第安人教育、少数族裔的英语教育经费呈逐年增长趋势。1970 年，联邦教育部用于社会弱势阶层的教育经费预算为 1.3 亿美元，2013 年则为 15.5 亿美元；用于印第安人教育经费预算 1970 年数据缺失，1980 年为 9336 万美元，2013 年增加到 1.32 亿；用于英语能力有限学生的教育经费预算由 1970 年的 2125 万美元增至 2013 年的 7.36 亿美元。

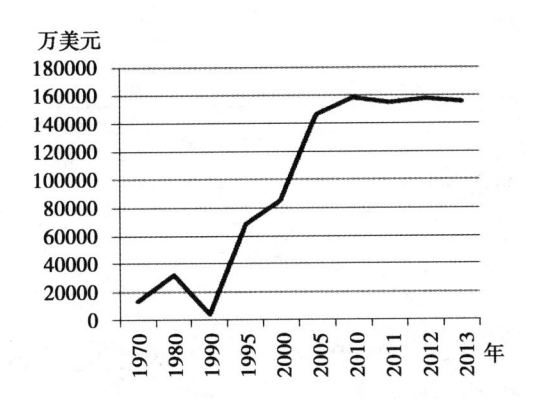

图 5-2　1970—2013 年联邦教育部用于社会弱势阶层教育的经费预算

资料来源：依据 NECS 所公布的数据统计所得。Revenues for public elementary and secondary schools, by source of funds: Selected years, 1919 - 20 through 2012 - 13, National center for education statistic, http://nces.ed.gov/programs/digest/2015menu_tables.asp。

此外，美国的补偿性教育资金往往跟着法律与行动方案走。每一部教

---

① Lam Thuy Vo. How Much Does the Government Spend to Send a Kid to Public School, http://www.northcountrypublicradio.org/news/npr/155515613/.

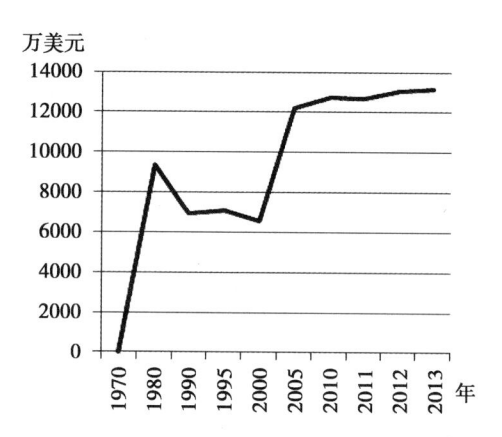

图 5-3　1970—2013 年联邦教育部用于印第安人教育的经费预算

资料来源：依据 NECS 所公布的数据统计所得。Revenues for public elementary and secondary schools, by source of funds: Selected years, 1919-20 through 2012-13, National center for education statistic, http://nces.ed.gov/programs/digest/2015menu_tables.asp。

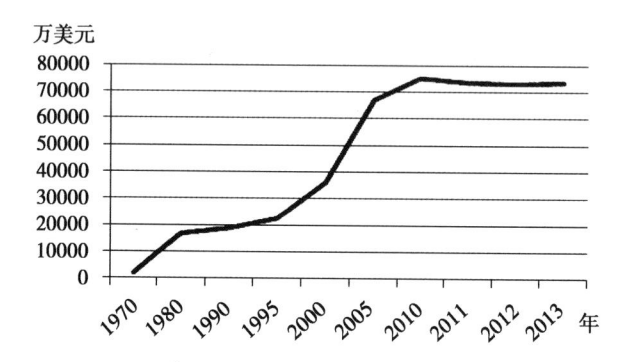

**图 5-4　1970—2013 年联邦教育部用于英语能力
有限学生教育的经费预算**

资料来源：依据 NECS 所公布的数据统计所得。Revenues for public elementary and secondary schools, by source of funds: Selected years, 1919-20 through 2012-13, National center for education statistic, http://nces.ed.gov/programs/digest/2015menu_tables.asp。

育法案的颁布，基本都有相应资金作保障。如 1990 年的《土著美国人语言法案》中提供拨款以帮助印第安人确保本土语言的续存，促进其语言技能的代际传播。1998 年，美国副总统戈尔公布了一项耗资 6 亿美元的改进拉美裔美国人教育的行动计划①。《不让一个孩子掉队法案》的第三条要求重新修订《双语教育法案》，并要求资金拨付用于改善课程、教材、师资等，以实现英语能力有限的学生学业成就的提高，美国政府2002年提供了6.65亿美元用于双语教育、移民教育。②奥巴马执政以后，通过"力争上游"竞争性资金推动地方政府和学区积极进行教育改革，在提高公共资金的使用效益上取得了非凡的成绩，但在提供竞争性资金的同时，分配补助方案仍为联邦政府帮助和支持地方政府的主要方式。2015年，分配性资金依然构成了预算的大部分，占到了89%，并将重点用于解决贫困和少数族裔学生、残疾学生和英语学习者的需求。③

综上，美国联邦政府教育投入主体逐渐以高层政府为主，在很大程度上能保证区域内教育资源分配的相对均衡，为处于不利阶层的少数族裔提供均等教育机会创设了基本条件。联邦政府通过教育经费专项转移支付的方式，加强对少数族裔的教育财政补偿，在一定程度上凸显了公共教育财政公平分配的原则，同时也在教育财政上为少数族裔学生获得均等教育机会提供了坚实的资金保障。

三 允许择校：少数族裔学生选择优质教育、实现学业成就提高的重要途径

美国中小学体系中，公立学校与私立学校并存，而私立学校在教育质量上相对优于公立学校。但私立学校往往与高额的收费相伴而行，这使得许多家庭望而却步，尤其是贫困家庭与少数族裔子女只能选择公立学校"就近入学"。长期以来，由于美国政府教育政策与教育财政的支持，公立中小学无论是在数量，还是在教育资源分配上，都享有得天独厚的优势。正是由于这种优势的长期存在，使得公立中小学教育体系内部缺乏生存竞争机制，滋生出学校管理僵化、教师缺乏责任感、教育财政使用效益偏低等问题，致使其教育质量不高，引来社会与家长对公立学校的诸多

---

① 杨慧敏：《美国基础教育》，广东教育出版社2004年版，第61页。
② 查理斯·A. 金、奥斯汀·D. 斯旺森、斯特科·R. 斯维特兰：《教育财政：效率、公平、绩效》，中国人民大学出版社2010年版，第239页。
③ 周红霞：《2015年美国教育经费投入：最大份额用于学前和基础教育》，《中国教育报》2015年9月30日。

不满。

自 20 世纪 90 年代开始，为了满足公众对优质教育的需求，美国政府通过实施教育券计划、设立特许学校、减免教育税等措施来推进"自由择校"，让家长享有更多的机会为自己的子女选择优质学校，从而也把市场竞争机制引入中小学教育体系中，以此来推动公立中小学教育质量的提高。对于大多处于社会弱势阶层的少数族裔学生而言，无疑又多了一条选择优质教育、实现学业成就提高的重要途径。

（一）教育券计划

教育券（voucher），又称教育凭证，是政府及其他一些特定机构向适龄儿童发放的一种教育代币券。儿童可持教育券选择相应范围内的学校，学校则可凭其所获教育券向发放机构兑换等额教育经费。

早在 20 世纪 50 年代，米尔顿·费里德曼在《政府在教育中的作用》一文中便提出实施教育券的相关理论。在弗里德曼看来，基础教育具有较强的"邻近影响"，政府可以将给社会发展所需的最低标准学校教育所需经费，以教育票证的形式发放给家长，由家长自由使用教育票证为其子女向学校购买教育劳务。随着教育券的流动，打破公立中小学的一方独大的垄断地位，把竞争机制引入公立教育体系，从而实现公立中小学教育质量的提高。但是，弗里德曼的教育券理论当时并没有得到实施。直至 1990 年，乔治·布什政府在《美国 2000：教育战略》方案中，提出要在公立学校与私立学校之间推行择校制度，使得教育券理论有了生存的空间。当年，威斯康星州的密尔沃基实施了"家长选择计划"，正式推行教育券计划，旨在为社会弱势阶层的儿童提供就读优质私立学校的机会。[①] 1995 年，俄亥俄州的立法机构通过了克利夫兰德市教育券项目。1999 年，佛罗里达州议会批准全美第一个全州性的教育券实施计划。2004 年，美国参议院批准了华盛顿州 1400 万美元的教育券计划。[②] 教育券计划从其实施之初到现在，虽然其间也颇受争议，但由于其主要发放对象是社会弱势阶层的儿童，而少数族裔儿童大都属于这个阶层，不少学生因此而获得了就读优质私立学校的机会，为其提高教育成就获得了更多机会。

---

① 史静寰：《当代美国教育》（修订版），社会科学文献出版社 2012 年版，第 216 页。
② 邱小健：《美国教育券的公平诉求及其对中国的启示》，《全球教育展望》2008 年第 2 期。

（二）特许学校

特许学校（charter school）始于20世纪90年代，是经州政府立法通过而设立的新兴公立学校。学校经营者与政府签订合同，学校与政府之间是一种契约关系。学校主要经费源自政府，面向所有学生开放。学校享有自主办学的权利，不受学区一般教育行政法规的限制。但学校必须在契约规定的3—5年合约期内保证完成双方认可的教育绩效。倘若学校在合约期内没有达到双方约定的绩效标准，学校将丧失"特许权"，甚至被关闭。截至2012学年，美国有42个州通过了特许学校法案。从1999年到2012年，美国特许学校数由1500所增加到6100所；在特许学校注册就读的学生也由30万人增长到230万人[①]。

特许学校的设立使得资金随着学生走。而特许学校能否生存全凭其自身的教育质量，同时也把市场竞争机制带入了公共教育系统，无疑给传统公立学校带来竞争压力，迫使传统公立学校为了获得更多教育资源而不断完善自身的教育管理，提高教育质量。特许学校是面向所有学生开放，为推进教育公平，减少少数族裔的封闭、自愿消除种族歧视提供了条件。从1999学年至2012学年，特许学校拉美裔学生所占比例从20%提高到29%，亚裔学生也由3%提高到4%。[②] 此外，特许学校在提高学生学业成就方面与传统公立学校相比较，也有其自身的优势。2007年有人将35个州的特许学校与传统公立学校进行比较研究，结果表明有19个州的特许学校学生AYP（Academic Year Program）成绩超过了传统公立学校学生的成绩。新奥尔良市的特许学校尤为突出，20所顶尖学校中，有17所为特许学校。[③]

由此可见，美国在基础教育改革中，教育政策积极引导与鼓励择校，部分州政府也通过教育立法予以保证，并在教育财政方面予以相应的支持。这些无疑推进了教育公平，使少数族裔儿童获得提高学业成就的机会。

---

① Grace Kena, Thomas Nachazel, and so on, The Condition of Education 2015 [M]. U. S. Department of Education, Institute of Education Sciences, National Center for Education Statistics. p. 70.

② Ibid., p. 73.

③ 李孔珍、普里西拉·沃斯特塔、川·艾丽·库辛：《美国特许学校的发展及其启示》，《中国教育学刊》2008年第7期。

四　多元文化教育：推进少数族裔获得教育过程的公平

均等的教育机会不仅仅是指儿童享有均等的入学机会，还包括儿童在教育过程中享有均等的参与机会。从一定程度上看，允许择校更多的是为实现儿童享有起点公平，而多元教育则是更多地为推进少数族裔儿童在教育过程中获得均等的参与机会。美国著名的多元文化教育理论研究者班克斯（James A. Banks）教授认为，多元文化教育蕴含着这样一种思想，即所有的学生，无论其男女性别；不论其社会阶层高低；不管其种族、民族归属；不视其文化特征，都享有均等的教育机会。可见，教育机会均等是多元文化教育的核心价值取向。班克斯进而强调多元文化教育的主要目标应是：（1）帮助个人通过其他文化视角来审视自己，从而获得更好的自我理解；（2）为学生提供文化、语言的选择；（3）为所有的学生提供融入本民族、主流民族以及其他民族的知识、技能；（4）减少不同民族间因其肤色、文化等所带来的偏见；（5）帮助所有学生获得跨文化的读、写、算等能力[1]。而多元文化教育在美国主要体现在课程改革、多元文化教师的培养，以及双语教育的实施等几个方面。

（一）多元文化课程的设计

在美国教育历史上，学校课程设计曾是以体现盎格鲁-撒克逊主流民族的文化与历史为主，较少给学生提供文化选择。学校课程也较少反映少数民族文化所带给美国社会丰富多彩的音乐、文化、价值观及生活方式等方面的影响，少数族裔民族文化在美国课程设计中处于被忽略的位置。这种以盎格鲁-撒克逊文化为主的课程在一定程度上对许多少数族裔学生产生消极的影响，因为他们经常在学校文化中发现被疏远、敌对，从而致使他们中许多人并不想去获取能让他们成功融入更高社会的知识技能[2]。因而，少数族裔学生在学业成就中也就表现出低于白人学生的现象。

为了保障少数族裔学生在教育过程中的公平，在民权运动倡导者、少数族裔家长、多元文化教育研究者的呼吁下，美国政府逐步推进课程改革，在课程设计中逐渐反映多元文化特征。虽然，联邦政府没有对此有法

---

[1] James A. Banks. *An Introduction to Multicultural Education*, University of Washington, Seattle, the fifth edition, 2014, pp. 1-6.

[2] Ibid., p. 4.

律方面的保证，但州政府制定了相关教育政策来推进学校开设多元文化课程。如1999年，密苏里州堪萨斯城公布的《核心课程草案》之"社会科学"的指导原则中要求，社会学课程应使学生认识多元文化的世界以及自身所处的位置。新泽西州和纽约州也分别于2002年和2005年成立专门委员会调整公立、非公立学校的教育内容，增设关于奴役及非裔美国人发展历史的课程；新墨西哥州也于2003年增设经过州核准的，在教学内容中占一定比例的多元文化内容。①

与此同时，美国在教材建设方面也逐步体现出多元文化教育的理念。如美国影响力较大的中小学教材编制公司——哈特·米福林出版公司，2000年所编制的社会科学教材的三个教学目标为：（1）使不同背景的学生都能更好地融入课堂；（2）更准确地展现历史史实与当前时事；（3）鼓励学生形成对民族、文化和社会多样性的尊重。在这一目标的指导下，课程标准也呈多元文化价值取向，如关于文化的复杂性与多元文化社会，二年级和三年级的课程目标分别是"比较不同的传统"以及"美国的印第安人"②。更多关于美国少数民族的多元文化主题逐渐融入教材中，使得少数族裔学生能在学校中见到更为包容、多元的文化，能从内心焕发出对知识的渴求，进而增强了学习的兴趣。

(二) 多元文化教师的培养

教师是帮助学生打开知识之门的钥匙。实施多元文化教育，没有拥有多元文化知识、多元文化教育理念与技巧的教师，显然难以在课堂上实施真正意义的多元文化教育，少数族裔学生也难以真正获得教育的过程公平。20世纪70年代，美国颁布《民族传统法案》，该法案要求政府提供资金开发和传播有关民族群体历史和文化的材料，培训教师，收编有关少数民族的教学内容，使支持课程设计研究和民族社团文化研究获得联邦基金成为可能③。美国多元文化教师教育也从此拉开序幕。1977年，多元文化教育标准被美国教师评价委员会（NCATE）所采用。随后，美国教师评价委员会的教师标准中要求准教师需获得同多元文化学生相处的知识、

---

① 靳淑梅：《教育公平视阈下美国多元文化教育研究》，东北师范大学，2009年。
② 李茜：《美国社会科教科书中的多元文化教育视角》，《遵义师范学院学报》2008年第4期。
③ 吴海明：《中外民族教育政策史纲》，中央民族大学出版社2006年版，第186页。

技能及专业知识；同时也要求教师培训机构必须完成多元文化教育的相关课程设计，多元文化教育也随之走进了美国教师教育。

美国多元文化教师教育目的旨在帮助教师掌握多元文化知识，培养教师解决不同文化背景学生所面临的学习问题，培养教师具有多元文化的教学策略等。美国多元文化教师教育首先表现在大学里关于多元文化教育的教材日益增多，美国许多大学教材出版社出版了大量相应的教材，甚至连教育心理学教材都有专门关于多元文化内容及其发展的章节。美国一些著名大学，如加州大学伯克利分校、明尼苏达大学双城分校、斯坦福大学等，其核心课程里都有要求反映少数民族内容或是关于少数民族研究的课程[1]。其次，从20世纪80年代以来，美国开始实施"替代性教师证书"制度。这一制度的选择对象是具有学士及以上学历，善于跟不同文化学生相处，且愿意到困难地区从事教育工作的人。1983年到2007年，美国替代性教师培养方案由12个增加到458个，仅2004—2005年，美国有近5000人通过这一渠道进入教师行列，而参加该项目的少数族裔较多。[2]

（三）双语教育的推进

1968年联邦政府正式通过《双语教育法案》，该法案后来依据美国经济社会发展的需求，历经多次修订。1973年的修订案中要求加强政府财政对双语师资的培训、双语教材建设等方面的支持力度；1974年的修订案取消了少数族裔学生参加双语教育的贫困标准，扩大双语教育计划的实施范围；1978年的修订案中继续扩大参加双语教育的对象范围，并允许母语为英语的学生参加双语教育，政府财政的双语教育拨款增加到2亿美元，并逐年增加5000万美元；1984年的修订案开设政府财政支持纯英语教育项目，增设了发展性双语教育项目；1994年的修订案又强调促进学生的双语能力发展。

可见，双语教育成为美国为推进少数族裔学生的教育公平，实现多元文化教育的一个重要途径。双语教育从最初旨在提高少数族裔的英语运用能力，发展到把语言视为一种资源，促进学生双语能力发展。而在这一发展过程中，美国政府财政成为推进双语教育发展的重要保障，1970年到

---

[1] James A. Banks. *An Introduction to Multicultural Education*, University of Washington, Seattle, the fifth edition, 2014, p.13.

[2] 靳淑梅：《教育公平视阈下美国多元文化教育研究》，东北师范大学，2009年。

2013 年，美国联邦政府教育部对英语教育的预算由 2125 万美元增至 7.36 亿美元。正因为在政府强大财政的支持下，双语教育得到快速发展，从而成为推进多元文化教育的重要手段之一。

纵观美国推进少数民族义务教育均衡发展的历程，不难发现，时至今日，尽管教育非均衡发展现象依然存在，但美国在以教育立法保障少数民族的教育机会均等与学业成就的提高，以高层政府充足的财政资助保证少数民族教育公平、实施补偿性教育，以允许择校引入市场竞争机制到公共教育体系，以多元文化教育实现少数民族的教育过程公平等措施，无疑对我国推进多民族地区义务教育均衡发展具有积极的借鉴意义。

第二节 英国的经验

英国位于欧洲的西部，分为英格兰、威尔士、苏格兰和北爱尔兰四部分。英国是老牌资本主义国家，19 世纪末 20 世纪初，工业革命在英国已基本完成，在经济高速发展的背景下，它曾有着"世界银行"、"世界工厂"、"日不落帝国"之称。随着第二次世界大战的结束，英国的绝对优势地位被美国取代，现为世界第五大经济体。英国是一个多民族国家，其民族群体包括英格兰人、威尔士人、苏格兰人、爱尔兰人、盖尔人、犹太人、亚裔不列颠人、不列颠黑人等，英格兰人为主体民族，占到全国人口的 80% 以上，其他则为少数民族。2014 年，英国人口总计为 6200 多万人，其中英格兰人占全国人口的 83.6%。近些年，由于移民数量不断增加，英国少数民族人口出现了快速增长。有统计显示，2001 年英国少数民族人口为 660 万人，2009 年则增加到 910 万人，增长了 37.9%。[1]

随着少数民族人口的不断增长，少数民族在文化、宗教信仰以及语言等方面，与英国主体民族间依然存在矛盾与不协调的地方。少数族裔在经济、就业、健康、教育等方面与主体民族间存在着一定的差异。如就业方面，2003—2013 年，巴基斯坦裔的就业率由 42% 上升到 50%，换言之，巴基斯坦裔在这十年间只有不到 50% 的就业率；黑人、华裔在这十年间

---

[1] 《英国人口 2014 年突破 6200 万》，http://www.renkou.org.cn/countries/yinguo/2014/2057.html。

就业率基本处在55%到65%之间，而白人的就业率基本都在70%以上[①]。同样，在学生的学业成就方面，少数族裔与主体民族之间也存在着一定的差异。2003年，英国政府首次公布少数族裔学生的普通中等教育证书考试（GCSE）结果，5门及以上为优秀，国家平均通过率为51%；加勒比海裔黑人学生位居末尾，通过率只有30%；巴基斯坦裔学生的通过率为40%；而主体民族白人学生与国家平均通过率持平为51%；但华裔与印度裔学生取得了较好的成绩，前者的通过率为73%，后者的通过率为64%[②]。时至2009年，这一考试的结果变化不大，加勒比海裔黑人的通过率提高到39%，巴基斯坦裔学生的通过率只提高了3个百分点，为43%[③]。因而，在少数民族人口不断增长的趋势下，关注少数民族儿童的教育机会均等与提高其教育成就显得颇为重要。

英国与美国在保障少数民族均等的教育机会及提高其教育成就方面存在着一些共性之处。

首先表现在以教育立法保障少数族裔的教育权利。英国是较早推行免费义务教育的国家之一。1870年，英国政府颁布《初等教育法案》，初步奠定了英国公共教育体系的最初基础，保证义务初等教育的实行。1891年，英国开始实施免费初等教育；1899年义务教育的年龄提高到12岁。1902年，英国政府通过了《巴尔福尔教育法案》，该法案将义务教育扩大到中等教育，并要求设立地方教育局来管理学校教育。1918年，《费舍教育法案》将义务教育年限设定为5—15岁；1944年，《巴特勒法案》规定公共教育体系由初等教育、中等教育、继续教育三个逐步递进、相互衔接的阶段构成；所有学生不分阶层、种族、家庭背景等都享有接受免费中等教育的机会。1972年，英国义务教育年限又拓展为5—16岁，并一直延续至今。1976年，在多元文化理念的影响下，英国政府通过了《种族关系法案》，规定教育中因肤色、民族或种族原因而导致的歧视均属违法行为，旨在消除种族歧视，确保少数族裔的机会均等。1988年，《教育改革

---

① Employment status by Ethnic group in Great British, 2003-2013. https://www.gov.uk/employment-status.

② Action for ethnic minority pupils, http://news.bbc.co.uk/2/hi/uk_news/education/2816369.stm.

③ 王璐、傅坤昆：《以质量促均衡：英国少数民族教育机会均等政策研究》，《比较教育研究》2012年第10期。

法》确立全国推行统一核心课程。2000 年,英国政府通过了《种族关系修订法案》,该法案强调推进种族平等是学校与地方教育局法定的责任,规定其为了反映教育政策对少数民族学业成就的影响而必须进行相关的数据统计。

其次,英国同样通过允许择校来增加少数族裔学生获取均等的教育机会。英国约有 90%以上的学生就读公立免费义务教育学校,提供免费义务教育的学校类型有社区学校、信托学校、自由学校、特许学校等。自由学校、特许学校由中央政府直接负责审批与拨款,享有高度的办学自主权。1988 年《教育改革法》中允许公立中小学公开招生,一定程度上增加了少数族裔家长为孩子选择学校的机会。而在 1991 年的《家长宪章》中,家长的择校权限进一步得以扩大。目前,在小学阶段,家长可以通过向地方政府申请当地公立中小学,亦可申请相邻地区的学校,可以申请选择六所学校[1]。

再次,英国同样以充足的财政支持来保障少数族裔均等的教育机会。英国提供免费义务教育学校的主要教育经费直接或间接地源自中央政府拨款[2]。而中央政府的教育经费拨款名目繁多,主要有学校专门拨款、学校发展拨款、中小学补助金等,其主要拨款原则是要实现专款专用、保障教育公平。学校专门拨款是公立中小学教育经费的主要来源,2007—2008 年度学校专门拨款总量为 283 亿英镑,占基础教育总经费的 70%。[3] 中小学补助金主要发放对象是处于不利阶层的学生,如来自贫困家庭、少数族裔家庭等社会弱势阶层的学生。中小学补助金是政府在学校预算之外为处于不利阶层学生所拨付的额外资金,其主要目的是用于缩小他们与富裕家庭学生间的教育成就差距。从 2011 年起,英国政府正式开始实施此项经费拨款,拨款幅度逐年提高,发放对象标准也相应放宽。2011—2012 年度,英国政府此项拨款总额为 6.25 亿英镑,不利阶层学生生均补助金为 488 英镑,获得该项补助学生占总人数的 18%;2013—2014 年,此项拨款

---

[1] 李丽、匡建江、沈阳:《英国义务教育政策探析》,《世界教育信息》2016 年第 3 期。
[2] 同上。
[3] 施祖毅、何茜:《新世纪英国义务教育经费投入改革及其价值取向》,《比较教育研究》2014 年第 8 期。

总额增加到 18.75 亿英镑，生均补助增加到了 900 英镑。①

最后，英国同样以提倡多元文化教育来促进少数族裔的学业成就提高。1985 年《斯瓦恩报告》中强调要为少数民族裔儿童提供良好的教育，为所有儿童进入多元文化社区生活提供相应的知识与技能，因而首要的是改革课程，在课程中适当融入多元文化理念与知识。随着 1988 年《教育改革法》的颁布与实施，英国开始实施国家课程。1996 年，国家教育委员会强调伦敦城区学校可在落实国家课程时，同时引入多元文化课程。与此同时，在学校各个教育环节中，也积极提倡民族平等，给予少数民族儿童更多的尊重与合作②，进而尊重与保持少数民族的独特文化，逐步满足少数民族的教育需求。

以上是英国政府与美国政府在推进少数族裔义务教育均衡发展的相同之处，但英国还为提高少数族裔儿童学业成就，实施少数民族学业成就拨款计划、城市挑战计划等，同时注重师资均衡配置并逐步加强中央政府的教育管理权限，以实现提高教育质量来推进少数民族义务教育均衡发展。

一 实施少数民族学业成就拨款计划

针对少数民族低就业率、低学业成就的问题，英国教育与技能部将提高少数民族学生学业成就视为其教育日程中的重要目标。1998 年，为了提高少数民族群体学生学业成就，英国政府开始实施少数民族学业成就拨款计划（Ethnic Minority Achievement Grant，EMAG）。该计划由中央政府教育部门直接给地方教育当局与学校拨出专项经费，用于全方位资助小学与中学中低学业成就少数民族学生与双语学生，其根本目的是满足少数民族学生提高学业成就所需的经费支持。

EMAG 采取以各地区教育需求为导向的经费分配方式，由中央政府转移支付、地方政府划拨给相应学校的经费拨付方式。中央政府经费拨付是以全国低成就少数民族学生数与英语非母语学生数为基数，再结合当地享受免费午餐计划学生数所占比例，进行加权计算后得出每个地方教育局的

---

① Hannah Carpenter, Ivy Papps, Jo Bragg. Evaluation of Pupil Premium: Research Brief [R]. London: Department for Education, 2013: 3-5.

② 王璐、傅坤昆：《以质量促均衡：英国少数民族教育机会均等政策研究》，《比较教育研究》2012 年第 10 期。

EMAG 分配比例，每个地方教育局每年至少可分配到 35000 英镑。地方教育局则依据一定的拨款公式，将中央政府拨付 EMAG 经费中的 85% 分配给相应学校，剩余 15% 的经费地方教育当局可留为 EMAG 专项行政管理费用。

EMAG 实施过程中，中央政府、地方政府、学校三者之间权责分明，各司其职。教育与技能部负责制定 EMAG 的目标与全面指导性框架，提供相应经费支持。地方教育局负责制订对当地学校实施 EMAG 具有指导、激励与调控的清晰计划，并将其纳入"教育发展计划"（Educational Development Plan）或"统一教育计划"中。地方教育局的计划中包括监测少数民族学生的数据、监控学校的具体实施方案、管理与分配教育资源、评价方案实施效果等，同时制订方案以确保该计划的相关咨询与督导人员能全程参与学校的实施过程中，确保参与学校教师能不断提高教育技能以满足提高少数民族学生学业成就的需求[①]。此外，地方教育局还负责 EMAG 的成效宣传等工作。学校则负责制订出详细的 EMAG 行动计划与具体实施。如资金的使用、师资的配备、教学的安排、课程的设计、多元校园文化的创设等。

EMAG 的实施在很大程度上为少数民族学生提高学业成就创设了均等机会，也在一定程度提高了少数民族学生的学业成就。英国学者里昂（Leon）等人曾经就地方教育局实施 EMAG 的效果出过一个评估报告。报告中指出 1998 年到 2000 年间，少数民族学生英语水平达 4 级以上的比例有所提高。尽管加勒比海裔学生 10.1% 的增量率依旧低于全国 11.9% 的水平，但是巴基斯坦裔学生的增长率为 12.6%，孟加拉裔学生的增长率为 13.4%，二者均高于全国平均水平[②]。随着卡梅伦政府对英国教育改革的推进，EMAG 于 2011 年 4 月并入学校专用基金。尽管如此，中央政府仍向 EMAG 合并之前确立的长期资助项目进行拨款。

二 实施"伦敦挑战计划"与"城市挑战计划"

英国少数民族往往以移民居多，他们主要集中在英国的大城市。不少

---

① 姜峰、万明钢：《发达国家促进民族教育均衡发展政策研究》，民族出版社 2011 年版，第 94—95 页。

② Department for Education and Skills. Ethnic Minority Achievement Grant: Analysis of LEA Action Plans.

大都市内城区的孩子拥有多元的文化背景,在文化认同、英语学习等方面都与当地社会存在着一定的矛盾,因而部分孩子的学业成就提高也相对缓慢。另外,这些内城区公立学校在师资、教学条件等方面的问题,使得这些城市公立学校成为人们眼中的薄弱学校,"城市教育"也因此在英国成为了教育质量低下的典型代表。为了推进义务教育均衡发展,提高处于社会不利阶层儿童的学业成就,英国政府先后实施了"伦敦挑战计划""城市挑战计划"。

(一)"伦敦挑战计划"

2003年,英国政府发起了促进中学教育改革的"伦敦挑战计划"(London Challenge),其根本目的是提升薄弱学校的办学水平、缩小伦敦地区学生间的学业成就差异、创设更多优质学校。

在"伦敦挑战计划"中,中央政府、地方教育当局、学校三者之间形成了有效的合作。中央政府积极向地方教育当局推荐教育改革理念与提供财政支持。伦敦地方教育当局协同学校收集与分析相关教育信息,确立最需要教育资助的学校,分析与确立哪些是学校自身可关注与解决的问题,地方教育当局需在哪些方面加以支持;同时,帮助学校建立信息库,生成伦敦地区详细的学生学业成就能力的相关数据。学校与学校之间也形成有效的合作关系、共同分享的伙伴关系。同一学区内,优质学校处于教学学校(Teaching School)的地位,为当地社区中其他需提高教学水平的学校提供相应的改进建议与人员支持。此外,伦敦地区400多所中学分成为17个"学校家庭"(Families of School),主要致力于学校中层领导间比较自己与合作学校间办学的差异,分享推进教学改革、提高办学水平的成功经验。

为了有效实施"伦敦挑战计划",地方教育当局组建了伦敦挑战计划顾问组(London Challenge Advisers)。顾问组成员大都由经验丰富的教育专家构成,他们得到源自教育部管理团队的支持,并与教育部的教育专家、地方当局指定的经验丰富的教育专业人员以及地方教育当局的行政管理人员形成有效合作。顾问组为学校改善办学水平、推进学校教学改革制定出干预计划。如顾问组联合学校优秀教师组成课程小组,对学校课程改革策略进行论证、对学校其他教师进行课程与教学方面的培训等。顾问组致力于为每个学校提供量身定做式的帮助,而顾问组的所有经费都直接源自中央政府①。

在学生方面,伦敦挑战计划中发起了"伦敦学生誓言"活动、"行为提升"项目、"伦敦天赋教育"、"学生领导"等专项。"伦敦天赋教育""学生领导"等项目是专为培养有学习天赋的优秀学生而设计。"行动提升"是针对有不良行为的学生。该项目中,伦敦教育当局首先通过问卷调查的方式了解与分析学生的家庭背景、行为表现、不良行为的影响因素,并将调研结果反馈给学校、教师、家长;同时,有针对性地对教师、教学管理人员进行相应培训,引导他们积极帮助学生改变不良行为。在教师方面,"伦敦挑战计划"除了顾问组、优秀教师等帮助薄弱学校教师提升教学能力,该项目还引进非政府教育组织"以教为先"的项目,把优秀毕业生引入教师职业中。

从2003年到2011年,伦敦地区中学的教育质量得到显著的提高。2003年前伦敦地区学生在普通中等教育证书考试(GCSE)中,达到5A*—C的学生比例基本都低于全国水平,而从2005年起却明显高于全国水平(见图5-5)。2011年,伦敦地区学生学业成就得到了快速提高,并高于全国水平。

"伦敦挑战计划"实施以来,伦敦内城区许多来自贫困家庭、享受学校免费用餐学生的学业成绩得到了快速提高,有些孩子的学业成就甚至高于伦敦郊区富裕家庭学生的学业成绩。

(二)"城市挑战计划"

2008年,由于"伦敦挑战计划"取得显著成效,英国政府决定在伦敦、大曼彻斯特(Greater Manchester)、黑区(Black Country)实施"城市挑战计划"。该计划沿用了"伦敦挑战计划"的主要原则与做法,并将实施对象扩展到三个地区的所有小学与中学。"城市挑战计划"为期三年,其根本宗旨是快速减少薄弱学校的数量,建设更多的优质学校,同时有效提高处于弱势阶层学生的学业成就。"城市挑战计划"坚信城市地区所面临的教育问题应该从城市整体出发,地方教育当局与学校之间应形成有效的合作来解决。因而,"城市挑战计划"是致力于从一个宽泛的地理区域来推进教育的发展和提高学校的教育质量,并非仅仅是针对一部分参

---

① London Challenges https://www.gov.uk/government/uploads/system/uploads/attachment_data/file/184093/DFE-RR215.pdf.

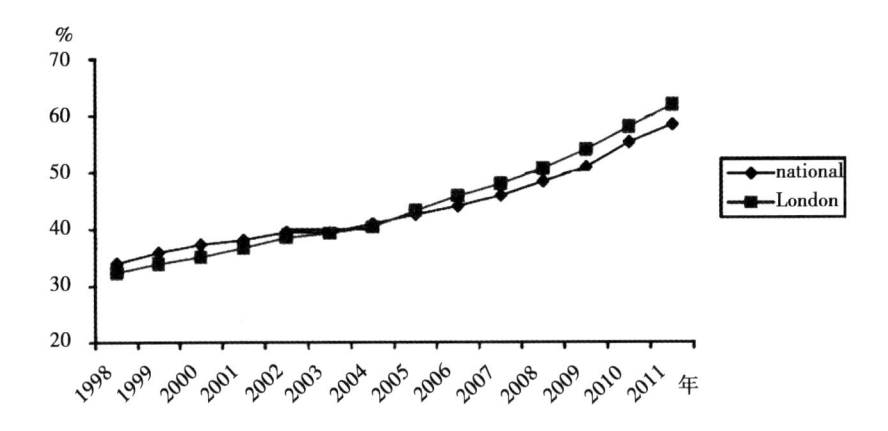

图 5-5　1998—2011 年伦敦地区学生在 GCSE 中达到 5A＊—C 的比例

资料来源：Evaluation of the City Challenge programme, https：//www.gov.uk/government/uploads/system/uploads/attachment_data/file/184093/DFE-RR215.pdf

与学校。"城市挑战计划"不仅要提升薄弱学校的教育质量，同时也要进一步提升优质学校的教育质量，从而使整个区域内的教育质量得以整体提升。

"城市挑战计划"涉及教育系统的方方面面。如地方教育当局要有效做好区域教育发展战略规划；加强学校与高等教育间的联系；通过区域间学校领导与领导间的交流与学习，提升区域内学校的整体领导力；建立数据库提供数据，以供学校分析自身与其他学校的差异；以及制定一系列提升"城市挑战计划"实施效果的干预计划等。经过三年的有效实施，伦敦、大曼彻斯特、黑区三个地区的中小学校的教育质量得到了明显提高。2011 年，依据英国教育部的评估结果显示：相对于非计划地区而言，"城市挑战计划"实施地区的薄弱学校数量快速减少；中小学生的学业成就达到预期目标的比例也比其他非计划地区高，尤其是享受免费午餐学生学业成就提高较快；三个地区的优质学校数量也在增长。①

"伦敦挑战计划""城市挑战计划"的有效实施，通过中央政府、地方教育当局以及学校三者之间的有效合作，推进城市地区薄弱学校改造、建设更多优质学校、提高学生学业成就，最终实现城市区域内整体教育质

---

① Evaluation of the City Challenge programme, Page3. https：//www.gov.uk/government/uploads/system/uploads/attachment_data/file/184093/DFE-RR215.pdf.

量的提高与均衡发展。

三 注重师资配置均衡

英国少数民族低学业成就学生往往就读于一些薄弱学校。而教师是成功教育系统中最为重要的因素,为学生提供优秀教师是一所学校为学生所能做的最为重要的事情,因为学生的进步与否在很大程度上取决于教师质量的优劣[①]。因而,英国政府比较注重教师资源的均衡配置,以此来推动薄弱学校的整体发展,从而实现少数民族学生学业成就的提高。

(一) 引进"以教为先"项目

"以教为先"项目(Teaching First)始于2002年,是伦敦工商界专门针对优秀毕业生而实施的非政府教育组织项目,其组织使命是致力于减少教育不公平现象。为此,该组织通过招募优秀大学生并提供相应的教师职业能力培训,然后派遣到伦敦内城区薄弱学校执教两年,实现薄弱学校教师质量的整体提高。该项目的根本目的是为这些地区学生提供均等的教育机会,减少教育不平等现象,提高处于弱势地位的少数民族学生、贫困学生等的学业成就,使孩子们并不因为家庭背景、父母的经济状况而缺失优质教育的机会。

"以教为先"项目虽然最初是发自非政府的教育组织,但随着其对伦敦教育发展的贡献日益凸显,英国政府也逐步加以引进。2012年11月26日,英国教育大臣迈克尔·戈夫(Michael Gove)宣布对"以教为先"继续扩大范围进行支持,鼓励招聘更多优秀毕业生,确保每个孩子都有机会接受优质教育[②]。与此同时,政府还给予在日常教学中能提升学生学业成就的优秀教师"特殊伦敦教师"的称号与奖励,选拔优秀教师组成"伦敦委员会教师"小组,帮助处于弱势地位的学生提高学业成就。时至今日,"以教为先"项目的参与者累计达2600人;预计到2022年,累计将会超过17000多人。而"以教为先"项目中的许多参与者在两年执教时间结束后,依旧留任继续任教,并进入学校教学领导位置。有统计显示:54%的"以教为先"项目的参与者依旧在学校从事着教学工作,70%

---

① Department for Education. The Case For Change, https://www.gov.uk.
② 陈法宝:《促进教育均衡发展的另一种力量:非政府教育组织》,《外国教育研究》2013年第11期。

的参与者在教育系统中工作①。

"以教为先"项目几乎覆盖了伦敦80%的薄弱学校。② 通过改善薄弱学校的师资情况，使得许多少数民族儿童受益于这个项目，学业成就得以明显提高。该项目实施以来的十多年中，在普通中等教育证书考试（GCSE）中，伦敦地区学生五项为优的比例由45%增长到81%，而且伦敦内城区超过63%的享受免费午餐计划学生有机会获得高等教育的机会③。

（二）实施国家教学服务计划

2015年，英国国家教学领导委员会着手实施国家教学服务计划（National Teaching Service）。该计划致力于未来五年之内，即截至2020年，在全国范围内为缺乏优秀核心课程教师的薄弱学校招募1500名高质量的优秀教师与学校中层领导。申请该计划的教师必须至少拥有三年的教学经历，且具有良好的教学效果及带动团队提高教学水平的能力。参与国家教学服务计划的教师聘期为三年。三年中，参与教师要全身心服务于派遣的薄弱学校，致力于提高该校教学质量，并指导该校教师帮助其提高教学水平。三年期间，参与教师在其专业发展方面享有高质量的专业支持与培训，以发展自身教学技能，获得职业晋升的机会；同时，还可实施科研项目来帮助服务学校的发展。在福利待遇方面，参与教师三年履职期间除了享受相应的薪酬待遇外，还将依据其居住地与就职学校的距离需求，享受每年2000英镑、7500英镑或是10000英镑不等的安家与交通补贴费用。三年服务期满，参与教师可以选择继续留任服务学校，也可以申请国家教学服务计划的其他职位，还可另谋高就。总之，英国政府将为参与教师提供优厚待遇及其职业发展、职位晋升等方面的保障。2016年9月，首批100名教师派往英国西北部的大曼彻斯特、西约克郡等地。

国家教学服务计划通过选择与派遣优秀教师到薄弱学校，其根本目的是将优秀教师融入薄弱学校，提高薄弱学校的教育质量与教师的教学水

---

① Sam Freedman. How many of our teachers stay in the classroom? https://www.teachfirst.org.uk/blog/how-many-our-teachers-stay-classroom.

② 陈法宝：《促进教育均衡发展的另一种力量：非政府教育组织》，《外国教育研究》2013年第11期。

③ Tomos Davies. London schools, the unexpected success story. https://www.teachfirst.org.uk/blog/london-schools-unexpected-success-story.

平，从而保障每个孩子享有高质、均等教育机会的权利。

除了以上两项计划与项目外，英国政府在 EMAG 项目中聘有专门的 EMA 职员，专门的双语教师培养等措施，以实现教师资源的均衡配置，从而提高少数民族学生及贫困学生学业成就。由此可见，英国政府注重师资均衡配置在提高薄弱学校办学水平中起到了不可或缺的作用。

四　逐步加强中央政府教育管理权限

英国推进少数民族义务教育均衡发展的一系列政策、法案及拨款计划，与美国政府相同之处都是通过教育立法、允许择校、加强财政资助、推进多元文化教育、双语教育等；但英国政府在加强教育管理权限上与美国截然不同，主要表现在设置国家核心课程、国家统一考试等方面。

自 1944 年《巴特勒法案》强调实施免费义务中等教育以来，英国的课程规划与设计基本是地方与学校各自为政。1988 年，为了满足家长择校的需要，便于学区间学生的流动，减少各地区教育质量的差异性，以及实现义务学校教育目的与目标的一致性，英国中央政府颁布了《1988 年教育改革法案》，决定在全国范围内实施国家课程以及相应的评价体系。国家课程由 3 门核心课程与 7 门基础课程构成，并配有相应的成绩目标、教学大纲与评价方案等。国家课程实施之初，也迎来了各方关注与批评，在实施中也遇到了诸多问题。随后，英国中央政府对"国家课程"实施方案几经修订。2014 年，英国教育部颁布了历经四年修订的《英国国家课程战略》，并正式在全国范围内予以实施，所有公立中小学都遵循与实施国家课程大纲，所有义务教育阶段的学生都接受并学习国家课程。

国家课程依旧由核心课程与基础课程构成。英语、数学、科学为核心课程，另外还设有公民教育、历史、语言、地理、体育、美学、宗教、性与人际关系等 11 个学科的基础课程。国家课程针对四个关键阶段的学生开展，小学包括第一关键阶段 5—7 岁儿童（1—2 年级）、第二关键阶段 7—11 岁儿童（3—6 年级），中学包括第三关键阶段 11—14 岁儿童（7—9 年级）、第四关键阶段 14—16 岁儿童（10—11 年级）。核心课程面对所有阶段开设，基础课程则依据不同阶段学生的认知能力有着不同的选择，如公民教育、性与人际关系是只针对第三、第四阶段学生开设，语言是第二、第三阶段学生开设等。在评价方面，改变了之前烦琐的考试方式，更为凸显对数学能力与阅读能力的培养与评价，只在第二关键阶段与第四关键阶段各有一次全国性的标准化考试。此外，为了推进义务教育的均衡发展，《英国国家课程战略》极为关注少数民族学生与特殊群体学生的学习需求，明确指出教师有责任依据学生的个体差异，对母语非英语国家的学生，在课程学习过程中为其提供有针对性的帮助。

英国国家课程的颁布与实施，虽然也曾在风雨中摇曳前行，但经过不断的修订与完善，依旧稳步地推行着。这也在一定程度上反映了英国政府教育理念的变化，改变了以往中央、地方、学校三者在课程规划中的关系，加强了中央政府的教育管理权限，为全国义务教育均衡发展确立了相对统一的质量标准。

第三节 澳大利亚的经验

澳大利亚在社会学家眼里有着"民族拼盘"之称。2011年，澳大利亚有来自53个国家和地区的不同族裔在这全球唯一独占一个大陆的国度里生存发展，多元文化共存已是澳大利亚社会的显著特征之一。有数据显示2011年澳大利亚每四个出生人口中就有一个为移民的孩子[①]。2016年10月，澳大利亚国家统计局开始新一轮的人口普查，其人口时钟显示澳大利亚人口总数已突破2400万大关，达2425.9万人，其中海外移民在2015年人口增长总量中占比54%。在澳大利亚，英语为绝大部分居民所使用，其次还有意大利语、希腊语、德语、西班牙语等，有统计显示，15%左右的澳大利亚居民在家不使用英语，有超过200多种语言被使用。[②]

在澳大利亚这个以英裔为主体的优势民族，土著与其他民族为少数民族的典型移民国家里，其民族政策也呈区别对待模式。不同历史时期，有着不同的民族政策。土著民族经历过被霸占与屠杀、同化、一体化，直至今日的多元化政策；而以移民为主的少数民族，其民族政策从"白澳政策"演进到多元化政策。如今，多元文化政策成为澳大利亚推进民族间协调发展的主要政策。多年来，该政策在推进少数民族义务教育均衡发展

---

① http://www.abs.gov.au/ausstats/abs@.nsf/0/632CDC28637CF57ECA256F1F0080EBCC?Opendocument.

② Demographics of Australia. https://en.wikipedia.org/wiki/Demographics_of_Australia#Population.

方面，主要体现在以下几个方面。

一　注重民族教育政策法规建设

澳大利亚是一个典型的联邦制国家，教育由各州自行负责。因而，各州在课程安排、考试制度、教学方式等方面都存有一定的差异，从而导致各州教育呈非均衡发展状态。为了推进义务教育均衡发展，实现少数民族学生在教育过程中享有与主体民族相同的权利，并实现其学业成就的提高，澳大利亚政府通过教育立法来制定国家统一的教育目标。

澳大利亚联邦教育法规定实施12年制的义务教育，凡符合入学年龄（6岁）的所有儿童都必须入学，这为少数民族儿童从法律上确定了其享有教育平等的权利。1989年，澳大利亚联邦政府与各州、区政府一致通过了关于土著民族教育的基本国策——《土著民和托雷斯海峡岛民国家教育政策》。该教育政策为土著民族在参与教育决策、享有均等教育服务、平等的教育参与机会、获得公平的教育结果等四个方面设立了21条国家目标，旨在保障土著民族享有均等的教育机会。1999年，澳大利亚政府通过了《21世纪澳大利亚学校教育国家目标》，其中规定"学校教育应该具有社会公正性，从而使土著民族学生拥有与主体民族均等的入学机会和过程机会，不断提高学业成就，最终达到与其他学生一致的水平"；"学校教育应该具有社会公正性，使其他学生认可与理解土著民族文化对澳大利亚社会的价值，能够拥有和受益于这些知识技能，并为此做出贡献，最终使土著与非土著澳大利亚人之间达到和谐"。①

2000年，澳大利亚政府颁布了《土著教育（目标援助）法案》。该法案的主要目的是通过对土著民族进行教育财政资助，以保障土著民族学生享有平等的教育参与权，提高土著民族参与教育决策的意识，发展适合土著民族文化的教育服务。该法案后来历经多次修订，政府用于该法案的财政资助也逐年增加。同年，澳大利亚政府还颁布《国家土著民族英语识字和算术发展战略》，要求州、区政府制订实施计划来实现土著民族学生达到与非土著学生相当的识字与算术能力，主要通过提高土著民族学生的入学率、提供学前教育机会、培养与吸引优秀教师等措施，为土著民族儿童提高教育成就勾勒了一幅美丽的蓝图。

---

① 孟兵丽：《多元文化政策下的澳大利亚民族教育》，《民族教育研究》2005年第6期。

澳大利亚政府从教育立法、教育政策出发，设定国家统一教育目标，这不仅保障少数民族学生参与教育的平等权，也为义务教育均衡发展在国家层面形成统一的质量标准。

二　加大对民族教育资助的力度

澳大利亚的义务教育财政体制同美国一样采取分权制，主要由州政府负责。在澳大利亚，义务教育阶段70%的经费源自州（区）政府，地方政府不超过10%，其余则由联邦政府负担。联邦政府下拨的公立中小学教育经费由州政府统一管理，这种高度集中的教育投资管理体制有利于保证州内城乡义务教育相对均衡发展，从而使得澳大利亚城乡义务教育办学条件没有明显差异，即使是偏远的小规模学校也同样拥有现代化的教学设备。

为了进一步平衡各州义务教育发展水平，澳大利亚联邦政府为各州提供大量的教育补助。为了提高少数民族学生的教育质量，澳大利亚联邦政府加大对民族教育的专项经费资助。1983—1984年度，联邦政府的土著事务部为土著学龄前儿童教育和中小学教育提供了1400万澳元，每个学生平均每年可获得400—500澳元的教育费。[①] 2000年颁布的《土著教育（目标援助）法案》中，2001—2009年的实施计划中累计拨付经费达14.386亿澳元用于土著民族教育发展；8年期间，联邦政府的此项专项拨款逐年递增，尤其是2005年投入经费近乎2004年的一倍。[②] 2004年，澳大利亚教育、科学和培训部部长宣布在以后的4年中，将拨款2.1亿美元用于学前、中小学、第三级教育机构的土著教育，1.4亿美元用于提高土著学生的识字能力，17.9亿美元用于以学校为基础的学生辅导。[③] 2004—2007年间，拨款1.43亿澳元用于"英语作为第二语言"的语言教育项目，2007—2011年间政府继续为该项目提供1.278亿澳元。[④]

总之，州政府是义务教育的主要财政投入与管理主体，加之联邦政府

[①] 吴海明：《中外民族教育政策史纲》，中央民族大学出版社2006年版，第345页。
[②] Indigenous Education (Targeted Assistance) Act 2000, http://www.desk.gov.au/.
[③] 吴海明：《中外民族教育政策史纲》，中央民族大学出版社2006年版，第347页。
[④] 汪霞：《发达国家义务教育发展现状》，南京大学出版社2012年版，第182页。

的专项经费资助，这样便有效保证其区域内义务教育发展在财力方面的均衡，相应在办学条件上也具备了可均衡配置的可能，而这些无疑为推进少数民族义务教育均衡发展创造了基本条件。

三 注重教师的培养

随着经济社会的发展变化，澳大利亚联邦政府意识到高水平的教育是其经济社会发展的根本保障，而教师是实现高水平教育的核心力量，均衡的师资配置则是义务教育均衡发展的根本保证，也是少数民族学生享有均等教育机会不可或缺的条件。

为了均衡师资的配置，使得少数民族学生同样享有优质师资，澳大利亚政府一向注重教师培养与培训的教育投入。2000年，澳大利亚联邦政府在《为21世纪准备的教师：与众不同》的报告中提出未来三年中投入8000万澳元用于教师培训、学校领导培训，同时启动了"联邦政府教师质量行动"计划，以实现专业协会、大学等机构为中小教师提供专业引领[1]。2007—2011年澳大利亚政府为大学经费增加了7700万澳元，主要用于提高学生的实践教学，确保未来教师的高质量[2]。

为了保障土著学生均等的教育机会，澳大利亚政府注重土著教师的培养。如采取了"土著教学辅助员制"，政府经常组织教学辅助员观摩与学习有经验的非土著人教师讲课。在土著事务部的支持下，悉尼大学从1975年开始培训土著人教学辅助员，其教育系从1984年起开始培训土著教师[3]。另外，土著教师还享有优于非土著教师的福利，如土著教师年薪通常比非土著教师高出2000—3000澳元。

此外，为了保障移民的孩子享有均等的教育机会，澳大利亚政府积极倡导双语教育，承认海外教师资质。早在1974年的"移民行动会议"中，澳大利亚政府就强调在教师培养中纳入移民语言、小学语言教学法、双语教学法等内容，并提供机会使移民子女成为双语教师。

---

[1] Commonwealth Department of Education, Science and Training. Teachers for the 21st Century: Making the Difference, Commonwealth of Australia, 2000.

[2] 汪霞：《发达国家义务教育发展现状》，南京大学出版社2012年版，第183页。

[3] 孟兵丽：《多元文化政策下的澳大利亚民族教育》，《民族教育研究》2005年第6期。

第四节 美、英、澳三国的经验比较与启示

在推进少数民族义务教育均衡发展的过程中，美国、英国、澳大利亚三国虽然在制度、政策、措施上各有侧重，但他们有一些共同之处。首先，上述三个国家都注重教育立法、教育政策的制定与修订，这无疑为推进少数民族义务教育均衡发展起到了保驾护航的作用。政策与法规往往具有较强的可执行性，而随着时代的变迁、社会的发展，政策法规的不断修订能及时满足教育发展的需求。其次，三个国家在教育财政上对少数民族义务教育均衡发展给予相应的资助，凸显了公共财政的公平性原则，也体现了罗尔斯所言的差别性补偿原则。最后，三个国家都积极开展多元文化教育，为实现少数民族学生在教育过程享有均等的教育机会创设了条件。此外，三个国家都在一定程度上创设条件允许择校，这样不仅为处于社会不利阶层的少数民族学生增加了选择的机会，同时也能将市场竞争机制引入公共教育体系，促使其提高教育质量。美国、英国、澳大利亚三国的这些"他山之石"无疑对我国当前民族地区义务教育均衡发展具有一定的借鉴意义，启示我们应从以下几个方面来有效推进多民族地区义务教育均衡发展。

一 加强多民族地区义务教育均衡发展的政策法规建设

教育立法是保障人们所享有教育权利最为根本、有效的途径。因为法律对社会全体公民具有较强的约束力与执行力，它不仅是统治者用于统治国家的工具，也是全体公民用于维护与捍卫自身权利和利益的武器。美国、英国、澳大利亚为保障少数民族学生的教育权利都颁布了相关的教育法案。美国为了保障印第安人的教育平等权利，颁布了《印第安人教育法案》《土著美国人语言法案》《印第安民族自决与教育援助法案》；为了保障英语非母语儿童享有均等的教育机会，颁布了《双语教育法案》；为了提高少数族裔学生的学业成就，美国在《2000年美国教育目标法案》《不让一个孩子掉队法案》《每一个学生成功法案》等法案中都有明确的规定与要求，并给予相应的经费支持。英国同样颁布了《种族关系法案》《种族关系修订法案》等专门法案来保障少数族裔学生的教育权利。澳大利亚有《土著教育（目标援助）法案》《土著民和托雷斯海峡岛民国家教

育政策》等法案与政策来推进少数民族的教育发展。正是由于这些教育法案的颁布与有效实施，才使这些国家的义务教育能迅速发展，也使少数族裔为保障自己的教育权利有法可依。

我国政府也在极力扶持与推进少数民族地区义务教育的发展。由于政府义务教育政策的积极推进，少数民族地区义务教育得以普及、中小学办学条件得以前所未有的改善、少数民族学生的教育权利得以基本保障。我国的《宪法》《教育法》《义务教育法》《教师法》《民族区域自治法》等法律中对少数民族群体的受教育权予以确立与保障。同时，国家的一系列教育政策也在倡导积极推进少数民族地区的义务教育。但是，民族地区义务教育的发展依旧与非民族地区存在着较大的差距。可见仅从普通法律和政策中确保少数民族教育权利，难以解决少数民族地区义务教育发展存在的根本问题。因而，加强少数民族地区义务教育发展的教育立法与政策建设显得尤为必要。只有专门针对少数民族地区义务教育发展的政策法规建设，明确各级政府的法律责任，方能从根本上扭转民族地区义务教育发展滞后的局面。

二 加强高层级政府对少数民族地区义务教育的投入责任

美国、英国、澳大利亚三国都为分权制国家，但在义务教育投入中，高层级政府基本承担了主要投入责任。美国义务教育投入中，州政府占45%左右，联邦政府近几年也在10%左右；澳大利亚的义务州政府承担了70%的投入责任，联邦政府保持在20%左右；而英国提供免费义务教育的中小学教育经费都直接或是间接由中央政府承担，自由学校与特许学校则实施中央直接拨款学校制度。三个国家高层级政府成为义务教育投入主体，显然能在很大程度上保障区域内义务教育发展的财力均衡，办学资源也相应能得以均衡配置。尤其是澳大利亚，由于州政府对义务教育经费享有高度集中管理权限，州域内的教育资源得以相对均衡配置，即使相对偏远的农村小学，也能拥有现代化的办学条件。另外，三个国家公共财政对少数民族的教育补偿作用也日益凸显。美国联邦政府对少数民族学生义务教育的财政补偿，往往跟随其教育法案走，通过专项经费的方式转移支付到州政府。英国联邦政府也有专门提高少数民族学生学业成就的拨款计划，而其他改善与提高少数民族学生学业成就计划的主要经费大都源自联邦政府，如"城市优先计划""伦敦挑战计划""城市挑战计划"等。澳大利亚联邦政府也不例外,《土著教育(目标援助)法案》中明确规定了专项教育经费用于提高土著民族的教育成就。可见,中央政府对少数民族学生义务教育发展的专项财政资助,能为少数民族学生获得与主流民族同样均等的教育机会创设条件。

在我国,现行义务教育实行的是以"分级办学,地方负责"为核心的财政与管理体制。虽然它也曾为义务教育发展做出了应有的贡献,消除传统义务教育财政保障体制的弊端。但是,这一教育财政管理体制在"地方负责"层面,并没有对各级地方政府的财政责任有更为明确与量化的职责划分,最终"地方负责"的大部分责任由县级地方政府承担。而少数民族地区各县经济发展不均衡,国家级贫困县较多,自然会导致教育资源的非均衡配置,难以实现省域内义务教育均衡发展,义务教育发展水平也整体滞后。近些年,随着中央政府对西部义务教育的政策倾斜,中央与省级政府对少数民族地区义务教育投入比例有所增加。如义务教育办学公用经费由中央与省级政府按8∶2的比例分担,校舍改造由中央与地方政府按5∶5的比例分担,免除课本费用由中央承担,寄宿生生活补助由地方政府承担,等等,但是教师工资这一义务教育主要支出依旧由县级地方政府来承担。中央政府与省级政府在义务教育总体投入比例依旧不高,二者总和不超过30%。因此,要推进少数民族地区义务教育均衡发展,需借鉴美、英、澳大利亚三国的经验,加大高层政府对少数民族地区义务教育的投入责任,才能实现省域内教育资源的均衡配置,从而推进省域义务教育均衡发展。

三 加强多元文化教育,保持民族文化的差异性

英国著名人类学家泰勒曾经指出,"文化是一个复合体,包括知识、信仰、艺术、伦理、道德、法律、风俗和作为一个社会成员的人通过学习而获得的任何能力和习惯"[①]。而不同民族有着不同的民族文化,多民族地区是多元文化共存的社会共同体。美国、英国、澳大利亚在提高少数民族学生学业成就、促进义务教育均衡发展时,基本都经历由同化教育到多元文化教育的过程。其间,在实施多元文化教育政策时,更多地从尊重不

---

① 转引自文军《西方社会学理论:经典传统与当代转向》,上海人民出版社2006年版,第308页。

同民族文化、民族语言、民族信仰出发，培养具有多元文化素养的教师，创设多元校园文化，开设多元文化课程，为少数民族学生提供均等的教育机会。尽管美、英、澳三国推行多元教育更多的价值诉求是解决种族、民族矛盾、实现民族间的政治平等，但同时也体现了多元教育政策的核心是保障少数民族学生平等的教育权利。

显然，我国少数民族不存在着与美、英、澳三国少数民族的政治诉求。因为从新中国成立之初，国家就从各项政策法规中确立了各民族间平等、团结、共同繁荣的基本政策。但是，由于历史与地域的原因，我国大部分少数民族生活在山水险阻的边疆之地，"大杂居、小聚居"已是当前我国少数民族主要居住特征。尤其"小聚居"的民族地区，整个部落或是村寨都保持着其民族语言的使用，儿童在接受义务教育前只使用与听懂本民族语言，熟悉本民族文化。因而，我们可借鉴澳大利亚政府为提高土著民族教育水平而制定的一系列政策，同时也可学习美国提高印第安人学业成就的经验，在我国多民族地区更为注重多元文化教育，培养具有多元文化理念的教师，在学校课程设计中嵌入多元文化理念，在日常教学中尊重民族文化的差异性，培养学生对其民族文化的自信与自豪感。

四 创设条件，保障学生更多的教育选择权

美国、英国、澳大利亚三国在推进义务教育均衡发展的过程中，义务教育阶段都有一定数量的私立学校存在。而澳大利亚政府公共财政有资助私立学校的传统，如2008年，联邦政府补贴教会学校总收入的52.8%，州与地方政府财政补贴教会学校总收入的18.7%，二者合计为71.5%；而对其他私立学校，联邦政府财政补贴30.6%，州政府与地方政府财政补贴11.2%，合计41.8%[①]。在这些国家里，私立学校的存在不仅让学生有教育选择的机会，而且也在一定程度上给公立学校以生存竞争的压力。与此同时，在公立学校体系中，为了提高公立学校的办学质量，美国、英国将市场竞争机制带入公立学校体制，如美国允许使用教育券、设立特许学校，英国也有自由学校、特许学校等。这不仅能使区域内学生拥有教育选择权利，而且也能在很大程度上促进公立学校体系中形成有序的竞争机制，实现教育质量的提高。

---

① 汪霞：《发达国家义务教育发展现状》，南京大学出版社2012年版，第183—184页。

我国义务教育均衡发展是以公平配置教育资源为手段，促进学生全面发展为目的的教育发展。它不仅要保障儿童享有均等的教育机会，更重要的是教育质量的均衡发展。从政府的角度而言，为所有适龄儿童提供优质均等的教育资源是促进教育公平的基本手段。对儿童个人而言，有教育选择权利的教育才是公平的教育。因而，当政府还不能完全实现公平配置教育资源、提供均等优质的教育机会时，应该允许儿童享有教育选择权利，至少在一定区域内享有教育选择的权利，如同英国一样，在一定区域内允许儿童可以有几所学校的选择权。而不是一味限制儿童的学校选择，只能就近入学。因为，有选择才会有竞争，有竞争才会有提升教育质量的压力与动力。当教育资源配置随着学生的选择而变化时，将有序的竞争体制引入公办学校体系中，才能真正意义上促使公办学校想方设法提升自身的办学水平，提高教育质量，从而实现以质量均衡为核心的义务教育均衡发展。

第六章　多民族地区义务教育均衡发展的路径选择

多民族地区义务教育均衡发展不仅事关多民族地区经济社会的发展，而且事关国家义务教育均衡发展全局。没有多民族地区义务教育的均衡发展，则难以实现全国范围内义务教育的均衡发展。而多民族地区经济落后、义务教育投入主体重心过低、政府及政府官员的经济人行为、多重制度逻辑下的义务教育相关政策的执行困境，以及多元文化所带来的义务教育需求差异等因素，无不在影响和制约着多民族地区义务教育的均衡发展。借鉴其他多民族国家义务教育均衡发展的经验，我国多民族地区要实现促进儿童全面发展为目标的义务教育均衡发展，加强高层政府投入责任、公平配置教育资源、完善多民族地区义务教育相关制度、实施多元文化教育等不失为有效的路径选择。

第一节　提高义务教育投入主体重心，增强高层政府投入责任

义务教育是由政府向公民提供的公共产品，政府理所当然是义务教育的投入主体。从多民族地区义务教育非均衡发展的原因分析中可以看出，多民族地区经济发展滞后使得地方政府的财政自给能力过低，"以县为主"的教育投入主体重心等因素导致多民族地区义务教育供给明显不足，教育资源呈非均衡配置，严重影响到多民族地区义务教育均衡发展。而要推进多民族地区义务教育均衡发展，进而实现全国范围的义务教育均衡发展，则需改变多民族地区义务教育"以县为主"的投入体制，实施"以中央政府为主"的投入体制、完善义务教育转移支付制度，真正加强高层政府在多民族地区义务教育的投入责任。

一 实施"以中央政府为主"的投入体制

从前文的分析可见,多民族地区经济基础十分薄弱,无论是人均生产总值,还是居民人均可支出收入,除了内蒙古外,其他省区大都处于较低的水平。由于经济发展的滞后,多民族地区是贫困聚集的地方,全国共有重点扶贫县592个,多民族8个省区则有232个,占到总数的39.19%,而宁夏、贵州、云南3个省区的重点扶贫县占所在省份县区的比例分别为81.8%、56.8%、56.6%。多民族地区薄弱的经济基础导致多民族地区地方财政的自给能力偏低,无法满足义务教育均衡发展的教育投入需求。因而,要推进多民族地区义务教育均衡发展,中央政府理应成为多民族地区义务教育的投入主体。只有中央政府成为多民族地区义务教育的投入主体,多民族地区义务教育才有可能朝向均衡的方面发展。

目前,我国义务教育经费支出主要包括人员经费、公用经费和基建经费。基于多民族地区地方政府薄弱的财政自给能力,多民族地区采取"以中央政府为主,地方政府为辅"的投入体制,中央政府承担多民族地区义务教育阶段中小学教师工资的全部支出。中央政府承担教师工资在法国已有先例。法国以教育立法的形式将义务教育教师纳入国家公务员系列,其工资一律由中央政府来承担。法国这一政策于1889年开始颁布实施,历经一个多世纪的变迁依旧保留至今,足见这一制度的有效性。在我国多民族地区,虽然义务教育诸多经费保障政策中也再三强调省级政府统筹教师工资,但是多民族地区中大部分省级地方政府的财政自给能力同样较弱,统筹能力有限,最后只能将责任层层下移到财政能力更弱的县级政府,从而导致了多民族地区义务教育供给不足,义务教育发展难以走向均衡之路。因而,当地方财政能力难以满足义务教育需求时,中央政府显然需承担更多的责任。那么,中央政府是否具有承担多民族地区全部教师工资的支付能力?依据2014年1—12月累计,全国一般公共财政收入140350亿元,比上年增加11140亿元,增长8.6%。其中,中央一般公共财政收入64490亿元,比上年增加4292亿元,增长7.1%。[①] 按2014年《中国教育统计》数据显示多民族8个省区义务教育阶段教师总数为

---

① 《全国2014年财政收支情况》,http://gks.mof.gov.cn/zhengfuxinxi/tongjishuju/201501/t20150130_1186487.html。

1526687人，若按人均工资每月5000元计算，每年需支付共达916亿元左右，仅占中央一般公共财政收入的1.42%。可见，中央政府财政收入完全有能力支付多民族地区义务教育阶段全部教师工资。

此外，在"以中央政府为主"的投入体制中，公用经费中央政府与省级政府依旧可按8∶2的比例分担。而基建经费则由地方政府按比例分担，可以借鉴法国的经验，采取省级地方政府负责义务教育阶段普通初中的基建经费，市级与县级地方政府按一定比例分担小学的基建经费。

二 完善义务教育转移支付制度

在多民族地区，若确立"以中央政府为主"的投入体制，则需完善现有义务教育转移支付制度，构建与之相应的义务教育转移支付制度。

首先，加强中央政府在多民族地区义务教育投入主体的责任，增加中央政府对多民族地区义务教育投入的总量，建立多民族地区教师工资、生均公用经费专项支付项目。其次，针对多民族地区现有办学条件中教研设备资源、图书资源、多媒体教学资源以及教学用电脑资源的匮乏，采取项目法的方式，测算项目建设成本，由中央政府投入为主、省级政府为辅的方式，遵循8∶2的比例分担财政投入责任完成标准化学校的建设。经费管理权下放到县，县级政府负责审核各项建设项目、安排相应的经费，并实施专户管理。学校标准化项目实施结束后，由省级政府负责普通初中的基建经费投入，市县级政府按比例分摊小学基建经费。最后，加强专项转移支付的制度设计，提高义务教育经费投入的效率。专项转移支付通常因管理不当或设计缺陷，容易带来地方财政支出的扭曲行为。因而，在专项转移支出过程中，一方面应合并过于分散的既有专项转移支付项目；另一方面应逐步将一般性转移支付中属于中央委托事权或中央地方共同事权的项目转列专项转移支付，并将合理的激励机制嵌入专项转移支付制度中，更好地发挥其作用[①]。

总而言之，当多民族地区地方政府财政自给能力有限的情况下，实施"以中央政府为主"的义务教育投入体制，是保障多民族地区推进义务教育均衡发展的有效途径。

---

① 尹振东、汤玉刚：《专项转移支付与地方财政支出行为》，《经济研究》2016年第4期。

第二节 公平配置教育资源，实现义务教育服务均等化

教育公平是人类亘古不变的追求，孔子"有教无类"的主张蕴含着教育平等的思想，柏拉图所倡导的国立学校教育体制也体现了教育公平朴素的意蕴。虽然在日常用语中，常把平等、均等视为公平的近义词，但是"公平"与"平等""均等"之间依旧有着不同的含义，公平不一定就是均等的。"公平"作为一个含有价值判断的规范性概念，比"平等""均等"更抽象，更具有道德意味、伦理性和历史性。① 因而，在多民族地区义务教育均衡发展中，公平配置教育资源，并不是教育资源的平均配置，更不是削峰填谷，而是依据不同地区、不同学校的发展需求，科学、公平地进行资源配置，针对薄弱地区、薄弱学校有一定政策倾斜的资源配置。公平配置教育资源是多民族地区义务教育均衡发展的手段，主要体现在财力、人力、物力的均衡配置，而其目的是最终实现义务教育服务均等化。

一 均衡配置财力资源

财力资源是义务教育发展的基础，均衡配置财力资源是义务教育均衡发展的前提条件。2015年，国务院《关于进一步完善城乡义务教育经费保障体系的通知》中规定，西部地区"城乡义务教育学校生均公用经费的统一基准定额为：普通小学每生每年600元、普通初中每生每年800元；中央与地方分担比例为8∶2。目前，在多民族地区城乡公用办公经费基本都按此标准执行，如云南省，地方政府在公用经费分摊额度由省级政府承担，这样在很大程度上减轻了地方县级政府的财政压力。如果按照文件执行，以学生人数标准拨付到学校，学生规模数不足100人的学校按100人拨付，这有利于推进义务教育均衡发展。

但是，实地调研发现，多民族地区县级地方政府在落实这一政策时有悖于该政策设计的初衷。因为，在多民族地区，现行农村义务教育管理体制中，普遍设有"中心校"为乡镇教育管理机构。而"中心校"通常负责对县级财政下拨给乡镇的所有教育经费的分配，在这一过程中，"中心

---

① 杨东平：《中国教育公平的理想与现实》，北京大学出版社2006年版，第4—5页。

校"同样存在着经济人行为动机,往往倾向于将经费优先保障标准化学校、规模大的完全小学。因为,这些学校的教育投入能较快地反映出成效,成为"中心校"能"拿得出、看得见"的绩效工程。但对农村小规模学校来说,往往只能采取实报实销的模式来进行公用教育经费支出。换言之,公用经费并没有按生均600元的标准下拨给学校。由于学校缺乏公用经费预算,这些学校往往采取维持日常运作即可,鲜有构想对办学条件的改善。正如访谈时一位农村小规模学校校长所言:"我们连买把扫帚的钱都得自己先垫付,然后再到中心校去报销。这种方式很打击我们学校的积极性呀。我们的想法也就是能过得去即可,至于改善办学条件,置办些课桌椅啥的,需左请示右汇报,太麻烦。不到万不得已就不会去申请。"而由于中心校财力资源的非均衡配置,乡镇标准化学校与农村小规模学校间的差距日益扩大。

而要改变这一状况,则需县级地方政府均衡配置财力资源,取消中心校的财力配置权,由县级财政直接遵循文件中核定的拨付标准,按学生人数拨付到学校,不足100人的小规模学校按照100人的标准下拨到各个学校,使学校享有经费支配的自主权。

二 均衡配置人力资源

夸美纽斯曾说:"我们对于国家的贡献,哪里还有比教导青年和教育青年更好、伟大的呢?"[①] 可见,教师是太阳底下最为崇高与伟大的职业,是帮助儿童打开知识大门的钥匙,是一切教育变革中的核心力量。随着中央财政政策与财政经费的支持,多民族地区义务教育在物力资源配置上不少指标上都优于中部地区,但是从教育质量的比较而言却低于中部地区。而导致这一问题的根本原因是多民族地区义务教育人力资源的薄弱。均衡配置师资是推进多民族地区义务教育均衡发展的前提条件,没有均衡的师资,即使物质条件再均衡也难有均衡的教育质量。多民族地区义务教育师资薄弱,突出表现在数量不足、质量不高,因而均衡配置师资,可从以下几个方面着手。

(一) 多渠道补充教师,注重培养多科教师

从20世纪90年代中后期以来,国家取消了对师范类大学、中专毕业

---

① 参见瞿葆奎《教育学文集:教师》,人民教育出版社1991年版,第3页。

生的统分统配，市场成为教师资源配置的主要手段，优秀毕业生往往选择留在福利待遇好、升迁空间大、公共资源丰富的城市，而乡村则因为福利待遇低、升迁通道闭塞、公共资源缺乏等诸多原因而成为被优秀毕业生所摒弃的地方。因而，乡村学校也就出现了如前文一副校长所说的"我们学校近十年几乎都没进一个大学毕业生"的现象。由于主次劳动力市场的日益分割，乡村教师出现了诸如年龄结构偏大、学科结构失衡、教学水平偏低等诸多问题，尤其是村小或是教学点成为这些问题的聚集地。近些年，国家通过培养"免费师范生"与招聘"特岗教师"两种方式来解决这些问题。但调查显示，首届免费师范毕业生在县城及大中城市任教的占91.2%，在乡镇和农村任教的分别仅占总数的6.0%和2.8%[①]。虽然"特岗计划"政策在教师"下得去"与"留得住"两个方面做足了工作，但在"用得上"这个层面关注不够[②]，上述措施虽然使这些问题在一定程度上得到了缓解，但是并没有得到根本性改变。

针对多民族地区教师数量短缺的现实，可将计划与市场有机结合，多渠道补充教师。第一，统一城乡编制标准，适当向农村偏远地区倾斜。可在现有义务教育阶段初中1∶13.5、小学为1∶19的师资配置标准的基础上再适当减低，可设定为初中为1∶12，小学为1∶16的标准；而农村小规模学校学生人数低于180人，可采取班师比1∶2的标准来配置。第二，依据多民族地区农村学校发展的师资需求，实施民族地区地方师范类高校"免费师范生"定向招生培养计划，地方政府对"免费师范生"定向分配；"免费师范生"毕业后的服务期可由10年缩短为6年；聘期结束时，予其考学深造、考取公务员等相应优惠政策。第三，从市场角度而言，高薪面向社会招聘。招聘对象不仅局限于应、往届师范毕业生，可扩大为在职、退休优秀教师等具备教学资格及优秀教学能力且愿意服务于民族地区农村学校的人员，以6年为一聘期。教师工资额度可依据学校所在地的偏远艰苦程度呈梯度划分，最为偏远艰苦地区的学校教师工资可提高到非偏远地区教师工资额度的2倍甚至3倍；且聘期越长，工资增长系数越高。第四，充分利用NGO组织的教育资源。近些年，我国NGO组织发展迅

---

① 范先佐：《乡村教育发展的根本问题》，《华中师范大学学报》（人文社会科学版）2015年第9期。

② 安富海：《"特岗教师"专业发展的问题与对策》，《教育理论与实践》2014年第10期。

速，有研究对 3602 家民间公益组织进行统计分析，结果显示 NGO 组织服务领域成熟度中"教育助学"位居首位[①]。

此外，多民族地区地方师范类高校首先应打破传统的单科教师培养模式，为培养多科教师而设立专门的系科，开设宽专业的教学科目，探索"语文+数学+英语+X"多学科组合的人才培养模式，实现跨学科的综合化培养。其次，在课程设置上也应融入民族地区的人文自然优势，培养能传承民族文化的本土教师。所谓"定向"培养不仅仅是未来职业"去向"的定向，更应是教学意义上的"本土定向"培养。唯有对当地民族习俗与文化有更深入了解与研究的教师，才能更好地熟知当地儿童学习中的"元概念"，也才能更好地实现教学中的"因人而异、因材施教"原则。最后，多科教师的培养，在课程设置上同样应将民族语言纳入培养方案，培养具有能熟练运用民族语言与汉语交替教学的多科教师。

（二）实施国家教学服务计划，强化校长能力建设

目前，国家为了推进义务教育均衡发展、均衡配置师资，教育部、财政部、人力资源与社会保障部于 2014 年联合出台了《关于推进县（区）域内义务教育学校校长教师交流轮岗的意见》，各级地方政府也纷纷出台了相应的校长教师交流政策。但是，在实际调研中发展，该项政策的推行阻力较大，并没有达到应然的效果。如表 6-1 所示，在 901 位教师所在地区，有效实施校长教师交流轮岗制度的只占 42.5%，勉强实施的为 30.1%，还有 24.6% 的教师所在地区无法实施校长交流轮岗制度。

表 6-1　　教师所在地区校长教师交流轮岗制度的实施情况

教师所在地区的校长教师交流轮岗制度		频率	百分比	有效百分比
有效	1. 有效实施	383	42.5	43.7
	2. 勉强实施	271	30.1	30.9
	3. 无法实施	222	24.6	25.3
	合计	876	97.2	100.0
缺失	系统	25	2.8	
合计		901	100.0	

---

① 中山大学中国慈善研究院：《中国民间公益组织基础数据库数据分析报告》，中山大学，2014 年。

而从教师对校长教师交流轮岗制度实施效果的评价来看，如表6-2所示，901位教师中，只有29.7%的教师认为校长教师交流轮岗制度能有效促进教师资源均衡配置，43.4%的认为只能勉强促进教师资源均衡配置，还有25.6%的教师认为校长教师交流轮岗不能促进教师资源均衡配置。

表6-2　教师对所在地区校长教师交流轮岗制度实施效果的评价

	教师对校长教师交流轮岗制度实施效果的评价	频率	百分比	有效百分比
有效	1. 能有效促进教师资源均衡配置	268	29.7	30.1
	2. 勉强促进教师资源均衡配置	391	43.4	43.9
	3. 不能促进教师资源均衡配置	231	25.6	26.0
	合计	890	98.8	100.0
缺失	系统	11	1.2	
合计		901	100.0	

由此可见，县（区）域义务教育校长教师交流轮岗制度在实际的执行过程中，实施效果并不十分理想。因为在该项政策中，校长、教师交流轮岗是一种政策压力之下的行为，校长的轮岗是行政命令，教师的交流是迫于职称的晋升，校长、教师交流轮岗鲜有主动申请。而校长、教师在非发自内心的情况下的行为选择，其主动做好该项工作的意愿自然不强，往往会采取应付了事的态度，从而也就难以实现该项政策的应然目的。

而要改变这一状况，我们可以采取类似于英国的做法，在多民族地区实施国家教学服务计划。由中央政府层面予以经费保障，在全国范围招聘具备3年及以上的教学经历、具有良好教学效果以及能带领团队提高教学能力的优秀教师与学校中层领导。国家教学服务计划的聘期为3年，在这3年中，教师需全身心地投入乡村学校或是城市薄弱学校的教学与管理工作中，帮助这些学校培训教师，提高教师教学能力，最终实现教学质量的提高。而在工作福利方面，工资水平保证在不低于其原来工资水平的情况下，还将根据其服务地区的艰苦程度，予以每年5万—10万元的经费补贴。3年服务期间，参与教学服务计划的教师有相应的绩效考核，也享有相应的高质量的专业支持与培训，同时还享有在职称晋升及职务晋升的优先权。3年服务期满，参与教师可以选择继续参加教学服务计划，也可选择返回原来的学校工作。

在实施国家教学服务计划的同时,各级教育行政部门要加强对校长能力的建设。校长在引领学校的发展上具有举足轻重的作用。一个优秀的校长是一所学校良性发展的必要条件。因此,在推进多民族地区义务教育均衡发展的过程中,需强化校长领导能力与管理能力的建设,以优秀校长为中心,优化学校管理层的学历、职称、年龄结构,实现学校管理层素质的整体提升,提高乡村小学与城市薄弱学校的领导与管理水平,从而实现这些学校由"薄弱"向"优质"发展。

(三) 加强教师教育与培训,切实提高教师教育教学水平

雅斯贝尔斯认为,"一个民族的将来如何,全在于父母教育、学校教育和自我教育。一个民族如何培养教师,尊重教师,以及在何种氛围下按照何种价值标准和自明性生活,这些都决定了这个民族的未来"[①]。可见,教师在社会发展、民族发展中具有重要的作用。教师身为人类灵魂的工程师,肩负着培养人的重要职责。多民族地区义务教育均衡发展,不仅仅需要教师在数量上的充足,更需要教师在质量上的提高。因而,加强多民族地区中小学教师教育和培训,是提高教师质量的重要途径。

首先,加强多民族地区教师教育与培训,需确立相应的经费保障机制。我国现有众多关于义务教育的重大政策或立法,都极为关注教师教育与培训的重要性,也三令五申地强调要给予相应的经费保障,但鲜有各级政府具体而详细的经费保障的责任分担比例,从而导致中小学教师教育与培训执行力度大打折扣。因而,若要加强多民族地区教师教育与培训,须确立教师教育与培训的经费保障机制,明确各级政府在教师教育与培训中的职责与财政分担比例。具体而言,多民族地区教师教育与培训经费可以采取由中央政府设立专项经费,省级政府负责对专项资金的管理与拨付,统一组织省域内中小学教师教育与培训工作。

其次,采取多元教师教育与培训的模式,加强多民族地区教师教育与培训。目前,为了提高乡村教师教育教学水平,国家不惜重金推出"国培计划",省级地方政府也推出了"省培计划"。虽然这些培训模式使获得培训机会的教师教学水平得到较大的改善,但是总体而言培训规模相对较少,覆盖面不广,尤其是农村小规模学校教师因师资的短缺,鲜有这些

---

① 雅斯贝尔斯:《什么是教育》,生活·读书·新知三联书店1991年版,第54页。

培训机会。因而，在扩大现有国培、省培计划规模的基础之上，再增加一些非营利机构所采取的双师教学培训模式。即通过互联网的方式，把东部地区或是多民族地区省域内优质学校优秀教师的授课通过互联网的方式，实时传输展示到乡村或是薄弱学校的课堂上。乡村或是薄弱学校的教师可以通过直接观摩优秀的教师课堂教学，实时对比改进自己的教学方法，从而获得教学方法的改进与教学水平的提高。

（四）加大绩效工资改革力度，切实提高偏远艰苦地区教师津贴补贴

随着中央政府《关于义务教育学校实施绩效工资的指导意见》及《关于做好义务教育学校教绩效考核工作的指导意见》两个文件的颁布与实施，目前我国义务教育阶段中小学教师工资由岗位工资、薪级工资、绩效工资、津贴补贴四个部分组成。其中，岗位工资与薪级工资各级地方政府基本按国家统一标准执行。但是，绩效工资、津贴补贴地区间执行差异较大。如在昆明市西山区小学高级教师能在年终拿到20000元左右的绩效工资，昆明市寻甸县（国家级贫困县）小学高级教师则年终仅能拿到10000元左右的绩效工资。同一省会城市所管辖的不同县区差异就如此明显。可见，多民族地区国家级贫困、特困县中，义务教育教师绩效工资总体偏低。此外，多民族地区中，偏远艰苦地区津贴补贴普遍偏少，在实地调研的几个县域中，偏远艰苦地区教师津贴补贴基本在100—300元之间。由于城乡中小学教师岗位绩效工资中绩效工资、津贴补贴的差异，使得城乡教师工资收入进一步拉大，进而导致乡村优秀教师不断流失，师资进一步呈非均衡状态。因而，推进多民族地区中小学教师的均衡配置，需进一步加大绩效工资的改革力度，提高国家级贫困县、特困县中小学教师绩效工资的额度，科学制定绩效考核标准，真正体现"能者多酬"以及"绩"与"效"的统一，而不是"绩"与"效"异位。与此同时，切实提高艰苦偏远地区学校教师的津贴补助，可依据学校所在地艰苦偏远的程度实施300元到2000元之间的差别化补助标准。唯有如此，方能在一定程度上为这些偏远艰苦地区留住好的教师，进而促进县域内师资均衡配置，使得义务教育均衡发展。

三 均衡配置物力资源

物力资源是义务教育有效开展的必要条件，也是推进义务教育均衡发展的重要平台与主要检测指标。从前文的分析可见，多民族地区的物力资

源配置与东部地区存有较大的差距，不少指标上也低于中部地区。而多民族地区区域内在物力资源配置上同样呈非均衡配置。若要推进多民族地区义务教育均衡发展，则需均衡配置区域内物力资源，积极推进学校标准化建设，改善办学条件，提高办学水平。

《国家中长期教育改革和发展规划纲要（2010—2020年）》强调实施义务教育均衡发展，要"推进义务教育学校标准化建设，均衡配置教师、设备、图书、校舍等资源"。《县域义务教育均衡发展督导评估暂行办法》指出："义务教育发展基本均衡县的评估认定，应在其义务教育学校达到本省（区、市）义务教育学校办学基本标准后进行。"因而，学校标准化建设是推进义务教育物力资源均衡配置的重要途径。在推进标准化学校建设的过程中，须统一学校标准化建设的认定标准。目前，标准化学校建设标准基本是依据各省级政府认定的标准进行建设，不同省域标准化学校的认定标准不一。在不同的认定标准下，各地区之间的物力资源配置自然有高有低、参差不齐，有些地区甚至可能出现降低认定标准，以提高其区域内学校的达标率。这样显然不利于全国范围内义务教育均衡发展的推进。因此，在全国范围内，统一标准化学校的认定标准显得尤为重要。只有在同一个标准之下，多民族地区各级地方政府才会想方设法地实现学校标准化建设，使学校拥有含金量大体相当的物力资源，从而实现物力资源配置基本均衡。

此外，同时应设定农村小规模学校标准化建设的标准，推进农村小规模标准化学校的建设。农村小规模学校是多民族地区义务教育均衡发展的难点所在。只有使农村小规模学校也实现了有电子白板、教学用电脑、丰富的图书资料等方面办学条件的现代化，也才能真正体现国家所倡导的义务教育公共服务均等化，才能真正在2020实现教育现代化的目标。

第三节 加强制度建设，保障多民族地区学生的教育选择权

道格拉斯·C.诺斯（Douglass C. North）认为，"制度是一个社会博弈规则，或者更规范地说，他们是一些人为设计的、约束人们互动的关系"。在他看来，制度是人类相互交往的框架，它通过为人们的日常生活提供规则来减少不确定性，从而界定并限制了人们的选择集合；制度在社

会中具有更为基础性的作用，它是决定经济社会长期经济绩效的根本因素；有效率的制度内置了创造与实施有效的产权制度的激励，从而促进经济的绩效增长与发展；反之，无效率的制度则会抑制或是阻碍经济绩效增长与发展①。同理而观之，有效率的义务教育制度能推进其均衡发展，反之则会阻碍其均衡发展。当下，在多民族地区义务教育发展中，民族教育立法的缺失、教育问责机制不完善等制度方面因素的影响与制约，使得多民族地区义务教育发展步履蹒跚，依旧呈非均衡发展趋势。而要实现多民族地区义务教育均衡发展，其关键在于中央政府须优化义务教育制度的顶层设计、加强多民族地区教育立法、完善义务教育问责机制并从制度上保障少数民族更多的教育选择权。

一 注重义务教育制度的顶层设计

制度不仅仅是一种制约结构，所有的制度既是一种控制同时也是一种授权。② 义务教育制度同样既是义务教育发展的博弈规则，也是中央政府对地方政府的一种授权。因而，在推进多民族地区义务教育均衡发展的过程中，面对现有义务教育相关政策的执行瓶颈时，须优化义务教育制度的顶层设计。所谓顶层设计，本意指工程学中统筹考虑项目各层次与各要素，旨在统揽全局，寻求问题的解决。而义务教育制度的顶层设计，则指中央政府自上而下地系统谋划义务教育发展，通过义务教育各相关利益主体间的互动，致力于解决义务教育发展问题。

首先，义务教育制度的顶层设计中须明确各级政府的具体责任分担。现行不少义务教育政策设计中，中央政府通常会把一定的自由裁量权留给地方政府，让地方政府灵活进行中观层面的具体操作规定设计。正是由于这种弹性空间的存在，使得高层地方政府在落实政策时往往以实现自身利益的最大化，而将责任层层下移，从而导致底层地方政府财权与事权的不对等性，也导致底层地方政府执行政策时出现消极、怠慢、变更，或是重新定义政策的诸多行为，使得教育政策执行背离了设计的初衷。如"以

---

① 道格拉斯·C. 诺斯：《制度、制度变迁与经济绩效》，格致出版社 2008 年版，第 3—4、192—195 页。
② 沃尔特·W. 鲍威尔、保罗·J. 迪马吉奥：《组织分析的新制度主义》，上海人民出版社 2008 年版，第 159 页。

县为主"的义务教育管理体制,最终演变为"以县为主"的义务教育投入机制,而各县财政能力的差异,又导致了义务教育的供给不足,使得义务教育呈非均衡发展。再如,义务教育绩效工资政策、乡村教师补贴政策,同样因为各级政府的具体责任分担不明,最后层层下移到县级政府。而多民族地区各县财政能力普遍偏低,最终导致乡村教师补贴落实缓慢,一项于2013年出台需落实的政策,在多民族地区不少地方时至2015年也尚未补助到位。而义务教育绩效工资政策的执行,由于底层地方政府财政能力的薄弱,其执行力度也是若有若无,并没有充分体现出绩效工资的激励作用。凡此种种,可见义务教育制度的顶层设计需进一步明确各级政府的财政分担比例与管理职责,实现政府层级的财权与事权间的对等性。

其次,义务教育制度的顶层设计中须统一城乡标准、东西部标准。我国义务教育非均衡发展与我国在教育制度设计一向采取以城市优先发展、以东部沿海地区优先发展理念不无关系。正是由于这些理念的主导,义务教育政策的设计与执行,自然导致城乡差异逐步加大、东西差距扩大。就师资配置标准而言,中央编制标准一直都是以城市优先的原则,先保证城市学校的师资需求,城市配置标准的生师比低于乡村的生师比的配置标准,其结果是导致城乡师资差距拉大,教育质量差距也因此而扩大,直到2014年中央政策才统一了城乡师资配置标准。而当下义务教育制度的设计中依然是东西有别的设置标准,如2015年《关于进一步完善城乡义务教育经费保障体系的通知》中生均公用教育经费配置额度依旧东部、西部呈差异配置标准,东部地区初中为850元,小学为650元,但是西部地区中小学的配置标准比东部地区都低50元,分别只有800元与600元。西部地区原本就是教育资源丰裕度不高的地方,相反中央政策配置的标准却比东部地区还低,这无疑会导致教育资源在东西部地区呈差异配置。义务教育的核心价值诉求之一便是保障每个适龄儿童都享有均等教育机会,因而在义务教育制度的顶层设计中,须消除城乡差别、东西部差别。唯有如此,才能推进多民族地区区域内义务教育均衡发展,也才能缩小其与非民族地区间的教育差距。

二 加强少数民族教育立法

从世界上多民族国家推进少数民族义务教育均衡发展经验中,我们可以看出教育立法起到了不可或缺的作用。而我国长期以来,多民族地区教育立法，只有《宪法》《民族区域自治法》《教育法》《义务教育法》以及《教师法》中关于少数民族教育的相关规定。由于这些法规大都是基本法与普通法，只是对少数民族教育做出些原则性规定，缺乏对多民族地区义务教育均衡发展具有针对性的法律条文。此外，尽管当下我国有诸多关于少数民族教育的规章制度，但这些规章制度通常表现为单行性、应急性居多，因而这些规章制度往往具有较强的随机性、短暂性，缺乏教育立法的远景规划与预测。尽管教育部曾于2002年启动过《少数民族教育条例》的起草工作，但时至今日这部法律都尚未颁布实施。而若要推进多民族地区义务教育均衡发展，加强少数民族地区的教育立法显得刻不容缓。因为，教育立法是国家意志的表现，也是教育发展的依据。

首先，加强少数民族教育立法，注重立法内容的专项性。从美国在促进少数族裔义务教育均衡发展的教育立法来看，《民权法案》《初等和中等教育法案》《教育总则法》等基本法与普通法中对少数民族教育有着原则性的规定，还有《印第安人教育法案》《土著美国人语言法案》《双语教育法案》等专门法案对少数民族教育予以保驾护航。尤其是专门法案，美国教育立法中注意内容的专项性，针对少数民族教育发展的具体问题，提出解决问题的具体实施原则与要求，避免教育立法流于形式，使少数民族教育问题得到了有效解决，从而也提高了教育立法的效率。目前，我国多民族地区义务教育发展问题困难重重，仅仅依靠一些规章制度条文，显然难以从根本上解决问题。因为，规章制度的随机性、短暂性等特性在一定程度上留给地方政府很大的政策变通空间，这样便会导致制度的执行困境，降低制度的应有效率。多民族地区要推进义务教育均衡发展，改变当下多重制度逻辑下的义务教育执行困境现状，须加强少数民族教育立法，因为教育立法对全体社会公民具有普遍约束力与执行力。与此同时，少数民族教育立法应针对民族地区义务教育发展中存在的教育经费问题、师资问题、双语教学等突出问题设立专门法案，针对具体问题提出具体实施细则，明确义务教育各相关主体利益者的权责。

其次，加强少数民族教育立法，注重立法修正的时效性。美国《印第安教育法法案》、《双语教育法案》、英国的《种族关系法案》等教育立法自颁布实施后，都会依据经济社会的发展需求，不断进行修订或制定补偿法案，有效反映少数民族教育发展需求，并针对新的问题提出具体实施措施，这样便有效解决少数民族教育发展中新问题，也进一步保障了少数民族的教育权益。我国多民族地区义务教育发展同样会遇到各种新问题。因而，在少数民族教育立法过程中，应根据民族地区义务教育发展中不同的实际需求、面对新的问题，不断修正教育立法，体现教育立项修正的时效性，使民族地区义务教育发展所面临的新问题、新需求得到及时而有效的解决，从而推进多民族地区的义务教育朝向均衡发展。

最后，加强少数民族教育立法，注重立法的经费保障性。任何一项政策的执行都需相应的经费予以保障，一旦缺乏相应的经费保障，该项政策的执行力度则会大打折扣。教育立法也同样需注重经费的保障性。美国、英国、澳大利亚三国的教育立法之所以能有效推行，与其教育立法中充足经费保障不无关系，尤其是美国，几乎每项教育立法都有相应具体的经费保障措施。而我国长期以来，在许多教育政策或是法规中也三令五申地强调经费保障的重要性，但通常鲜有具体的经费保障额度以及经费保障机构，从而使得地方政府在执行政策时，将经费分担责任层层下移，最后使得财政能力薄弱的县级政府成为责任承担主体，从而导致政策执行困境。因此，在少数民族教育立法过程中，须注重教育立法的经费保障性，明确经费总额度，以及各级政府的经费保障额度与分担比例，实现财权与事权的对等性。

三　保障学生更多的教育选择权利

多民族地区义务教育均衡发展是通过公平配置教育资源、保障均等教育机会实现促进儿童全面发展的教育发展。所谓儿童的全面发展，不仅指儿童个体的全面发展，也指全体儿童的全面发展。因而，要实现多民族地区义务教育均衡发展须从制度上保障儿童更多的教育选择权利。

首先，完善义务教育就近入学的规定。从政府角度而言，就近入学是保障教育公平、推进义务教育均衡发展的手段。但这项规定在地方政府极力推行下，就近入学已经细化到具体街道的具体门牌号。如昆明市教育局所颁布的就近入学细则中，各小学的划片信息中对每所小学所接受哪条街的哪几个门牌号都有明确规定。这种细化的就近入学规定，对居住在优质学校招生范围内的孩子，它是公平的；但对薄弱学校招生辖区的儿童而言，它在一定程度上剥夺了这些区域内儿童的教育选择权。当区域内优质教育资源稀缺，政府尚未能实现区域教育资源均等化的情况下，应该允许儿童享有一定的教育选择权，允许儿童享有在居住区域附近5—6所学校的选择权,而不是只有唯一一所学校的选择。这样既可在一定范围内保障儿童的教育选择权利,同时也将有序竞争带入公立学校体系中,使实现教育质量的提高成为可能。如果继续实施只有一所学校的就近入学选择,学校因为招生辖区内有着固定的生源,教育经费也会因为其稳定的生源而源源不断地流入,学校无须为自身的生存而担忧。没有生存压力,自然缺乏奋发向上的动力,教育质量也难有提升,薄弱学校依旧为薄弱学校。

其次,完善民办义务教育制度。美国、英国、澳大利亚三个多民族国家义务教育发展之所以能保持在一个较高的水平,与这些国家保持一定数量的私立学校不无关系。尤其是澳大利亚,政府对私立学校给予较大的财政支持。由于政府的鼓励与支持,这些国家私立学校的教育质量相对而言比公立学校好。如在美国,1982年由科尔曼(Coleman)、霍尔夫(Hoffer)和科戈尔(Kilgore)等人联合发表了一项研究结果,此项研究表明,在帮助学生获得认知能力方面,美国私立学校比公立学校更有效。[①] 私立学校的存在为不少家庭增加了教育选择。由于儿童拥有学校选择的权利,教育资源就随着儿童的选择而流动,从而就为教育形成了一个竞争市场。于公立学校而言,若要免于生源匮乏的命运,就必须以提高教育质量来回应家长对优质教育的期望。换言之,市场竞争会促使公共学校提高教育质量,从而也就增加了优质教育的供给。因而,在严格审核办学资质的前提下,公共财政应给予民办教育一定的倾斜与资助。同时,进一步完善民办义务教育制度,鼓励社会资金投入义务教育,并为社会供给高质量的民办义务教育,保障儿童更多的教育选择权利。另外,也可以采取费里德曼所提出的教育券政策,学生依据学校的教育质量而进行公办与民办学校间的选择,使得教育补贴随着儿童的选择而流动,从而在公办学校与民办学校间形成良性的市场竞争,促使义务教育质量的提高。

总而言之,只有保障多民族地区儿童更多的教育选择权,当教育资源能随着适龄儿童的选择而流动,形成有序的市场竞争时,才能促使公立学校为了自身的发展而致力于推进教育改革、提高教育质量,实现多民族地区以质量均衡为核心的义务教育均衡发展。

---

① 埃尔查南·科恩:《教育券与学校选择》,北京师范大学出版社2008年版,第322页。

四 完善义务教育问责机制

在教育政策执行时,政府及政府官员受"经济人"的行为动机所左右,会通过其自由裁量权来实现政府或个人的利益最大化,忽略公共利益的最大化。在布坎南看来,产生这一现象的外部原因是缺乏一种约束机制来制约政府行为方式。而要解决这一问题的根本途径是使政府或政府官员受制于某一硬性约束机制,并且由公民真正地而非形式上掌握该约束机制的最终决策权。① 因而,在多民族地区推进义务教育均衡发展时,应完善义务教育问责机制,使政府或政府官员的权力放入法律制度的"笼子"里。

我国现有的义务教育问责机制多为从上级到下级的垂直型同体问责制。在同体问责制中,问责主体的行为往往缺乏有效的监督和问责,从而导致教育问责的力度与效度弱化。因而,在推进多民族地区义务教育均衡发展中,还需实施与加强异体问责制。所谓异体问责,即指问责主体为行政主体系统之外的问责机制,通常包括人大、民主党派、法院、新闻媒体、民众的问责。在义务教育的异体问责机制中,需由这些教育行政系统外的其他主体机构及教师、学生家长、学生、社区人员等形成义务教育问责委员会,针对义务教育中的教育经费投入、教育机会均等、教师工资保障以及教育质量等各项问题进行监督与问责。

与此同时,完善多民族地区县域义务教育均衡发展的评估指标体系,为教育问责提供科学依据。目前,多民族地区县域义务教育均衡发展按教育部2012年颁布的《县域义务教育均衡发展督导评估暂行办法》执行。该评估办法中指标监测对象是县域内义务教育学校,包括小学、一贯制学校、独立初中、完全中学等规模完整的学校,农村教学点却被排除在外。而多民族地区,由于地广人稀、居民分散,教学点仍不同程度事实存在。按2014年《中国教育统计》数据显示,多民族8个省区农村教学点数达18183个,占全国教学点数的20.4%。调研发现,这些教学点无论是财力、物力还是人力都存在着诸多问题,是义务教育底部攻坚所在。因而,在县域义务教育均衡发展评估指标体系中需将这些学校纳为监测对象。此

---

① 忻林:《布坎南的政府失败理论及其对我国政府改革的启示》,《政治学研究》2000年第3期。

外，随着拆点并校政策的实施，乡村中小学寄宿制学校越来越多，因而在县域义务教育均衡的评估体系指标应增加对寄宿制学校的相关评估指标。优化后的多民族地区义务教育县域均衡发展的评估指标体系都可作为义务教育问责的标准体系，对负有相应职责的行为主体进行责任追究和奖惩，将教育问责落到实处，起到全方位的监督作用。

第四节 实施多元文化教育，满足少数民族学生的教育需求

义务教育均衡发展的最终目的是实现教育质量的均衡发展。多民族地区民族文化的多样性以及少数民族对主流文化认同程度不一所带来教育需求的差异，在一定程度上影响着义务教育均衡发展。而要实现多民族地区义务教育均衡发展，尤其是教育质量的均衡，主流文化同样应尊重与保护少数民族文化的差异性，采取兼容并进的方式推进多民族地区义务教育均衡发展。为此，实施多元文化教育，满足多民族地区少数民族教育的不同需求，不失为一条有效的路径，主要表现在设计多元化的课程，培养具有多元文化的教师以及有效实施双语教育。

一 设计多元文化课程

课程是对文化的选择与组织，也是文化传递的媒介。一直以来，我国是以一元化课程为主的课程设计，更多地体现国家的意志和核心价值，具有较强的强制性、统一性。随着新一轮基础教育课程改革的实施，课程设计逐渐趋向多元化，构建了以国家课程、地方课程、校本课程等三级课程为核心的课程体系。从新课程改革的本意出发，国家课程旨在体现国家意志与核心价值，反映课程的一元化；地方课程与校本课程则主要体现课程的多元化，以满足不同地区、不同民族、不同群体的教育需求。但是调研发现，多民族地区地方课程与校本课程在实际的实施中却成为有名无实的课程。在城市学校中，课表上能见到每周有一节地方课程，但在实际的教学中，由于教材的缺乏等诸多原因，就连这一节课也经常会成为班主任进行班队活动或者其他专任教师借用的机动课程。而在乡村小学中，有些学校连课程表上都未曾见到地方课程，至于校本课程更是难见其踪影。与此同时，学校的课程设置与教学依旧以围绕需考核与检测的语文、数学、英

语、科学、品德等课程为主。不少教师反映，这种以应考为核心的教学在很大程度抑制了学生的学习兴趣，有些学生甚至产生厌学情绪。导致这一现象的根本原因依旧是课程设置的单一化。学生在单一化的课程体系中难以找到与自己所熟知的民族文化痕迹。缺乏文化的认同，少数民族学生自然难以与单一课程体系形成共鸣，进而也就缺乏学习的原动力。

而民族文化认同通常是指人们基于不同文化的接触和实践，以自己选择的标准对各种文化事项作为认知判断、情感依附、行为选择和调整倾向，其核心是文化主体间的价值选择与体认，反映个体的一种价值观与归属倾向。[①] 民族文化认同是个体在不断认识自己、发现自己的过程，与此同时也是个体不断认识他人、发现他人，从与他人的关系中派生出生命的意义。[②] 而在多民族地区义务教育均衡发展中，要实现义务教育均衡发展的终极目标，即教育质量的均衡发展，则需为少数民族创设其民族文化的归属感，使其在与主流文化的交流中派生出新的生命意义。这一过程中，多元文化的课程设计是推进多民族地区义务教育质量均衡发展必经的路径之一，只有在课程设计中尊重不同的民族语言、民族文化，真正地体现民族文化的多样性，才能激发少数民族地区学生的学习兴趣，满足少数民族学生的文化需求，进而培养他们对自己民族文化的自豪感，从而才能真正地走向教育质量均衡发展的道路。

多民族地区多元文化课程设计的突破口依旧在地方课程与校本课程。地方课程、校本课程的开发设计，需从民族地区的实际出发，从校本出发，科学而合理地处理好课程开发、试用、评价以及改进四个环节的关系，有效地将民族文化融入课程设计中，彰显民族特色。而地方课程与校本课程的实施，各级地方政府教育管理部门与学校需将之落实到实处，以制度的形式充分保证地方课程与校本课程的授课时间，不允许任何形式以及任何理由的挤占。与此同时，各级地方政府教育管理部门与学校需改变课程评价模式，实施评价主体、评价方式的多元化。此外，多民族地区还需从隐性课程中凸显多民族地区的民族文化特色，在校风、教风、学风等方面融入民族文化。唯有如此，才能使多民族地区的少数民族学生在这些

---

① 王沛、胡发稳：《民族文化认同的内涵与结构》，《上海师范大学学报》（哲学社会科学版）2011年第1期。

② 张汝伦：《经济全球化与文化认同》，《哲学研究》2001年第2期。

课程中找到归属感。

多姑小学是一所地处云南寻甸县偏远高寒山区的完全民族小学，该校开设了1—6年级以及1个学前班，义务教育阶段共有156名学生，所有学生均为彝族。2004年，新任校长王国洪意识到要改变多姑彝族村寨落后的现状，阻隔贫穷的代际传递，唯一的出路是把多姑小学办出质量来，为多姑彝族村能培养出走出大山的大学生打下牢固基础。而令初来乍到的王校长颇感困惑的是自愿来学校上学的孩子并不多，于是他便组织教师挨家挨户地动员家长把孩子送到学校来上学。因为长期在大山耕种、远离现代文明的村民认为教育并不是一件要紧的事，家长们对教师们的劝学也不搭不理。而当孩子来到学校后，由于对汉语的陌生以及汉文化的不了解，孩子的学习兴趣不高，旷课率也非常高，只要村里有红白喜事，这些孩子就都跑去作客了，学校就像一盘散沙。

王校长苦思冥想怎样才能使学校教育能吸引孩子来学校并好好学习？此刻，王校长想到彝家小伙和姑娘大多能用叶子、竹笛吹出悠扬悦耳的旋律、唱出优美的情歌，但大多能唱不会写。王校长思忖着能不能在教学中引进当地的民族文化，既能引起孩子们在学校的学习兴趣，又让彝族文化得以传承？于是，王校长向中心校请示后特聘了四名校外的民间艺人来执教。多姑小学开设了与彝族文化紧密相关的刺绣、民族舞蹈、白彝族语言文化、纺织、美术等课程，周一到周五放学后，每门课程开设一到两节左右。随着彝族的民族文化逐渐走入多姑小学的课堂，孩子们面对自己熟悉的民族文化，学习兴趣也倍增。当孩子们拿着自己在学校亲手绣的精美刺绣、画作等作品带回家时，家长们的脸上也露出了认可的笑容。民族文化走入多姑小学的课堂，不仅激发了学生的学习兴趣，也得到了家长对学校教育的认可。此外，为了让彝族孩子能顺利进入义务教育阶段的学习，多姑小学从2006年起开设了彝语与汉语交替教学的学前教育。

访谈间，王校长颇为自信地说道："我们学校现在再也不像当年要千辛万苦地挨家挨户劝学，现在多姑村的学龄儿童入学率为100%，有时还会有邻村的孩子来我们学校上学。我们学校学生的平均成绩近几年在全乡镇12所小学中基本都位列前茅，完全丢掉了以前'倒数'的帽子了，而且多姑村现在也有几个在昆明上大学的大学生了。"

（多姑小学刺绣班学生作品）　（多姑小学美术班学生作品）　（多姑小学彝语教学展板）

可见，多元文化课程的设计把民族文化有机地融入日常教学中，使学生在学校学习中找到了自己的民族文化，自然而然地调动了学生的学习兴趣。这样既传承了民族文化，唤醒了少数民族对学校教育的重视，与此同时也逐步实现了教育教学质量的提高，推进了义务教育均衡发展。

二　培养多元文化教师

实施多元文化教育，离不开拥有多元文化理念、复合知识背景以及丰富教学技巧的教师。因为，教师始终是帮助学生打开知识之门的钥匙。但实地调研发现，多民族地区许多教师无论是职前还是职后都缺乏专业的多元文化教师教育培训。因而，不少教师缺乏多元文化理念、多元文化知识背景以及教学技巧，从而导致教师在实际教学中难以组织与实施多元文化课程的教学工作，至于多元课程的校本设计更是难以着手。若要提高多民族地区义务教育质量，在多民族地区实施多元文化教育，除了多元文化课程的设计外，多元文化教师的培养理应提上日程，尽快构建多元文化教师的培养体系。

首先，确立多元文化教师教育的理念与目标。长期以来，多民族地区义务教育在课程设置、教学方法选用等方面往往忽略了民族传统文化的多样性，应试教育与升学教育依旧是多民族地区义务教育的主旋律。而这种以主流文化为主导的教育方式在一定程度上束缚了民族地区义务教育的发展，归根结底是教育上缺乏多元文化的理念[1]。因而实施多元文化教育，

---

[1] 王鉴：《多元文化教育：西方少数民族教育的实践与启示》，《广西民族研究》2004年第1期。

培养多元文化教师，需确立多元文化教师教育理念与目标。即在多元文化教师教育中，教师始终应秉持民族传统文化的平等性，民族文化之间无所谓好坏之分、高低之别、先进与落后之差；同时，教师应尊重不同民族传统文化的差异性，一视同仁地对待每个孩子。最后实现多元文化教师教育中使教师了解民族文化的多样性，理解少数民族的生活方式与习俗，形成多民族地区所需多元文化的理念、知识以及教学能力的培养目标。

其次，构建多元文化教师教育的课程体系。在课程设置上，将多元文化理念融入教师教育课程体系中。如美国一些著名的常青藤高校一样，在通识课程增加少数民族历史文化、民族地域风情、民族语言、人类学及其研究方法的专题课程。同时，还可以专题讲座等形式开设民族艺术、区域地理、历史、乡土考察等课程，对多民族地区历史发展、地理环境、生计方式、文化形态等方面内容进行学习，增加教师关于多元文化知识和相应的本土文化知识的了解，形成他们对多元文化的认同与接纳[1]。此外，还可开设一些课程关于教授多元文化课程的教学方法、教学策略，使教师掌握解决少数民族学生所面临的学习问题，培养教师多元文化的教学能力与教学策略。

最后，注重多元文化教师教育的教学实践。常言道"实践出真知"，只有通过教学实践，教师脑海里的多元文化教育理论才能真正地转换为教师自己的知识。正如《中庸》中所强调的"博学之、审问之、慎思之、明辨之、笃行之"的学习过程，最后关键一步还是在于"笃行之"。因而，在多元文化教师教育过程中，通过教学实习实训，引导教师将所学多元文化知识与教学实践进行有机的结合显得尤为重要。

三 有效实施双语教育

从多民族国家实施多元文化教育的经验来看，有效实施双语教育是非常值得我国借鉴的经验之一，尤其是美国多年来通过教育立法与中央政府财政支持来推进双语教育，进而保障少数民族儿童的均等教育机会尤为值得我们深思与借鉴。所谓双语教育，通常指在某个国家或是某个地区里，基于两种或两种以上的文化背景，采用母语和第二种语言交替教学，使学生获得两种文化知识的教育过程。而在多民族地区，双语教育通常指在多

---

[1] 孟凡丽：《论少数民族地区跨文化教师的培养》，《教师教育研究》2007年第3期。

元文化背景下，采用汉语与民族语言交替教学，使学生获得少数民族文化知识与主流文化知识的教育过程。

近些年来，为了使学生掌握多元文化知识，进而提高义务教育质量，新疆、西藏、云南等多民族地区也在逐步推进双语教育，并取得了显著成效。但是，由于双语教育标准的不清晰、双语教育资源的匮乏以及双语教师不足等原因，也使得多民族地区双语教育面临一些问题，而要使这些问题能迎刃而解，有效实施双语教育还需从以下几个方面下功夫。

第一，确立双语教育标准。双语教育在多民族地区义务教育中作为正式课程开设，制定双语教育课程标准是不可或缺的。否则，双语教育就犹如茫茫大海中迷失方向的船只，茫茫然而不知所向。只有确立了双语教育标准，双语教材编写、教学评价、考试命题才能有据可依。双语教育课程标准包括母语作为语言课程的标准，比如"傣文"课程标准、"彝语"课程标准、"藏语"课程标准等。与此同时，双语教育课程标准也应包括少数民族学生学习汉语语言的课程标准。[①]

第二，提高双语教师水平。目前，多民族地区双语教师无论是从数量还是从质量而言都存在不足的情况。而一支优秀的双语师资队伍是决定双语教育成功的关键因素，因而提高双语教师水平已是迫在眉睫。首先，制定双语教师资格认定制度，从源头上严格把关双语教师的起点水平。尽管有些多民族地区采取颁发双语教师资格证的措施，但是在全国范围内还缺乏相应的资格认定机制。因而，双语教师资格的获得也应效仿中小学教师资格认定制度，从教师的多元文化知识、民族语言、汉语水平以及多元文化教育教学水平等多个方面给予双语教师的资格认证。其次，加强高水平师范大学、民族大学对双语教师的培养责任，改变双语教师本地化、低层次培养的现状，不仅要培养双语教师语言能力与教育教学能力，还要培养他们多元文化的理念以及开阔的文化视野。

第三，丰富双语教育资源。教育资源是双语教育有效实施的载体，没有丰富的教育资源，双语教育自然难以有效推进。首先，编写包含丰富多彩的民族文化的双语教材不可或缺。当下有些民族地区现有的双语教材编写，通常是将汉语知识以民族语言进行编写。而这种以主流文化为主的双

---

① 万明钢、刘海健：《论我国少数民族双语教育：从政策法规体系建构到教育教学模式变革》，《教育研究》2012年第8期。

语教材，显然难以体现多元文化教育理念，也难以提高义务教育质量。因为，在这种双语教材中，少数民族学生因找不到其民族文化所认同的知识，便会失去学习的兴趣，自然难以有较好的学业成就。因而，双语教材的编写应以民族语言体现民族文化的多样性，使学生获得较强的民族文化认同感。其次，充分利用各种校内外民族文化教育资源。如乡土资源、社区资源等，将这些资源有效地融入双语教育的具体教学中，使学生在实际教学中，深深体验到自己民族文化的伟大之处，形成强烈的自豪感与归属感。

总之，在多民族地区实施多元文化教育，不仅能使少数民族学生在民族文化认同的过程中对学习产生浓厚的兴趣，真正建立"我要学"而非"要我学"的学习心理机制，从内心焕发出学习的激情，最终实现义务教育阶段教育教学质量的提高，使多民族地区义务教育逐步走向质量均衡。多民族地区多元文化的实施，还能使多民族地区璀璨的多元民族文化源远流长，使中华民族多元一体的民族文化格局永远散发着魅力的光芒。

结　　语

多民族地区义务教育均衡发展是我国义务教育均衡发展不可或缺的部分，没有多民族地区义务教育均衡发展，也就没有整体意义上的义务教育均衡发展；它不仅是实现我国义务教育均衡发展的内在要求，也是实现社会公平正义的必然要求。本书基于对国内外相关研究文献的分析，厘定多民族地区义务教育均衡发展的内涵不仅是教育资源的均衡配置，更是基于区域内公平配置教育资源的前提下，使义务教育供给与义务教育需求达到相对均衡，从而保障各民族每个适龄儿童获得均等的教育机会，实现儿童全面发展的一种过程。其间，公平配置教育资源是多民族地区义务教育均衡发展的手段，实现儿童全面发展是多民族地区义务教育均衡发展的根本目标。鉴于此，本研究将官方数据与实地调研数据有机结合，全面分析了多民族地区与非民族地区义务教育均衡发展的差距，并以云南省这一典型的多民族地区为个案，深入比较分析多民族地区内各州市义务教育均衡发展的差距。研究结果表明：多民族地区义务教育均衡发展与东部地区义务教育均衡发展，无论是在教育资源配置还是教育质量方面都存在着较大的差距。与中部地区相比，随着中央政府加大对多民族地区义务教育的财政支持，多民族地区在义务教育资源配置上，有些指标略微优于中部地区，但是教育质量除内蒙古外，其他多民族地区都不具备比较优势并落后于中部地区。同时，多民族地区间两极分化日益明显，义务教育发展呈非均衡态势。而多民族地区内各州市义务教育财力投入差距呈扩大趋势；教师资源不同程度地存在着数量不足、专科教师尤为缺乏、教师质量有待提高等一系列问题，教师资源尚需均衡配置；办学条件突出表现在教学科研设备、计算机、图书资料等方面的非均衡配置；多民地区义务教育质量总体偏低，各州市间同样存在着一定差距。总之。多民族地区区域内义务教育同样呈非均衡发展态势，主要体现在地区差异、城乡差异以及校际间的差异。

多民族地区义务教育呈非均衡发展的原因是多维的。教育发展离不开经济发展的支持，多民族地区薄弱的经济基础导致其义务教育财政自给能力有限，而"以县为主"的教育投入体制使得事权与财权不对等，从而带来义务教育供给严重不足。在多重制度逻辑下，中央政府、地方政府、学校三个义务教育的利益相关主体形成了各自制度逻辑，从而导致一些相关教育政策出现执行困难，这同样制约了多民族地区义务教育均衡发展。此外，多民族地区民族文化多样性所带来教育需求的差异也在一定程度上影响着多民族地区义务教育均衡发展。而要实现多民族地区义务教育均衡发展，则需实施"以中央政府为主"的义务教育投入体制，增强高层政府义务教育投入责任；从财力、人力、物力三个方面均衡配置教育资源，实现义务教育服务均等化；加强义务教育相关制度建设，减少制度执行困难；实施多元文化教育，满足多民族地区民族文化多样性的教育需求，从而实现多民族地区义务教育均衡发展。

多民族地区义务教育均衡发展关乎多民族地区经济社会的发展，也关乎全国范围内义务教育均衡发展目标及教育现代化的实现，涉及义务教育的方方面面。本研究基于前人的研究基础之上，对多民族地区义务教育均衡发展研究进行初步尝试，可称得上为创新之处的有以下几点。首先，选择多民族地区义务教育均衡发展为研究对象。虽然义务教育均衡发展研究是时下义务教育研究的焦点与热点，但专门针对多民族地区这一特殊地域则少见研究。其次，本研究对多民族地区与非民族地区义务教育均衡发展进行了相对全面而系统的比较分析，进而通过大量的实地调研，获取了一手数据，反映了多民族地区内义务教育非均衡发展的现实与困境。最后，在研究视角上，本研究不拘泥于教育学的视角，从教育经济学、制度经济学、民族学的视角出发，深入分析了多民族地区义务教育非均衡发展的原因所在，并为多民族地区义务教育均衡发展探寻了可行性路径。

多民族地区义务教育均衡发展是一个系统而复杂的工程，它需要研究者具备经济学、教育学、民族学、社会学等学科的深厚理论基础，以及较强的实践创新能力和独特的研究视角。囿于本人有限的理论功底、实践阅历及研究能力，本书对多民族地区义务教育均衡发展研究还存有一些不足之处，有些问题尚未能做更深入的探讨研究。如多民族地区义务教育财政转移支付制度建设、多民族地区双语教材建设等。虽然人们常说学术研究有着"昨夜西风凋碧树。独上高楼，望尽天涯路"的茫然与孤寂，但为了进一步深入研究多民族地区义务教育均衡发展，本人将正视自己的不足，纵然路漫漫其修远，依旧将不断扎实自己的理论功底，以此为起点，继续前行。

参考文献

一　中文文献

（一）著作

阿玛蒂亚·森：《以自由看待发展》，中国人民大学出版社2013年版。

阿玛蒂亚·森：《印度：经济发展与社会机会》，社会科学文献出版社2006年版。

埃尔查南·科恩：《教育券与学校选择》，北京师范大学出版社2008年版。

埃尔查南·科恩、特雷·G. 盖斯克：《教育经济学》，格致出版社2009年版。

埃莉诺·奥斯特罗姆：《公共事物的治理之道：集体行动制度的演进》，上海译文出版社2012年版。

埃里克·霍布斯鲍姆：《民族与民族主义》，上海人民出版社2000年版。

艾尔·巴比：《社会研究方法第8版》，华夏出版社2000年版。

查尔斯·赫梅尔：《今日的教育为了明日的世界》，中国对外翻译出版公司1983年版。

查理斯·A. 金、奥斯汀·D. 斯旺森、斯特科·R. 斯维特兰：《教育财政：效率、公平、绩效》，中国人民大学出版社2010年版。

陈向明：《质的研究方法与社会科学研究》，教育科学出版社2000年版。

成有信：《九国普及义务教育》，人民教育出版社1985年版。

道格拉斯·C. 诺斯：《制度、制度变迁与经济绩效》，格致出版社2008年版。

杜育红：《教育发展不平衡研究》，北京师范大学出版社 2002 年版。

E. P. 克伯雷：《外国教育史》，华中师范大学出版社 1991 年版。

厄纳斯特·盖尔纳：《民族与民族主义》，中央编译出版社 2002 年版。

范先佐：《教育经济学理论与实践问题研究》，华中师范大学出版社 2012 年版。

范先佐：《教育经济学新编》，人民教育出版社 2010 年版。

范先佐等：《人口流动背景下的义务教育体制改革》，中国社会科学出版社 2011 年版。

费郎索瓦·佩鲁：《新发展观》，华夏出版社 1987 年版。

费里德曼：《资本主义与自由》，商务印书馆 2011 年版。

费孝通：《费孝通民族研究文集新编》，中央民族大学出版社 2006 年版。

费孝通：《学术文集：学术自述与反思》，生活·读书·新知三联书店 1996 年版。

费孝通：《中华民族的多元一体格局》，《北京大学学报》（哲学社会科学版）1989 年。

弗朗西斯·C. 福勒：《教育政策学导论》，江苏教育出版社 2007 年版。

傅禄建、汤林春：《义务教育均衡发展程度测评》，华东师范大学出版社 2013 年版。

高如峰：《义务教育投资国际比较》，人民教育出版社 2003 年版。

高如峰：《中国农村义务教育财政体制研究》，人民教育出版社 2005 年版。

戈登·塔洛克：《公共选择》，商务印书馆 2015 年版。

何东昌：《中华人民共和国重要教育文献》，海南出版社 1998 年版。

亨利希·库诺：《马克思的历史、社会和国家学说》，上海译文出版社 2006 年版。

黄斌：《中国政府间财政转移支付与县级地方义务教育财政支出》，中国财政经济出版社 2012 年版。

黄济：《教育哲学通论》，山西教育出版社 2011 年版。

姜峰、万明钢：《发达国家促进民族教育均衡发展政策研究》，民族出版社 2011 年版。

杰夫·惠迪等：《教育中的放权与择校：学校、政府和市场》，教育科学出版社 2003 年版。

杰里·D. 穆尔：《人类学家的文化见解》，商务印书馆 2009 年版。

瞿葆奎：《教育学文集：教师》，人民出版社 1991 年版。

瞿瑛：《义务教育均衡发展政策问题研究：教育公平的视角》，浙江大学出版社 2010 年版。

雷万鹏：《中国农村教育焦点问题实证研究》，华中科技大学出版社 2007 年版。

李强：《社会分层十讲》，社会科学文献出版社 2013 年版。

理查德·D. 范斯科德、理查德·J. 克：《美国教育基础：社会展望》，教育科学出版社 1984 年版。

厉以宁：《非均衡的中国经济》，中国大百科全书出版社 2009 年版。

厉以宁：《教育经济学研究》，上海人民出版社 1998 年版。

林德尔·G. 霍尔库姆：《公共经济学：政府在国家经济中的作用》，中国人民大学出版社 2012 年版。

刘献君：《教育研究方法高级讲座》，华中科技大学出版社 2010 年版。

柳海民、周霖：《义务教育均衡发展的理论与对策研究》，东北师范大学出版社 2007 年版。

吕普生：《纯公共物品供给模式研究：以中国义务教育为例》，北京大学出版社 2013 年版。

罗伯塔·卡佩罗：《区域经济学》，经济管理出版社 2014 年版。

罗尔斯：《正义论》，中国社会科学出版社 1988 年版。

罗纳德·H. 科斯等：《财产权利与制度变迁》，上海三联书店 2014 年版。

Martin Carnoy：《教育经济学国际百科全书》，高等教育出版社 2000 年版。

玛丽·道格拉斯：《制度如何思考》，经济管理出版社 2013 年版。

米切尔·黑尧：《现代国家的政策过程》，中国青年出版社 2004 年版。

闵维方等：《教育投入、资源配置与人力资本收益：中国教育与人力资源问题研究》，经济科学出版社 2009 年版。

潘玉君、罗明东等：《区域教育发展及其均衡对策研究》，北京大学出版社 2007 年版。

钱穆：《民族与文化》，九州出版社 2012 年版。

邵宗杰、桑新民：《义务教育的理论与实践探索》，浙江教育出版社 1999 年版。

史静寰：《当代美国教育》，社会科学文献出版社 2012 年版。

孙绵涛：《教育政策学》，中国人民大学出版社 2010 年版。

滕大春、吴式颖：《外国教育史》，人民教育出版社 1989 年版。

汪霞：《发达国家义务教育发展现状》，南京大学出版社 2012 年版。

王道俊、郭文安：《教育学》，人民教育出版社 2009 年版。

王善迈：《教育投入与产出研究》，河北教育出版社 1996 年版。

王希恩：《马克思、恩格斯、列宁、斯大林论民族》，中国社会科学出版社 2013 年版。

沃尔特·W. 鲍威尔、保罗·J. 迪马吉奥：《组织分析的新制度主义》，上海人民出版社 2008 年版。

沃尔特·W. 鲍威尔、保罗·J. 迪马吉奥：《组织分析的新制度主义》，上海人民出版社 2008 年版。

吴海明：《中外民族教育政策史纲》，中央民族大学出版社 2006 年版。

西奥多·W. 舒尔茨：《教育的经济价值》，吉林人民出版社 1982 年版。

西奥多·W. 舒尔茨：《论人力资本投资》，北京经济学院出版社 1990 年版。

小弗恩·布里姆莱、鲁龙·R. 贾弗尔德：《教育财政学：因应变革时代》，中国人民大学出版社 2007 年版。

谢宇：《社会学方法与定量研究》，社会科学文献出版社 2012 年版。

雅斯贝尔斯：《什么是教育》，生活·读书·新知三联书店 1991 年版。

杨东平：《中国教育公平的理想与现实》，北京大学出版社 2006 年版。

杨自伍：《教育：让人成为人》，北京大学出版社 2010 年版。

约翰·杜威:《民主与教育》,人民教育出版社 2001 年版。

约翰·希恩:《教育经济学》,教育科学出版社 1980 年版。

约瑟夫·E. 斯蒂格利茨:《公共部门经济学》(上、下),中国人民大学出版社 2003 年版。

曾满超:《教育政策的经济分析》,人民教育出版社 2000 年版。

曾满超、丁小浩:《效率、公平与充足:中国义务教育财政改革》,北京大学出版社 2010 年版。

翟博:《教育均衡论——中国基础教育均衡发展实证分析》,人民教育出版社 2008 年版。

詹姆斯·M. 布坎南:《同意的计算》,上海人民出版社 2014 年版。

詹姆斯·M. 布坎南:《宪政的经济学阐释》,中国社会科学出版社 2012 年版。

张敦富、覃成林:《中国区域经济差异与协调发展》,中国轻工业出版社 2001 年版。

张丽华、王冲等:《西部农村义务教育投入保障制度研究》,经济科学出版社 2009 年版。

张培刚:《发展经济学学》,河南人民出版社 1992 年版。

张人杰:《国外教育社会学基本文选》,华东师范大学出版社 1989 年版。

张维迎:《博弈与社会》,北京大学出版社 2013 年版。

张五常:《科学说需求》,中信出版社 2010 年版。

周其仁:《产权与制度变迁》,北京大学出版社 2004 年版。

朱家存:《教育均衡发展政策研究》,中国社会科学出版社 2003 年版。

(二) 期刊类

安富海:《"特岗教师"专业发展的问题与对策:基于对贵州威宁县和河北涞源县的调查》,《教育理论与实践》2014 年第 10 期。

蔡茂华:《西部少数民族教育的区域失衡与发展策略》,《教育发展研究》2005 年第 4 期。

苌景州:《建立有利于义务教育均衡发展的资金保障体系》,《贵州社会科学》1994 年第 1 期。

陈法宝:《促进教育均衡发展的另一种力量:非政府教育组织》,《外国教育研究》2013年第11期。

陈立鹏：《对美国少数民族教育立法的初步研究》，《贵州民族教育研究》2004年第1期。

陈立鹏、张婧慧：《澳大利亚土著民族教育机会均等政策研究》，《比较教育研究》2010年第10期。

陈利、朱喜钢、李小虎：《云南省区域经济差异时空演变特征》，《经济地理》2014年第8期。

程艳红：《区域内学校非均衡发展与社会阶层分化》，《教育研究与实验》2008年第3期。

褚宏启、高莉：《义务教育均衡发展评估指标与标准的制订》，《教育发展研究》2010年第6期。

戴亦明：《论教育法制与区域义务教育的均衡发展》，《教育评论》2003年第6期。

丁延庆：《中国民族自治地区与非民族自治地区生均教育经费支出分析》，《北京教育评论》2008年第1期。

董建中：《关于云南农村义务教育教师队伍的建设》，《云南民族大学学报》（哲学社会科学版）2009年第3期。

董世华：《我国县域义务教育均衡发展监测指标体系的建构》，《教育发展研究》2011年第9期。

董泽芳、杨海松等：《区域内义务教育均衡发展的阻碍因素分析》，《教育研究与实验》2010年第5期。

段敏芳：《加大少数民族地区义务教育扶持力度》，《教育与经济》2006年第1期。

范先佐：《乡村教育发展的根本问题》，《华中师范大学学报》（人文社会科学版）2015年第9期。

范先佐：《义务教育均衡发展改革的若干反思》，《教育与实验》2016年第3期。

范先佐：《义务教育均衡发展与农村教育难点问题的破解》，《华中师范大学学报》2013年第3期。

范先佐、郭清扬、付卫东：《义务教育均衡发展与省级统筹》，《教育研究》2016年第2期。

冯广林：《论美国印第安人受教育权的法律保护》，《黑龙江民族论丛》2013 年第 2 期。

冯建军：《义务教育质量均衡内涵、特征及指标体系的建构》，《教育发展研究》2011 年第 18 期。

冯建军：《优质均衡：义务教育均衡发展的新目标》，《教育发展研究》2011 年第 6 期。

付长生、陈健鹏等：《西部民族地区农村义务教育经费运行状况调查报告》，《民族教育研究》2008 年第 5 期。

高庆蓬、杨颖秀：《西部少数民族地区义务教育的差距分析与对策思考》，《中国教育学刊》2006 年第 9 期。

顾明远：《教育均衡发展是教育平等的问题，是人权问题》，《人民教育》2002 年第 4 期。

郭清扬：《义务教育均衡发展与农村薄弱学校建设》，《华中师范大学学报》（人文社会科学版）2013 年第 1 期。

贺新宇：《民族地区义务教育经费投入的相关问题》，《财经科学》2007 年第 10 期。

扈中平：《"人的全面发展"内涵新析》，《教育研究》2005 年第 5 期。

姜峰、刘丽莉：《澳大利亚促进民族地区教育均衡发展政策研究》，《民族教育研究》2009 年第 5 期。

金东海、王爱兰、路宏：《民族地区义务教育阶段贫困学生就学资助问题研究》，《教育与经济》2011 年第 2 期。

李秉中：《西部地区义务教育阶段校际均衡发展的制度建设》，《教育研究》2005 年第 5 期。

李桂荣、尤莉：《县域义务教育均衡发展指标的优先性鉴别》，《教育发展研究》2015 年第 18 期。

李慧勤、刘虹：《县域间义务教育均衡发展的影响因素及对策思考》，《教育研究》2012 年第 6 期。

李劲松：《民族自治地区义务教育均衡发展的问题与策略》，《教育政策观察》2013 年第 8 期。

李丽、匡建江、沈阳：《英国义务教育政策探析》，《世界教育信息》2016 年第 3 期。

李鹏、朱德全：《义务教育学校标准化建设：进程、问题与反思》，

《清华教育研究》2016年第1期。

李茜：《美国社会科教科书中的多元文化教育视角：以美国哈特·米福林版小学社会科教科书为例》，《遵义师范学院学报》2008年第4期。

李世刚、尹恒：《县级基础教育财政支出的外部性分析》，《中国社会科学》2012年第11期。

李宜江、朱家存：《均衡发展义务教育的理论内涵及实践意蕴》，《教育研究》2013年第6期。

梁文艳：《省际间义务教育不均衡问题的实证研究：基于生均经费的分析指标》，《教育科学》2008年第4期。

刘宝生：《推进省域义务教育均衡发展的思考与建议》，《教育科学》2008年第1期。

刘光余：《论我国县域义务教育均衡发展的取向、范式与路径》，《教育理论与实践》2011年第9期。

刘璐、王世忠：《民族地区义务教育经费保障机制实施状况研究》，《贵州民族研究》2014年第1期。

刘启艳：《当代国外多元文化教育对我国民族地区教育的启示》，《贵州民族研究》2001年第2期。

刘茜：《关于西部民族地区九年制义务教育办学模式的思考》，《西南师范大学学报》（人文社会科学版）2002年第1期。

马有良：《论云南少数民族义务教育的特殊性与发展对策》，《云南教育》1998年第3期。

满忠坤：《民族地区义务教育发展中存在的问题及对策分析》，《教育发展研究》2013年第15—16期。

孟兵丽：《多元文化政策下的澳大利亚民族教育》，《民族教育研究》2005年第6期。

孟凡丽：《论少数民族地区跨文化教师的培养》，《教师教育研究》2007年第3期。

倪秋菊、倪星：《政府官员的"经济人"角色及其行为模式分析》，《武汉大学学报》（哲学社会科学版）2004年第2期。

庞祯敬、谭媛媛、林双：《成都模式：统筹区域基础教育均衡发展的有益探索》，《上海教育科研》2013年第10期。

祁文秀、曹新富：《云南少数民族语言多样性与政策选择》，《今日民族》2013年第5期。

邱小健：《美国教育券的公平诉求及其对中国的启示》，《全球教育展望》2008年第2期。

曲恒昌：《亚洲发展中国家普及义务教育的头号难题：农村女童教育》，《比较教育研究》1997年第3期。

任一明：《论普及义务教育在西部民族地区的巩固与深化》，《贵州民族教育研究》2001年第1期。

阮成武：《我国义务教育均衡发展政策的演进逻辑与未来走向》，《教育研究》2013年第7期。

阮成武：《中部地区农村义务教育均衡发展的政策路径》，《中国教育学刊》2013年第12期。

沈百福、俞诗秋：《中国省级地方教育投资的区域比较研究》，《教育与经济》1994年第4期。

施祖毅、何茜：《新世纪英国义务教育经费投入改革及其价值取向》，《比较教育研究》2014年第8期。

苏娜、黄葳：《区域义务教育校际均衡发展现状与改进》，《教育发展研究》2010年第2期。

粟玉香：《关注校际间差异、推进义务教育财政均衡》，《上海教育科研》2009年第10期。

粟玉香：《区域内义务教育财政均衡配置状况及政策选择》，《华中师范大学学报》（人文社会科学版）2010年第1期。

孙德芳：《试析名校集团化促进义务教育均衡发展》，《中国教育学刊》2011年第9期。

孙素英：《区域义务教育均衡发展影响因素》，《中国教育学刊》2012年第6期。

覃光恒：《民族地区和少数民族要实行义务教育》，《广西民族研究》1989年第3期。

田芬、朱永新：《关于基础教育均衡发展的哲学思考》，《苏州大学学报》2004年第2期。

万明钢：《"积极差别待遇"与"教育优先区"的理论构想：西部少数民族贫困地区教育发展途径探索》，《教育研究》2002年第5期。

万明钢、刘海健：《论我国少数民族双语教育：从政策法规体系建构到教育教学模式变革》,《教育研究》2012 年第 5 期。

万明钢、刘海健:《论我国少数民族双语教育》,《教育研究》2012 年第 8 期。

王嘉毅、吕国光、白芸:《加快少数民族贫困地区普及义务教育步伐的研究与实验》,《西北师大学报》(社会科学版) 2001 年第 5 期。

王鉴:《多元文化教育:西方少数民族教育的实践与启示》,《广西民族研究》2004 年第 1 期。

王孔敬:《重庆民族地区推进义务教育均衡发展的现状:战略与意义研究》,《贵州民族研究》2010 年第 4 期。

王莉红:《农村义务教育资源校际均衡配置研究》,《财政研究》2008 年第 2 期。

王璐:《普及义务教育中的女童与少数民族儿童教育》,《比较教育研究》1994 年第 3 期。

王璐、傅坤昆:《以质量促均衡:英国少数民族教育机会均等政策研究》,《比较教育研究》2012 年第 10 期。

王淼:《民族地区农村教师流动特点成因与对策研究》,《民族教育研究》2014 年第 2 期。

王沛、胡发稳:《民族文化认同的内涵与结构》,《上海师范大学学报》(哲学社会科学版) 2011 年第 1 期。

王善迈:《教育公平的分析框架与评价指标》,《北京师范大学学报》(社会科学版) 2008 年第 3 期。

王善迈、董俊燕、赵佳音:《义务教育县域内校际均衡发展评价指标体系》,《教育研究》2013 年第 2 期。

王世忠:《民族地区义务教育财政支出状况评析》,《中南民族大学学报》(人文社会科学版) 2013 年第 1 期。

王彦明:《教学正义:义务教育均衡发展内蕴价值》,《中国教育学刊》2011 年第 9 期。

王一军:《优质均衡发展:义务教育现代化的质量范型》,《教育发展研究》2012 年第 2 期。

王振岭:《青海少数民族女童教育与民族地区义务教育》,《民族教育研究》2000 年第 4 期。

王子清:《云南民族和谐的文化因子论》,《今日民族》2007 年第

7期。

魏后凯、杨大利：《地方分权与中国地区教育差异》，《中国社会科学》1997年第1期。

温丽萍：《教育均衡与教育发展之间的悖论：对教育均衡问题的一种解读》，《教育发展研究》2011年第23期。

吴开俊、黄家泉：《教育均衡发展：理想和现实的抉择》，《西北师范大学学报》2003年第4期。

肖军虎：《我国县域义务教育均衡发展指标体系的构建》，《教育理论与实践》2011年第9期。

肖远军：《基础教育均衡发展的政策构想》，《教育理论与实践》2003年第5期。

忻林：《布坎南的政府失败理论及其对我国政府改革的启示》，《政治学研究》2000年第3期。

熊明安：《西南民族地区普及九年制义务教育几个实际问题的探讨》，《西南师范大学学报》（哲学社会科学版）1998年第4期。

熊胜祥、傅志上、孙云霞：《浅谈南传佛教与民族地区义务教育》，《中国宗教》2009年第12期。

薛二勇：《区域内义务教育均衡发展指标体系的构建》，《北京师范大学学报》（社会科学版）2013年第4期。

闫荣国：《资源配置水平与农村教学点校际规模的关系》，《教育与经济》2016年第3期。

杨东平、周金燕：《我国教育公平评价指标初探》，《教育研究》2003年第11期。

杨堃：《论民族概念和民族分类的几个问题》，《中国社会科学》1984年第1期。

杨莉、王传毅：《社会分层、利益群体联盟与地市城区义务教育发展之不均衡》，《湖北社会科学》2010年第10期。

杨启亮：《薄弱学校：义务教育发展中的弱势群体》，《教育发展研究》2010年第15—16期。

杨启亮：《底线均衡：义务教育优质均衡发展的解释》，《教育理论与实践》2010年第1期。

杨启亮：《基础教育发展中的另一种均衡》，《教育研究与实验》2012

年第 2 期。

杨启亮:《转向"兜底":义务教育优质均衡发展的重心》,《教育研究》2011 年第 4 期。

杨挺、马永军:《县域义务教育师资均衡配置中的政府责任》,《中国教育学刊》2011 年第 3 期。

杨文志:《从隆林民族教育现状看如何在少数民族地区实施义务教育》,《广西民族研究》1990 年第 3 期。

杨小微:《公平取向下义务教育发展的评价指标探究》,《华中师范大学学报》(人文社会科学版),2013 年第 7 期。

杨小微:《以"多样优质均衡"回应"高端需求"》,《基础教育》2013 年第 4 期。

杨晓霞:《城乡差异:县域内义务教育均衡发展的现实困境》,《教育与经济》2012 年第 4 期。

杨晓霞:《义务教育均衡发展:利益冲突及整合》,《教育研究》2016 年第 4 期。

姚继军:《省域义务教育优质均衡发展量化测度指标体系的构建——以江苏省为例》,《教育发展研究》2012 年第 22 期。

姚继军、张新平:《新中国教育均衡发展的测度》,《华东师范大学学报》(教育科学版)2010 年第 6 期。

姚永强、范先佐:《论义务教育均衡发展方式的转变》,《教育研究》2013 年第 2 期。

姚永强、范先佐:《内生发展:薄弱学校改造路径选择》,《中国教育学刊》2013 年第 4 期。

尹振东、汤玉刚:《专项转移支付与地方财政支出行为》,《经济研究》2016 年第 4 期。

于发友、赵慧玲、赵承:《县域义务教育均衡发展的指标体系和标准建构》,《教育研究》2010 年第 4 期。

于发友、赵慧玲、赵承福:《县域义务教育均衡发展的指标体系和标准建构》,《教育研究》2011 年第 4 期。

于建福:《教育均衡发展:一种有待普遍确立的教育理念》,《教育研究》2002 年第 2 期。

余海波:《少数民族地区在普及义务教育进程中所面临的问题及对

策》,《民族教育研究》1997年第3期。

袁善来:《论桂西南小学推行双语教学的必要性》,《民族教育研究》2014年第2期。

袁振国:《教育均衡发展:构建和谐社会的基础》,《教育发展研究》2005年第2期。

曾晓东:《社会变迁背景下的教育问题》,《教育研究与实验》2008年第3期。

翟博:《教育均衡发展:理论、指标及测算方法》,《教育研究》2006年第3期。

翟博:《教育均衡发展:理论、指标及测算方法》,《教育研究》2006年第3期。

翟博:《树立科学的教育均衡发展观》,《教育研究》2008年第1期。

张东娇:《义务教育均衡发展的社会资本障碍及其政府治理》,《北京师范大学学报》(社会科学版)2008年第2期。

张放平:《区域内义务教育均衡发展的制度瓶颈及其破解》,《中国教育学刊》2011年第11期。

张健:《布坎南与公共选择理论》,《经济科学》1991年第2期。

张敏:《我国义务教育区域均衡问题研究》,《中国人力资源开发》2012年第8期。

张茉:《县域义务教育均衡发展政策指向及战略选择》,《中国教育学刊》2013年第11期。

张汝伦:《经济全球化与文化认同》,《哲学研究》2001年第2期。

张旺、郭喜永:《省域义务教育均衡发展研究》,《东北师范大学》(哲学社会科学版)2011年第6期。

张学敏、贺能坤:《边境民族地区义务教育经费投入调查报告》,《教育与经济》2005年第4期。

周峰:《试论基础教育均衡发展的若干问题》,《教育研究》2002年第8期。

朱家存、阮成武、刘宝根:《区域义务教育均衡发展监测指标体系研究》,《教育研究》2010年第11期。

(三) 学位论文等

安璟:《云南少数民族教育的困境与突破》,《云南经济日报》2013

年3月26日。

陈荟：《西双版纳傣族寺庙教育与学校教育共生研究》，西南大学，2009年。

方展画：《教育均衡发展首重学校内涵提升》，《中国教育报》2011年2月21日。

蒋鸣和：《中国义务教育发展县际差距的估计》，《教育指标与政策分析国际研讨会论文》1999年第6期。

靳淑梅：《教育公平视阈下美国多元文化教育研究》，东北师范大学，2009年。

李超军：《政府推进城乡义务教育均衡发展的制度逻辑》，华中师范大学，2012年。

罗刚：《基础教育均衡发展政策的价值分析》，华东师范大学，2009年。

彭华安：《理性的选择：独立学院制度运行研究》，南京师范大学，2011年。

汪明：《基础教育均衡发展与对策》，《光明日报》2002年7月25日。

吴宏超：《我国义务教育有效供给研究》，华中师范大学，2007年。

吴明海：《向民族地区乡村教师致敬》，《光明日报》2011年9月8日。

夏茂林：《我国义务教育资源配置差距的制度述源及变革研究》，西南大学，2015年。

杨公安：《县域义务教育资源配置低效率问题研究》，西南大学，2012年。

杨军：《西北少数民族地区基础教育均衡发展研究》，西北师范大学，2005年。

杨令平：《西北地区县域义务教育均衡发展进程中的政府行为研究》，陕西师范大学，2012年。

姚永强：《我国义务教育均衡发展方式转变研究》，华中师范大学，2014年。

郑毅：《冲突与调谐：佛教育与义务教育基本权利关系研究》，中央民族大学，2012年。

中山大学中国慈善研究院：《中国民间公益组织基础数据库数据分析

报告》,中山大学,2014年。

(四) 外文文献

Action for ethnic minority pupils, http://news.bbc.co.uk/2/hi/uk_news/education/2816369.stm.

Alexander, K., &Alexander, M. D.. American public school law (8th ed.).Belmont, CA: Wadsworth, Cengage Learning, 2011.

Banks, J. A. (Ed), The Routledge Companion to Multicultural Education.New York and London: Routledge, 2009.

Benjamin Michael Superfine. Equality in Education Law and Policy, 1954—2010, Cambridge University Press, 2013.

Billingsley, Andrew: The Educational Needs of Black Children: Working Papers on Meeting the Education Needs of Cultural Mimortites. [J]. Education Commission of the states.

Caruthers, J., & Carter, P.L..Intersectionality of Race, Class, Gender, and Ethnicity.Thousand Oaks, CA: Sage, 2012.

Christine E Sleeter, Carl A.Grant.Making Choices For Multicultural Education: Five Approaches to Race, Class, and Gender [M]. NY, Macamillan Publishing Company, 1994..

Cordeiro, P.Reagan, T.&Martinez, L..Multiculturalism and TQE: Addressing Cultural Diversity in Schools, Thousand Oaks, CA: Corwin Press (Reprinted by permission of Corwin Press, Inc), 1994.

David Baker, Bruce Fuller, Emily Hannum, Regina Werum.Inequality Across Societies: Famillies, Schools And Persisting Stratification.Oxford, UK: Elsevier Ltd., 2004.

Department for Education and Skills.Ethnic Minority Achievement Grant: Analysis of LEA Action Plans.

Digest of education 2015, national center for education statistics, http://nces.ed.gov/programs/digest/d15/tables/dt15_ 101.20.asp.

Donna M. Gollnick, Phillip C. Chinn. Multicultural Education in a Pluralistic Society (9 edition).New York: Pearson Education, 2012.

Dr.Linda Darling-Hammond.The Flat World and Education, New York: Teachers College Press, 2010.

Employment status by Ethnic group in Great British, 2003 - 2013. https://www.gov.uk/ employment-status.

Grace Kena, Thomas Nachazel, and so on, The Condition of Education 2015, U.S.Department of Education, Institute of Education Sciences, National Center for Education Statistics, 2015.

Hannah Carpenter, Ivy Papps, Jo Bragg. Evaluation of Pupil Premium: Research Brief [R]. London: Department for Education, 2013.

Indigenous Education (Targeted Assistance) Act 2000, [EB/OL]. http://www.desk.gov.au/.

James A.Banks, Cherry A.Mcgee Banks. Multicultural Education: issues and Perspectives (The eighth edition). Washingtong, D C: Courier Kendallville, 2013.

James A.Banks.An Introduction to Multicultural Education (the fifth edition).Washingtong, D C: University of Washington, 2014.

John E.Coons, Stephen D.Sugarman.Education By Choice: The Case for Family Control, Berkeley: Univerity of California Press, 1978.

Jones, T.H., & Amlfitano, J.L..Amercica's Gamble: Public School Finance and State Latteries.Lancaster, PA: Tchnomic, 1994.

Lam Thuy Vo.How Much Does the Government Spend To Send a Kid to Public School, http://www.northcountrypublicradio.org/news/npr/155515613/.

Max Weber.The Nation, in From Max Weber: Essay in Sociology, trans. And ed. By H.H. Gerth and C. Wright - Mills, London: Routledge & Kegan Paul, 1948.

ohn U.Ogbu (1995).Community Forces and Minority Educational Strategies: A Comparative Study [M]. Chapter 2.

Patrice Juliet Pinder. Cultural, Ethnic Differences and Educational Achievement of African Heritage Students: Towards Employing a Culturally Sensitive Curriculum in K-12 Classrooms: A Literature Review, 2008.

Rechard D.Sorenson.The principal's guide to school budgeting, California: Corwin, 2013.

Report of the National Commission on Teaching & America's Future. Wat Matters Most: Teaching for America's Future. New York: teachers college,

Columbie University, 1996.

Thomas D. Snyder, Sally A. Dillow. Digest of education 2013, National center for education statistics. 2015.. http://www.jyb.cn/world/zgsx/201509/t20150930_ 638599.html.

Tomos Davies. London schools, the unexpected success story. https://www.teachfirst.org.uk/blog/ london-schools-unexpected-success-story

William G. Howell, Paul E. Peterson. The Education Gap: Vouchers and Urban Schools, Washington, DC: Brookings Institution Press, 2006.

后　　记

　　时光荏苒，如白驹过隙，四年多的时间在指缝间流过。回首来时路，年近四十，才踏入桂子山，其间能有幸成为华师学子的自豪感，更有高龄学生的那份彷徨、茫然甚至焦虑。在这不长不短的四年中，曾有晨曦尚未冲破云层，便起身敲着熟悉的键盘；曾有夜半醒来，翻阅似曾相识的书籍；也曾有静静坐在电脑旁，半天敲不出几个字的木讷。纵然时间就这般悄无声息地溜走了，但我初入桂子山的那份茫然与焦虑也随之慢慢淡去，内心多了几许淡定与从容。

　　而我之所以有今日之心境，首先得感谢我的恩师范先佐先生。初识先生是博士入学报考，依稀记得那日自己因才疏学浅而忐忑不安，平常自认为还善言辞的我却在先生面前结结巴巴。先生看出了我的那份紧张，便直接跟我聊起了家常。待我紧张的情绪逐渐平定，先生便谆谆告知经济学基础薄弱的我该如何来强化自己在这方面的知识。交谈之后，先生担心不熟桂子山的我在校园中找不着前往南门的路而耽误了去机场的时间，亲自从田家炳教学楼送我到南门，直到坐上去机场的出租车。坐在出租车里，望着先生转身的背影，内心的那份感动难以言喻。而在随后四年多的学习生活中，为了让我补上教育经济学的基础，先生除了给我们博士上的课之外，还让我去听他为硕士生的授课；为了让我对教育经济学有深入的学习，先生从经济学、教育经济学、发展经济学、制度经济学、教育学、社会学等学科为我开出了全面的书单；为了让我们能如期完成博士学位论文的撰写，在博一时，除了课堂教学之余，先生多次召集我们专门教授怎样选题、怎样撰写综述、怎样论证论述等。无论先生有多忙，先生都会定期召集我们同级同学进行学习学术交流，谈谈自己学习的情况、研究的进展等，并给予我们在学术研究最为独到而有效的建议与引导。而我的博士学位论文，无论是选题、框架、还是行文，都渗透着先生的悉心指导与精心修正。在先生的身上，我真正明白了"德高为范，学高为师"的真谛！

而我对先生的感恩之心,又岂能是一个"谢"字了得?唯有在未来的人生中,踏踏实实践行先生对我的谆谆教导,让先生的教导实实在在地融入生活、工作以及学习之中。

在华师的学习生活中,自己不断地成长同样离不开其他老师的帮助与支持。感谢雷万鹏教授、郭元祥教授、陈佑清教授、王坤庆教授、杜时忠教授、余子侠教授、涂艳国教授,在你们精彩纷呈的课堂授课中,你们所教授知识与方法使我终身受益。感谢雷红卫老师、马英老师、张汶军老师,是你们的辛勤付出、科学管理,不断组织学术活动,为我们营造了便捷的学习通道与浓厚的学术氛围。

而我有勇气选择攻读博士学位,离不开我的硕士导师西南大学徐学福教授与秦荣芳老师的鼓励与帮助。虽说我硕士毕业已十年有余,但你们依旧对我不离不弃、视我为在读弟子,始终如一地在学业上给予我无限的帮助与支持,我真的很感恩能成为你们一辈子的学生!

在华师匆匆几年中,许多同门师兄师姐给我树立了优秀的榜样,他们执着的学术精神、同门如手足的亲情无不感染着我。感谢师姐曾新老师、叶庆娜老师、师兄唐斌老师、付卫东老师在学业上给我的关心与帮助,感谢师兄姚永强、白正府、贾云鹏、杨江峰、曾红权对我读博生活的鼓励与帮助,每每与你们交流之后,总是受益匪浅。感谢与我一起在羽毛球场上并肩挥拍的储竞争、于洋、李艳莉,虽然相处只有一年,但有你们的陪伴,枯燥的学习生活充满了活力。感谢我的同学张河森、谯欣怡、熊宗强、韦妙、魏珂、聂永成、高查清、邱猛跃、海鹰、张充、陈于等,我们一起走过的日子值得我终身想念。感谢同门师妹卢同庆、李佩、师弟冯卫国、战湛、张元阳,因为有你们,每次回到华师都不曾觉得孤单。

感谢在博士学位论文调研期间给予我所有帮助与支持的教育管理者、中小学校长、教师,是你们在百忙之中抽出时间来填写我的问卷,接受我的访谈。因为有你们对我的信任与帮助,让我顺利获取了许多一手资料,也让我真实了解到多民族地区义务教育发展的艰难所在。因为你们的艰辛付出与值守,多民族地区儿童才有一片属于自己的天空。

感谢我工作单位的朱锦余教授夫妇,多年来,你们亦师亦兄嫂般的帮助与关怀一直是我前行的动力;感谢于定明教授,因为有你的榜样,使我前行有了明确的目标;感谢胡琦老师、石福荣老师、朱洁老师、林昱老师、王红老师,因为有你们的支持与鼓励,我才能有重拾书本的勇气与执着，方能顺利考入华师。同时，感谢工作单位财政与公共管理学院的领导与同事，因为你们的支持与帮助，我有脱产学习的机会。

最后，感谢我的家人。感谢年过六旬的父母，为了支持我的学业，不顾自己身体的不适，一如既往地为我辛劳付出。能成为你们的女儿是我的幸运！感谢我的叔叔与三婶，你们如父母般的关爱一直支持着我前行，因为有你们，我才有走出大山的机会与今日自信地前行！感谢我的公公、婆婆，虽然你们不善言辞，但你们关爱我们的心始终如一！感谢我的弟弟，谢谢你们对姐姐的鼓励与帮助！感谢我的哥嫂刘斌夫妇，因为你们的榜样力量，我有了努力的动力！感谢我的爱人李辉，为了我的学业，你放弃了自己职务升迁的机会；为了缓解我撰写论文的焦虑与压力，你消化了我全部的情绪垃圾；为了我论文的调研，你联系了所有你能联系上的人，正是因为有你的付出与支持，我才能顺利将论文撰写完成。感谢我亲爱的女儿，在近两年里，我不时地打着"为你好"的旗帜，不断地发泄自己的压力与焦虑，你承受了妈妈太多的坏情绪，虽说你稚嫩的脸庞有时表现出诸多的无奈，但你总是会默默地原谅妈妈，给我的依旧是你灿烂的笑容。

不长不短的四年读博生活，虽说其间有辛酸、有徘徊、有茫然，但更多的是收获与笃定。尽管学术研究是一条漫长而又艰辛的路，但我依旧会执着前行。